Häsing, Stubenrauch, Ziehe (Hrsg.)
Narziß — Ein neuer Sozialisationstypus?

Über dieses Buch

Die Diskussion über Narziß – den „Neuen Sozialisationstypus" – ist heftig entbrannt. Denn bereits unverkennbar für Viele entwickeln Jugendliche und Kinder neue für die ältere Generation ungewohnte Verhaltens-, Denk- und Kommunikationsmuster. In ihnen läßt sich eine Abwendung von der gesellschaftlichen Realität, eine Weigerung sich an ihr abzuarbeiten und anzupassen, erkennen. Also nicht Selbstbewunderung und egoistische Selbstliebe sind Diskussionsgegenstand dieses Buches. Es geht hier auch weniger um den Narzißmus-Begriff der klassischen Psychoanalyse. Narziß als „Neuer Sozialisationstypus" bedeutet mehr: Er deutet auf die Tatsache hin, daß die zunehmende Vergesellschaftung der Erziehung bereits in der frühen Kindheit wirksam wird, daß sich im Aufwachsen der Menschen heute, in familiären und außerfamiliären Bedingungen Grundlegendes geändert hat, was nicht ohne Folgen für die Entwicklung von Charakterstrukturen und Verhaltensformen bleibt.

Narziß steht hier als Methaper für eine neue Art der Selbstbezogenheit und Selbsterfahrung unter Jugendlichen und Kindern, die vielleicht als Antwort auf den drohenden Selbst- und Selbstwertverlust in dieser Gesellschaft zu verstehen ist. Die Autoren dieses Buches lenken den Blick auf die neueren Ergebnisse der Psychoanalyse und versuchen gleichzeitig eine Interpretation der gegenwärtig wirksamen Sozialisationsbedingungen.

Über die Herausgeber:

Helga Häsing, Jg. 44, begann nach 10 Jahren Arbeit als Büroangestellte und Sekretärin über den zweiten Bildungsweg Pädagogik zu studieren, arbeitete von 1974-1975 bei betrifft: erziehung und ist seit 1976 Mitarbeiterin in der päd. extra Redaktion. Veröffentlichungen u.a. in Lehrerbildung durch Projektstudium (rororo) 1973 und Lehrerjahrbuch 1977 (rororo) 1977.

Herbert Stubenrauch, geb. 1938, Dr. phil., 6 Jahre Lehrer an einer Grund- und Hauptschule in Wuppertal, 12 Jahre Lehrer und Pädagogischer Leiter der Ernst-Reuter-Gesamtschule in Frankfurt. Wissenschaftlicher Bediensteter der Frankfurter Universität, Fachbereich Erziehungswissenschaften. Mitglied der Redaktion von päd. extra. Veröffentlichungen: 'Die Gesamtschule im Widerspruch des Systems' (München 1971) und 'Das Curriculum' (gemeinsam mit Becker u.a.). Arbeitet z. Zt. an einer Forschungsstudie über 'alternative Erziehungsprojekte' in der BRD 1968-1978.

Thomas Ziehe, Jahrgang 1947, Dr. phil., studierte Sozialwissenschaften, Geschichte und Psychologie in Berlin und Hannover. Dreijährige Tätigkeit als Lehrer. Seit 1975 Wissenschaftliche Begleitung des Schulversuchs Glocksee. Seit 1977 Wiss. Assistent an der Universität Hannover, Abt. Erziehungswissenschaften (ehem. PH). Neben verschiedenen Zeitschriften-Veröffentlichungen Autor von „Pubertät und Narzißmus", Europäische Verlagsanstalt 1975.

Narziß

Ein neuer Sozialisationstypus?

Häsing, Stubenrauch, Ziehe (Herausgeber)

päd. extra buchverlag

CIP-Kurztitelaufnahme der Deutschen Bibliothek

Narziß, ein neuer Sozialisationstypus?/
Häsing . . . (Hrsg.). – Bensheim: päd.-extra-
Buchverlag, 1979;
ISBN 3-921450-62-4
NE: Häsing, Helga [Hrsg.]

Umschlaggestaltung: Wolfgang Pfannkuch
Satz: Dhyana Frankfurt
Umbruch: Klaus Langhoff, Friedrichsdorf
Druck: typo-druck, 6101 Rosdorf
1979 päd. extra buchverlag
in der pädex Verlags GmbH
Bahnhofstr. 5, 6140 Bensheim

Inhalt

Wie dieses Buch entstanden ist:

Narziß – in der Alltagssprache meint dieser Begriff den Selbstbewunderer, den in sich selbst Verliebten. Und bei manchen mag dieses Wort sogleich jene griechische Sage von dem schönen Jüngling in Erinnerung rufen, der dazu bestraft wurde, sich in sein Spiegelbild im Wasser zu verlieben, dem er sich aber nie ganz nähern konnte. „Narziß" ist also ein Leidender. Seine Liebe läßt sich nicht verwirklichen.

Doch um an dieser Stelle gleich einem Mißverständnis vorzubeugen: Es geht hier nicht um den Mythos, mit dem dieses Wort überfrachtet ist. Nicht Selbstbewunderung und egoistische Selbstliebe sind Diskussionsgegenstand dieses Buches. Es geht hier auch weniger um den Narzißmus-Begriff der klassischen Psychoanalyse, der schon immer umstritten war. Vielmehr geht es darum, den Blick auf neuere Ergebnisse der Psychoanalyse zu lenken und eine Interpretation gegenwärtig wirksamer Sozialisationsbedingungen zu versuchen. Denn Narzißmus steht hier eher als Methapher für eine neue Art der Selbstbezogenheit und Selbsterfahrung.

„Narziß", den neuen Sozialisationstypus stellte Hans Jürgen Döpp in seinem Beitrag im Januar 78 in der Zeitschrift päd. extra zur Diskussion. Er folgte im wesentlichen dem psychoanalytischen Ansatz, den Thomas Ziehe in seinem Buch „Pubertät und Narzißmus" (EVA, Köln 1975) vertritt.

Dieser Beitrag war in der päd. extra Redaktion anfangs sehr umstritten. Skepsis, Interesse und Betroffenheit gegenüber den darin aufgestellten Thesen, Überlegungen und der dahinterstehenden Theorie waren gleichermaßen vorhanden.

Die von Döpp und Ziehe beschriebenen Phänomene bei Jugendlichen und Kindern waren uns nicht unbekannt: die Neigung zur Depressivität, der brennende Wunsch, etwas intensiv genießen zu können und die Schwierigkeit ihn zu verwirklichen; übersteigerte Sensibilität und Angst in Situationen in denen sich Jugendliche miteinander vergleichen müssen; die Tendenz, Probleme und Konflikte allein sprachlich bewältigen zu wollen – „ich werde jetzt gleich unheimlich aggressiv" oder „ich möchte mal so richtig geliebt werden;" Beziehungs- und Arbeitsschwierigkeiten, die Schwierigkeit, allein für sich selbst zu sein, das Gefühl blinder Wut, die dann schnell in Resignation und Apathie umschlagen kann; den Mangel an produktiver Energie, fehlende Motivationen, bedrückte Vorsichtigkeit, Verschmelzungsphantasien, die Suche nach dem „sozialen Uterus".

Im Spiegel, der hier den Jugendlichen vorgehalten werden sollte, erkannten einige von uns ihr eigenes Gesicht. Allerdings, was uns sicherlich von diesen Jugendlichen unterscheidet, ist die brennende Intensität, mit der sie sich selbst und vielleicht ihr Leiden noch wahrnehmen können.

Nicht zuletzt aus unserer Selbstbetroffenheit durch die hier angesprochenen Eigenschaften und Verhaltensweisen resultierten auch die skeptischen Fragen in unseren Diskussionen, in denen wir aber auch gleichzeitig die Kritik des unbekannten Lesers vorwegzunehmen versuchten.

Wir waren uns zwar darüber einig, daß bereits unverkennbar für viele, Jugendliche und Kinder „neue", für die ältere Generation ungewohnte Verhaltens-, Denk- und Kommunikationsmuster entwickeln, die als narzißtisch benannt werden können. In ihnen läßt sich eine Abwendung von der gesellschaftlichen Realität, vielleicht auch eine Weigerung, sie so wie sie ist hinzunehmen, sich an ihr abzuarbeiten und anzupassen, erkennen, zugunsten einer Hinwendung zum eigenen

Ich — „alles Erlebte wird zur Selbstdefinition". Aber wie neu ist dieser sogenannte neue Sozialisationstyp eigentlich? Und kann daraus schon die Struktur eines narzißtischen Charakters abgeleitet werden, der sich doch nur allein durch die frühkindlichen Erlebnisse der Umweltereignisse entwickelt? Handelt es sich hier nicht einfach nur um ein narzißtisches Verhalten (im Sinne einer bestimmten Selbstbezogenheit) Jugendlicher als Reaktion auf die innere und äußere Auflösung traditionell vermittelter Erfahrungs- und Deutungsmuster, die mit der herrschenden Realität in einem krassen Widerspruch stehen? Gerade in der Zeit der Adoleszens, in der Jugendliche mit den verschiedensten gesellschaftlich bestimmten Rollenerwartungen konfrontiert werden und die für die Entwicklung ihrer Identität und den Entwurf ihrer persönlichen Biografie so wichtig ist, stehen Jugendliche vor besonderen Schwierigkeiten. „Auf einfache Leistungen und Tüchtigkeit stehen keine Prämien mehr". Ein bestandenes Abitur allein reicht inzwischen oft wieder nicht mehr aus für einen Studienplatz und ein abgeschlossenes Studium allein führt nicht mehr unbedingt in eine gehobene, angesehene Berufslaufbahn. Jugendliche, die „nur" den Hauptschulabschluß haben, finden schwer eine Lehrstelle.

Jugendlichen wird oft ein Mangel an Gefühl, das Vorherrschen von Kälte oder Gleichgültigkeit ihrer Umwelt und der Arbeit gegenüber, vorgeworfen. Doch verbirgt sich nicht hinter dieser vorgezeigten Kälte und Gleichgültigkeit die frühe Erfahrung, daß am Ende jedes Gefühls nur noch Besitz, Geld und Macht stehen, von denen auch die Umgangsformen, die Beziehungen bis hinein in die persönlichsten Bereiche fremdbestimmt sind? So könnten diese als narzißtisch bezeichneten Verhaltensweisen der Jugendlichen auch als Antwort auf den drohenden Selbst- und Selbstwertverlust, als Weg zu einer neuen Selbsterfahrung oder als Flucht vor dem Zwang, ständig mit anderen konkurrieren zu müssen, am Arbeitsplatz, in der Ausbildung und um den Besitz von Waren, verstanden werden.

Eine andere Frage, die wir uns vorlegten, war: Besteht nicht in der Rezeption der Theorie vom narzißtischen Charakter die Gefahr, das komplizierte psychoanalytische Instrumentarium, ohne es genau zu kennen, vorschnell auf das Verhalten Jugendlicher und Kinder anzuwenden, sie damit als narzißtische Charaktere, auf die sich keine politischen Hoffnungen mehr gründen lassen, zu stigmatisieren? Geschah nicht Ähnliches mit der Sozialisationstheorie, die, als sie hinreichend unter den Lehrern und Erziehern bekannt war, von Vielen in gleicher Weise angewendet wurde wie zuvor die Vererbungstheorie? An die Stelle des Arguments, „dieses Kind ist dumm geboren, da ist nichts mehr daran zu ändern", trat das Argument: „Dieses Kind kommt aus einer sozial schwachen Familie".

Zudem: Die Diskussion über den „neuen Sozialisationstypus: — den „narzißtischen Charakter" — geht einher mit der Krise der Linken, was die Frage nahelegte: Handelt es sich bei seiner Identifikation nicht „um eine Projektion frustrierter Motivationen, um einen Vorgang, bei dem die Enttäuschungen der linken Bewegung über eigene Unzulänglichkeiten und über die Übermächtigkeit der Verhältnisse der heranwachsenden Generation als Charaktermängel zugeschrieben werden?" (Paul Walter).

Und: Lenkt die Diskussion über den „neuen Sozialisationstyp", dessen Entwicklung allein in den veränderten Bedingungen der frühkindlichen Sozialisation gesucht wird, nicht ab von der augenblicklichen politischen und ökonomischen Krise, der Ausbildungs- und Berufsnot der Jugendlichen, die anzugehen wäre?

Vor dem Hintergrund dieser Fragen wurde die zweite Narziß-Diskussion in päd. extra von uns vorbereitet, zu der wir eine Reihe von Autoren aus unterschiedlichen Wissenschaftsbereichen aufforderten, Beiträge zu schreiben. Genau wie Bücher haben wissenschaftliche Theorien und Diskussionen ihre Zeit. Plötzlich ist ein kollektives, öffentliches Interesse für sie vorhanden. Das zeigte uns die große Resonanz aus unserem Leserkreis und weit darüber hinaus, nachdem wir im Januar und August vorigen Jahres die Diskussion in päd. extra veröffentlicht hatten. Das Bedürfnis, einen Erklärungsansatz für die frustrierende politische Kleinarbeit in der Schule, im Erziehungsbereich, wo oft nichts mehr zu gehen scheint, zu finden, mag der Grund dafür sein. Ein Grund für uns, die Diskussion der beiden päd. extra-Hefte in diesem Band zu dokumentieren und sie zu erweitern. Denn gerade in Zeiten wirtschaftlicher Krisen mit ihren Folgen der Arbeitslosigkeit und politischen Repression sollten wir auf die Analyse psychischer Prozesse nicht verzichten.

Januar 1979   Die Herausgeber

Herbert Stubenrauch
Narziß: Eine Herausforderung für die Erziehungswissenschaft und politische Pädagogik?

Vom autoritären Scheißer zum oralen Flipper' — läßt sich mit dieser plakativen Formel eine tiefgreifende Veränderung im Aufwachsen der neuen Generation unserer Gesellschaft umschreiben?
Sind wir durch die Fülle der beobachtbaren Verhaltensweisen gezwungen, unsere gängige Vorstellung von der Sozialisation autoritärer Charakterstrukturen zu korrigieren?
Sind wir dem Irrglauben verfallen, anzunehmen, die autoritäre Dressur, denen die Heranwachsenden in Deutschland seit Jahrzehnten unterworfen waren, und die Wilhelm Reich und Theodor W. Adorno vor mehr als 40 Jahren als erste gründlich analysierten, sei gleichsam die unwandelbare Grundfolie, auf der die Kinder des Kapitalismus aufzuwachsen hätten?
Auf der Basis des autoritären Charakters entsteht etwas Neues; was dieses Neue ist, sein könnte, wie es analysierbar, begreifbar zu machen sei, darüber wollen wir eine Diskussion eröffnen. Dabei wird vor allem auch die Frage zu erörtern sein, ob die unterschiedlichen Phänomene, die wir in den letzten Jahren mit der These der narzißtisch-oralen Charakterstruktur — die vor allem Thomas Ziehe in seinem Buch 'Pubertät und Narzißmus' (1975) vorgetragen hat — zu erklären sind. Welcher Art sind diese Phänomene? Inwiefern unterscheiden sie sich vom 'alten' autoritären Sozialisationstyp? Hier nur einige Schlaglichter.
Nicht mehr die Verbindung von 'Ruhe, Ordnung, Sauberkeit', die, zusammen mit Befehl und Gehorsamsstrukturen u.a. den autoritären Charakter prägten, treten heute in den Vordergrund, sondern ein Verhalten, das durch ein permanentes In-sich-Hineinstopfen und Herausblubbern gekennzeichnet ist.
Da sitzt z.B. ein achtjähriges Kind zu Hause, der Fernseher ist eingeschaltet, aus dem Kassettenrecorder tönt Musik, das Kind liest in einem Comic-Heft und bedient sich aus einer Tüte Chips, wobei es auch noch ab und zu mit einem anderen Kinde im Raum mittels Satzfetzen wie: 'Echt stark!' — 'Das bringt's!' kommuniziert. Dieses Phänomen bezeichnet mehr als bloße 'Reizüberflutung', es signalisiert einen Zustand totaler Versorgung, der seine Entsprechung in einer ebenso totalen 'Entsorgungs'-haltung hat: Momente wie Aufmerksamkeit, Konzentration, Beharrlichkeit, Anstrengung treten sprunghaft, scheinbar beliebig auf, wechselnd wie die Werbespots im Fernsehprogramm: für einen kurzen Moment haftet, sofern der 'Action-Reiz' groß genug ist, die Aufmerksamkeit und wechselt alsbald zum nächsten Angebot über.
Die äußeren Gegenstände, die im Wortsinne e n t l e e r t e n Dinge, werden fallengelassen, hinter sich gelassen, gleichsam ausgeschieden und einem gigantischen imaginierten Entsorgungsapparat überlassen: die leere Cola-Dose und die Zigarettenkippe landen auf dem Boden, das beschriebene Papier zerknüllt unter der Schulbank, die getragenen Socken werden unters Bett geschoben, das gelesene Comic-Heft fliegt in die Ecke, der störende Speichel im Mund wird an die Fensterscheibe gespuckt.
Nicht mehr gilt offenbar der klassische Freud-Satz: 'Wo Es war, soll Ich sein' und seine Ergänzung: 'Wo Über-Ich war, soll Ich werden', die den politischen

Kampf z.B. der 68er Studentenbewegung als zielgerichtete Revolte auch kennzeichneten. Sondern: unmittelbare Bedürfnisbefriedigung hier und jetzt ('Hab keinen Bock drauf' – 'Mir stinkt's' – 'Scheiße' – 'Politisierung über den Bauch' usw.) setzt für relativ kurze Zeit produktive Energie in Bewegung, die, sobald sie auf eine dieser Bewegung sich versperrende Realität trifft, über blinde Wut in lähmende Apathie umschlägt. Sie wollen, können nicht, aber sind bedürftig, wie alle, die unter diesem 'Heranwachsen im Widerspruch einer kapitalistischen Warengesellschaft' leiden, die 'sich einbringen', um zu ändern, die 'kaputt machen wollen, was sie kaputt macht' und dabei wider Willen zu Kaputtniks werden und gemacht werden.

Im letzten Jahrzehnt war die Aufmerksamkeit der 'linken' Pädagogik zu Recht auf die Untersuchung der Frage gerichtet, inwiefern die Institution Schule, das verordnete, kasernierte, entfremdete Lernen die Heranwachsenden daran hindert, zu sich selbst zu kommen und sich zu 'emanzipieren'. Schulkritik als Kritik an Form und Inhalt der bestehenden Klassenschule, Kapitalismuskritik als Kritik der herrschenden gesellschaftlichen Rahmenbedingungen, verbunden mit der Denkfigur von der klassenspezifischen Sozialisation und der Auseinandersetzung mit den Programmen der kompensatorischen Erziehung und der Reformschulen waren die bestimmenden Gegenstände unseres Erkenntnisinteresses.

Dieses Spektrum der Untersuchung, so meinen wir, reicht aber nicht mehr aus.

Wir müssen versuchen, begreifen zu lernen, daß Grundpfeiler der Sozialisation in dieser Gesellschaft sich mittlerweile umgestaltet haben, daß vom Säugling an, alle Schichten und Familien tendenziell umfassend, die geänderte gesellschaftliche Wirklichkeit auch die Struktur der Sozialisation grundlegend umgestaltet hat.

Wenn das aber so ist, dann liegt in dieser Tatsache eine ungeheuere Herausforderung für die erst ansatzweise in der Bundesrepublik bestehende marxistisch- und freudianisch-orientierte Erziehungswissenschaft und politische Pädagogik. Wenn das stimmt, dann stimmen unsere Begründungen für unsere objektiven Mißerfolge z.B. bei dem Versuch nicht mehr, Arbeiterkinder durch politische Lernprozesse mit dem Mittel der organisierten Pädagogik dazu anzuregen, zu handelnden politischen Subjekten zu werden. Bisher erklärten wir das mit der These von den klassenspezifischen Defiziten dieser Kinder, denen die 'Mittelschichtinstitution' Schule nicht angemessen begegne. Wenn unsere Annahme stimmt, dann müssen wir auch so lange bohren und nachdenken, bis wir uns darüber begriffliche Klarheit verschafft haben, ob nicht die uns vertrauten Kategorien, in denen wir bislang gewohnt waren, die Sozialisation in dieser Gesellschaft zu fassen, einer grundlegenden Korrektur bedürfen.

Hans-Jürgen Döpp, der langjährige Erfahrungen als Lehrer an einer Frankfurter Hauptschule hat, versucht in seinem Beitrag, den Diskussionsstand über 'den neuen Sozialisationstypus' zusammenzufassen. Als Material zu dem Themenkomplex dokumentieren wir in Kästen außerdem Beobachtungen über Schülerverhalten (v. Hentig), über Lehrlingsverhalten (Lehrlings-Ausbildungswerkstätten (LAW)-Bericht) und Bruchstücke aus einem Bericht über die 'heutigen Studenten'. Mit diesen 'Dokumenten' erheben wir natürlich nicht den Anspruch, 'die' Wirklichkeit in diesen drei Ausbildungsbereichen hinreichend zu charakterisieren, sondern sie dienen in unserem Kontext dazu, schlaglichtartig das Phänomen zu erhellen, das hier zum Ausleuchten vorliegt.

Eine Fülle von Fragen wird mit diesem unserem Thema lediglich aufgeworfen, aber noch nicht beantwortet. So zum Beispiel:

- Wie manifestiert sich – unter der Annahme, der Sozialisationstyp sei allgemein zutreffend – seine spezifisch-klassenmäßige Ausprägung?
- In welchem Verhältnis stehen psychoanalytische Erklärungsmuster zu explizit politischen Interpretationsansätzen, die eine veränderte Sozialisation, aus geänderten Produktionsverhältnissen ableitend, zu bestimmen versuchen?
- Welchen spezifischen Einfluß auf 'geänderte Sozialisation' haben die antiautoritäre Bewegung und ihre Alternativprojekte gehabt?
- Welche Rolle bei den Veränderungen in der Sozialisation und 'Wertordnung der Erziehung' haben die sozialdemokratischen Reformprojekte (z.B. Gesamtschulen) dabei gespielt?
- Welche Einstellungs- und Verhaltensänderungen sind bei den Heranwachsenden im Hinblick auf Umgang mit Aggressionen, Sexualität, Kommunikation, Musik, Bewegung, Verkehrsformen, ihrem Körper, ihren Phantasien, ihren Emotionen, ihrer Sprache festzustellen?
- In welchem Verhältnis stehen die ja immer noch vorhandenen autoritären Strukturen zu den narzißtisch-oralen? Welche spezifischen Chancen zur Befreiung und Veränderung liegen in dieser Kombination?

Angesichts von Motivationsverlust und Identitätszerstörung, von Organisationsfetischismus und Organisationsfeindschaft, einer Sehnsucht nach totaler, fast kosmischer Verschmelzung und einer ebenso totalen und brutalen Abgrenzung, benötigen wir die dialektische Vermittlung eines Begriffs und einer Praxis, in der alte Erkenntnis 'aufgehoben', d.h. zugleich auf eine neue Stufe transformiert wird, eine Stufe, auf der nicht länger das anal-orale Blubberwort 'Scheiße' den Ton angibt.

Drei Dokumente

Phänotypus Narziß I
Hartmut von Hentig
Sind die Kinder heute anders? *

Die heutigen Kinder sind ganz offensichtlich die Kinder ihrer Zeit und ihrer Umwelt, sie sind ihr entlarvendster Spiegel. Sie sind nicht nur nervös, ungeordnet („disorganized" nennt sie einer ihrer besten Kenner, Urie Bronfenbrenner), vital „gestört" − sie terrorisieren einander, sie streiten sich ununterbrochen (um Gegenstände, als lebten sie in tiefer Armut; um Rangplätze, als lebten wir vor Leviathan; um die Zuwendung der Erwachsenen, als lebten sie in einer besonders lieblosen Welt), sie vandalisieren das Gemeingut, sie sind weitgehend unfähig, anderen und sich selbst Freude zu bereiten, sie scheinen unfähig, tiefere und anhaltende Beziehungen zu Menschen oder Sachen einzugehen, ihre Sprache ist arm und im doppelten Sinn des Wortes „barbarisch" − und sie müssen ununterbrochen schreien.

Sie hüllen sich, sobald es geht, in den Lärm ihrer Transistorgeräte oder Kassettenrekorder oder bedröhnen sich in den Musikzellen mit den elektronisch verstärkten Baßgitarren.

Die Kinder an meiner Schule sind fast ununterbrochen in heftiger Bewegung. Wenn sie nicht Unterricht haben, rasen sie durch das Gebäude; wenn sie Unterricht haben, tappen sie mit den Händen auf die Tischplatten, die Sitzlehne, ihre Knie; sie kippeln mit den Stühlen. Eine gewisse Ruhe erziele ich gelegentlich, indem ich ihnen erlaube, sich hinzulegen. Auf jeder der Unterrichtsflächen haben sie zu diesem Zweck Polster zusammengetragen. Liegend sind sie meist aufmerksam − wenn sie nicht aneinander herumspielen.

Die Kinder bauen sich Höhlen inmitten eines Chaos. Eine geordnete oder ordnende Gemeinschaft gibt es für sie nicht. Alles, was jenseits der Kleinstgruppe geschieht, ist abstrakt und wirkt feindlich. Der Übergang von hier zur „Gesellschaft" draußen ist unvermittelt und macht die Kleinstgruppe unglaubhaft und funktionslos, die Gesellschaft unheimlich und sinnlos.

Woran immer es liegt − es fällt auf, wie wenig die Jugendlichen bereit sind zu planen − nicht nur ihr „Leben", sondern ihren Tag, die Woche, die vor ihnen liegende Aufgabe.

Sie haben auch keinen wirklich ernstzunehmenden Streit mit den Erwachsenen. Erwachsene sind für sie „weder Feinde noch Freunde, weder Vorbild noch Gegenbild, weder Angst erzeugend noch Vertrauen erweckend, sondern einfach weitere Faktoren in einer sowieso schon komplizierten Welt".

Natürlich haben sie auch liebenswerte, ja bewundernswerte neue Eigenschaften, aber diese sind meist die unmittelbare Folge und Kehrseite einer ihrer Schwierigkeiten: aggressiv wie sie sind, können sie Erwachsenen frei, ungebeugt begegnen; indifferent, unkooperativ, unkritisch wie sie sind, können sie diese Schwächen ehrlich eingestehen und sehr beredt anklagen; ungeordnet wie sie sind, können sie in bestimmten Lagen sich selbst und ihren Anspruch zurücknehmen, fast ohne es zu merken.

---

* aus: Hartmut von Hentig, Was ist eine humane Schule? 3. Auflage C 1977 Carl Hauser Verlag, München

Phänotypus II
Ein neuer Studentyp?
(Auszüge aus einem Artikel der Frankfurter Rundschau vom 16.7.77)

Im Anschluß an den Bericht über eine Studenten-Demonstration in West-Berlin heißt es: Die „Spontis" ihrerseits hatten das Spruchbänderherstellen vergessen; die Uni-Neulinge, für die es meist der erste politische Umzug war – das war zur Zeit der Vietnamdemonstrationen anders, jedenfalls bei den Berliner Erstsemestern – , wußten kaum, wie man ein Spruchband macht.

Es stellt sich die Frage, warum sie überhaupt mitgelaufen sind: „Weil mich der ganze Uni-Betrieb ankotzt", sagt Karin, zwanzig Jahre alt, drittes Semester Germanistik. Auf den Einwand, ob der Streik nicht hauptsächlich eine Selbstschädigung der Studenten bedeute, meint sie: „Wir haben nicht viel zu verlieren, wir sind schon Verlierer von Anfang an." Überdruß mit dem Studienalltag als treibendes Motiv für den Streik und andere Aktionen taucht in den Diskussionen immer wieder auf. Je kleiner der Kreis ist, umso deutlicher wird dieses persönliche Unbehagen als Beweggrund für politisches Handeln.

Die Diskussionsveranstaltungen und Gespräche am Rande des Streiks zeichnen sich zwar nicht durch politisch-analytischen Scharfsinn aus, dafür aber um so mehr durch Offenheit in der Selbstdarstellung. „Semesterlang haben wir uns etwas vorgemacht, jeder dem andern", sagt Karin, „als ob die miese Berufsperspektive, die Angst vor der politischen Disziplinierung in Form von Berufsverboten und anderes und die beschissenen Studienbedingungen komischerweise nur die anderen beträfen. Der Streik hat eine Entkrampfung gebracht, die es ermöglichte, zuzugeben: Ich hab' auch Angst vor der Zukunft, und ich seh auch keine echte politische Perspektive . . ." So und ähnlich konnte man es während des Streiks immer wieder hören.

Auch heute noch sind die Studenten in den „Initiativen", wie sich die unorganisierten Basisgruppen meist nennen, bemüht, immer wieder ihre Art des Miteinander-Redens, die Verkehrsformen, zu thematisieren.

In der Ausdrucksweise der Spontis und überhaupt vieler Studenten vermischt sich eine bewußt einfache, volkstümliche Sprache, manchmal gesteigert zur berlinernden Volkstümelei, mit Fragmenten wissenschaftlicher Diktion. Vor allem der beschwörende Drang nach dem, was angeblich „konkret" und „echt" ist, spricht aus ihren Formeln, in jedem zweiten Satz verbunden mit einem unsicheren „irgendwie" oder „irgendwo". Gelegentlich konzentriert sich diese Artikulationsfähigkeit in Sätzen wie: „Wir müssen jetzt mal irgendwie echt konkret werden." . . .

Nicht nur in West-Berlin, sondern auch an verschiedenen westdeutschen Universitäten (Heidelberg, Bremen, Göttingen zum Beispiel) hat sich – mehr naturwüchsig als bewußt und systematisch – eine bestimmte „Ideologie", ein Konglomerat von Vorstellungen bei den undogmatischen Unorganisierten herausgebildet. Allen Bestandteilen dieser Ideologie ist gemein, daß sie die affektive Nähe von Politik und Person betonen und sich herkömmlichen politischen Begriffen mehr oder weniger entziehen; dies nicht, weil sie völlig unverständlich sind, sondern weil sie für einen konventionellen Politikbegriff kaum noch politisch sind. Affektive Nähe von Politik und Person bedeutet nicht im traditionellen Sinne Engagement (franz: Verbindlichkeit, Verpflichtung), sondern eher Identifikation

(Übereinstimmung), also Politik „aus dem Bauch heraus", oder, noch gröber: Politik zum Aufessen . . .

Ein zentrales Postulat der Sponti-Ideologie lautet, daß ihr Selbstverständnis sich aus „Betroffenheit" entwickeln muß. Es soll also nicht an bestimmten, als abstrakt gescholtenen Oberbegriffen wie: „gewerkschaftliche Orientierung", „Bündnis mit der Arbeiterklasse" oder „antiimperialistischer Kampf" gebunden sein. Aus dem Prinzip der Betroffenheit folgt — oft, nicht notwendig — eine gewisse Borniertheit des Horizonts („Was hab' ich mit Südafrika zu tun?") und eine mangelnde Vorausschau bei größeren Aktionen.

Ein anderer Aspekt der Sponti-Fraktion in der „neuen Studentenbewegung" ist ihre offene Theoriefeindlichkeit, oft gesteigert zu einer generellen Wissenschaftsfeindlichkeit, die die Kehrseite eines kaum verhohlenen Subjektivismus ist. So hieß es beispielsweise auf einer Versammlung der „Initiative" am Otto-Suhr-Institut der FU, Fachbereich für Politikwissenschaft(!), nachdem ein fachbereichsfremder Kommilitone von einem „dialektischen Zusammenhang" zwischen sachbezogener Kooperation und zwischenmenschlichen Beziehungen gesprochen hatte: „Wer 'dialektisch' sagt, verläßt den Boden der Solidarität." Und in einer selbstgefertigten Broschüre zur Berufsperspektive unter dem Titel „Kein Grund zur Panik" steht am Schluß eines sehr bezeichnenden Artikels: „Muß diese Wissenschaft überhaupt sein, die Trennung zwischen 'Theorie und Praxis', zwischen Denken und Empfinden? Wer mir jetzt mit Bloch, Marx oder Freud kommt, dem schlage ich den Schädel ein." Durch diese Wissenschaftsfeindlichkeit unterscheidet sich die heutige „Studentenbewegung" grundlegend von der 68er Generation . . .

Auf der anderen Seite gibt es die Superspontis, die sich Stadtindianer oder an der Universität FU-Indianer (oder: Ini-aner, von Initiative) nennen. Diese oft bunt angemalten, sich bewußt kindlich gebärdenden Landluft-Romantiker sind kaum noch politisch einzuordnen und legen auch wohl keinen Wert darauf. Sie stellten sich ein entsprechendes Armutszeugnis aus, als sie am 2. Juni auf der Kundgebung zum 10. Todestag von Benno Ohnesorg die Gedenkrede Erich Frieds mit albernem Singen und Tanzen störten.

Jedoch ist die Tendenz, sich außerhalb alles Politischen zu begeben, in großen Teilen der Sponti-Bewegung angelegt. Das läßt sich vielleicht am besten mit einem existentialistischen Lebensgefühl begründen, dessen Artikulation nicht notwendig sein müßte, dies aber ist, da es in einem Klima einer allgemeinen Oberflächen-Politisierung an der Universität entstand. Dieses existentialistische Gefühl äußert sich zum Beispiel in Formulierungen, wie sie in der Zeitung des UStA, „Konsequer", zu lesen waren: Es gehe bei dem Vorlesungsstreik nicht nur um politische Fortschritte, sondern auch darum, „zu demonstrieren und zu erfahren, daß wir da sind . . ."

Phänotypus III
Emanzipation – wie macht man das?
(Zitat aus: Diafari u.a., Politische Arbeit mit Lehrlingen in:
Ästhetik und Kommunikation Heft 17/74)

In den Lehrlings-Ausbildungs-Werkstätten (LAW) der Stadt Frankfurt am Main werden insgesamt 120 bis 160 Lehrlinge für folgende Berufe ausgebildet: Betriebsschlosser, Mechaniker, Kfz.-Mechaniker, Kfz.-Elektriker, Energieanlagenelektroniker (früher: Elektromechaniker und Starkstromelektriker), Maschinenbauer und Schreiner. Die LAW hat die Funktion, den Facharbeiternachwuchs für die städtischen Dienststellen (z.b. Gartenamt) und Betriebe (Stadtwerke) auszubilden. Seit Sept. 1970 wurde die Ausbildung der gewerblichen städtischen Lehrlinge ergänzt durch einen zusätzlichen arbeitsfreien Unterrichtstag (neben dem Berufsschultag), der pädagogisch und organisatorisch bis Juni 1974 von der Volkshochschule (VHS) Frankfurt getragen wurde.

Den technischen Unterricht übernahmen Gewerbelehrer-Studenten der TH Darmstadt, den politischen Unterricht führten Studenten der Psychologie, Soziologie und Pädagogik der Universität Frankfurt und Lehrer nach dem ersten Staatsexamen durch.

Hinter der Intention der Lehrer, Politik als „Sache der LAWler" zu behandeln, stand eine politische Entscheidung, ein politisches Fernziel: die gesellschaftliche Emanzipation, in der die Individuen sich ihre gesellschaftlichen Kräfte aneignen und ihre Geschichte selber machen als deren Herren, wo die Massen nicht mehr Objekt von Politik, sondern deren Subjekte sind, wo nicht mehr Politik für/gegen sie, sondern durch sie selbst gemacht wird.

Erfahrungen des politischen Unterrichts bei der LAW
und Versuch der Interpretation.

An einem Beispiel sollen Schwierigkeiten des Unterrichts aufgezeigt werden:
Thema: Sexualität, Schwierigkeiten mit Mädchen, die Zwänge und Ängste.

Gelesen wurden gemeinsam der Amendt und der Claesson – zwei Unterrichtseinheiten waren möglich, man diskutierte über eine Reihe der in den Büchern angesprochenen Punkte – über Onanie, Homosexualität, gegenseitige Ausbeutung in sexuellen Beziehungen, Zwänge usw.. Doch dann war das Thema „erschöpft" – warum? Wußten die LAWler jetzt alles, was sie wissen wollten? Hat es sie nicht mehr länger interessiert, weil sie keine Ausdauer haben oder ihnen anständige Lernmotivationen fehlen? Die LAWler gaben selbst die Antwort, und die Lehrer hätten diese ein bißchen ernster nehmen sollen: „Was soll das ganze Gelabere, schon wieder das Sex-Zeugs, das hängt uns allmählich zum Hals raus. Bumsen können wir eh nicht, und 'ne Frau könnt ihr uns nicht besorgen . . ."

Diese Abwehr gerade an einem Thema, das offenkundig ein zentrales Problem der Lehrlinge ist, gibt die Interpretation für die Formen der Abwehr an anderen Themen, die offenkundig weiter abseits liegen. Was haben die in Vietnam mit uns zu tun? Was gehen uns die Ford-Arbeiter an? Was interessiert uns der Häuserkampf in Frankfurt?

Die Lehrlinge kamen zwar zum guten Teil regelmäßig, aber eine Unterrichtseinheit länger als 10 Minuten durchzuhalten, kam doch selten vor. Dies nicht zuletzt, weil es den Lehrern selbst absurd war, immer wieder vergebliche Versuche zu machen. Die Lehrer quälten sich durch die Unterrichtsstunden und die LAWler auch. Mit oft verbissener Intensität wurde das Durchhalten des Unterrichts versucht und die LAWler bekamen eine ganz schöne Wut auf das ganze linke Zeugs.

„Das blödsinnige Gelabere von unseren Interessen kann man schon gar nicht mehr hören, dies ganze scheißlinke Zeugs – mich interessiert gar nichts außer mein Bock, mei Frau, mei Bier und mein Bett . . ."

„Die wollen uns was unterjubeln" – hieß es, und bald blieben bis zu 70% der Lehrlinge dem Unterricht fern.

Also Briefe an die Eltern, an die LAW? Und die eigenen politischen Vorstellungen? Schließlich war es nicht nur Resignation, daß das feste Konzept politischen Unterrichts nach und nach aufgegeben wurde – immer häufiger stellten die Lehrer fest, daß wichtige Diskussionen und Gespräche in der Kneipe, nach dem Kino oder an der Kiesgrube möglich waren, dort ohne Zwang wie von selbst entstanden, während der Unterricht zum gleichen Thema hoffnungslos war.

Wir haben hier einen der grundlegenden Ansatzpunkte der Kritik am politischen Unterricht in der LAW – und wir meinen, daß er seine Wurzel hat im folgenschweren Mißverständnis der Lehrer davon, was politische Bildungsprozesse sind. Denn: Solange der angebotene Unterricht den Lehrlingen äußerlich blieb – auch dann, wenn die Lehrer noch so felsenfest davon überzeugt waren, daß die Unterrichtsinhalte im Interesse der LAWler waren – solange also diese angesprochenen Interessen vielleicht objektiv die der LAWler, aber nicht subjektiv ihre waren, solange steht die Unterrichtssituation in unaufhebbarem Widerspruch zu den politischen Intentionen des Unterrichts.

Gerade die Lehrlingsbewegung der letzten Jahre zeigte, daß politisches Handeln und politische Reflexion in engstem Zusammenhang stehen, daß politische Bildungsprozesse sich vollziehen im engen Wechselspiel von kollektivem politischem Handeln und politischer Reflexion. Die gemeinsame Erfahrung, Subjekt politischen Handelns zu sein, ist die unverzichtbare Voraussetzung für politische Bildungsprozesse.

Politisches Lernen ist gebunden an die Erfahrung der Möglichkeit und Fähigkeit, die eigene Situation zu verändern.

Wir halten die These von Sozialisationsmängeln proletarischer Jugendlicher, die durch kompensatorische Erziehung wettgemacht werden könnten, für einen Bestandteil jener bürgerlichen idealistischen Erziehungsillusion.

Wir haben es hier nicht so sehr mit Mängeln zu tun, die zu beheben sind, sondern mit spezifischen Motivationsstrukturen, die sozial in Familie und Schule erworben und zugleich im ganz konkreten Lebenszusammenhang der Lehrlinge verankert sind. Idealistisch ist das Konzept der kompensatorischen Erziehung insofern, als sie meint, durch rationale Aufklärung sozial verankerte Bewußtseins- und Motivationsstrukturen verändern zu können, ohne die soziale Situation zu verändern; bürgerlich ist diese Konzeption insofern, als sie als Alternative zu den proletarischen Bewußtseinsstrukturen und Motivationen nur bürgerliche kennt.

Wir meinen, daß die Abwehr von kompensatorischem Unterricht durch die LAWler ernster zu nehmen ist, daß sie zu begreifen ist als realistische Reaktion auf Leistungsansprüche und -forderungen, die ihrer sozialen Situation äußerlich bleiben. Nicht die Uneinsichtigkeit der LAWler, sondern die Begrenztheit ihrer Situation in Familie und Betrieb ist das Problem der angeblich fehlenden Bildungsmotivationen.

Das gilt insbesondere für den politischen Unterricht: die Abwehr gegen „Politik", die sich im erwachsenen Proletariat genauso findet wie bei den LAWlern, ist vor allem die realistische Abwehr, vor den Karren fremder Interessen gespannt zu werden. Da Politik das Geschäft „derer da oben" ist, wendet sich Abwehr ebenso gegen Parteien und Gewerkschaften wie gegen die linken Gruppen und uns Lehrer. Die sprachliche Form dieser Abwehr bei den LAWlern verweist auf diesen Zusammenhang:

Über Politik zu reflektieren und zu diskutieren heißt „labern" oder „lallen" – dem steht alternativ gegenüber „draufhaun", „zuschlagen" oder „Maulhalten", „runterschlucken".

Daß politisches Lernen gebunden ist an kollektive Selbsterfahrung, an politisches Handeln und gemeinsame Selbstaufklärungsprozesse, daß politische Bildungsprozesse in inhaltlichem Widerspruch stehen zur Instrumentalisierung der Subjekte des Lernens zu Objekten pädagogischer Tricks – das möchte den LAWlern klarer gewesen sein als ihren politischen Lehrern.

Hier geht es um jene Kommunikationsstrukturen, die prinzipiell das Verhältnis von Lehrenden zu Lernenden bestimmen. Das pädagogische Verhältnis ist notwendigerweise asymmetrisch, gleichgültig ob der Lehrer autoritären oder demokratischen Unterrichtsstil praktiziert.

Prinzipiell problematisch ist das pädagogische Verhältnis dort, wo es um politische Bildungsprozesse geht.

Wenn politische Bildungsprozesse begriffen werden als politische Selbstaufklärungsprozesse im Zusammenhang mit politischem Handeln, dann sind in solchen Bildungsprozessen Lehrer und LAWler beide Lernende. Nicht daß in solidarischem politischem Handeln asymmetrische Beziehungen unmöglich wären – nur: solche Beziehungen gehören genuin zu jenen Bestandteilen verzerrter bürgerlicher Kommunikation, die von politischer Praxis und in ihr bekämpft werden müssen. Politische Kommunikation zielt notwendig auf den Abbau asymmetrischer Beziehungen und steht in permanentem praktischem Widerspruch zum pädagogischen Verhältnis.

Es ist eine Erfahrung, die sich durch den gesamten VHS-Unterricht hindurchzieht: Immer dort, wo „Lehrer" und LAWler in politische Kommunikation miteinander eintreten (und damit ist das gemeinsame Reden und Diskutieren ebenso gemeint wie gemeinsames Verhalten – und damit ist „Politik" im genuinen Sinn bezogen auf den gesamten Lebensbereich), immer dort wurde „politischer Unterricht" verunmöglicht; von den LAWlern sabotiert, von uns nicht mehr aufrechterhaltbar. Umgekehrt: Nur dort, wo die pädagogische Unterrichtssituation, aus welchen Gründen auch immer, aufgelöst wurde, war politische Kommunikation (über Familie, Schule, Berufswahl, Lehre, Betrieb, Freizeit, Sexualität usw.) möglich.

Hans Jürgen Döpp
Narziß: Ein neuer Sozialisationstyp?

Eine umfassende Motivationskrise auf allen Ebenen institutionalisierter Lern- und Bildungsprozesse verunsichert gegenwärtig Lehrer und Erzieher: Was sind die Gründe dafür, daß nichts mehr so geht, wie es vor Jahren noch zu gehen schien? Allerorten Symptome, die auf eine Schwächung der klassisch-bürgerlichen Motivationsbasis hinweisen.

Geraten die im Subjekt vorhandenen Voraussetzungen bürgerlicher Bildungsprozesse ins Wanken? Die objektive Situation der Jugendlichen heute s c h e i n t deren subjektive Reaktion leicht zu erklären: ihr Zugang zur Realität ist verriegelt; auf Leistung und Tüchtigkeit stehen keine Prämien in Aussicht. So wird über das Verständnis der objektiven Situation der „rationale Kern" im scheinbar irrationalen Verhalten der Jugendlichen versucht.

Schnell ist dann das Paradigma „linker" Pädagogik zur Hand, das in allem, was sich der bürgerlichen Ordnung entgegenstellt, Zeichen der Auflehnung und Keime einer zukünftigen Gesellschaft erkennt. Drückt sich in den genannten Phänomenen also eine Haltung der Weigerung aus, eine Form des Protestes im Namen unterdrückter Interessen gegen entfremdete Verhältnisse?

Unser Ansatz geht von der Annahme einer K o i n z i d e n z krisenhafter gesellschaftlicher Entwicklung mit der Entwicklung eines „neuen Sozialcharakters" aus. Sind die beschriebenen Symptome nicht eher Folge entfremdeter Realitätserfahrung? Resultate beschnittener Lebenszusammenhänge? Ergebnis der Sabotage von Objektbesetzungen und Identifikationsmöglichkeiten? Drückt sich in der überall anzutreffenden (Ver-)„Weigerung" nicht eher eine „melancholische Position" (Mendel) aus, eine Position der Schwäche und der Regression, die zwar inspiriert ist von Phantasie, die aber jeglichen Realitätsbezug von vornherein ausschlägt, und auf die sich insofern keine politische Hoffnung mehr gründen kann, als sie die Realität rechts liegen läßt?

Rache des ungelebten Lebens

Die Schwächung der klassisch-bürgerlichen Motivationsbasis äußert sich im beobachtbaren Verhalten der Schüler. Das Bild, das Hartmut von Hentig von den Kindern seiner Schule zeichnet, erinnert an Hospitalismus-Phänomene. Dem Abbau an Objektbeziehungen entspricht ein Mangel an Erfahrbarkeit von Welt: „Nicht die Kinder sind anders, sondern die Kindheit."[1] Kindheit sei: Fernsehkindheit, Schulkindheit, Stadtkindheit, Kinder-Kindheit, noch nicht einmal mehr Kleinfamilienkindheit; vor allem aber pädagogische Kindheit. „Den Kindern hat man die Kindheit verleidet; sie ist im Wortsinne un-wirklich in dem Maß, in dem wir sie kindgemäß und pädagogisch machen."[2]

Nichts verlockt mehr, erwachsen zu werden. Ihr sozialer Uterus ist die peergroup: „Alles, was jenseits der Kleinstgruppe geschieht, ist abstrakt und wirklich feindlich."[3] Die gesellschaftliche Außenseite ihrer narzißtischen Binnenstruktur ist – ganz und gar klassenspezifisch – eine Welt, die als technische Konstruktion erscheint; in der Konflikte technische Pannen sind; in der Pädagogik dem rationalisierten Produktionsprozeß sich angleicht.

Insofern entspricht das in der psychosomatischen Forschung beschriebene „Pinocchio-Syndrom" jener affektentleerten „Außenwelt": „Allenthalben leiden Menschen an unentwickelten Lebenstrieben, quält sie innere Leere, gleichsam eine Seele aus Holz", berichtet der „Spiegel"[4]. Ein bestimmter Sozialisationstyp sei für unsere Gesellschaft charakteristisch: „eine Zivilisationsmarionette, überangepaßt, an Vorstellungskraft und Gefühlsäußerungen kümmerlich verarmt, unfähig insbesondere, über eigenes Leiden zu sprechen". Das Innere ist gleichsam stillgelegt, abgekoppelt von einer Außenwelt, die zu keiner befriedigenden Interaktion mehr verführen kann. H. v. Hentig diagnostiziert die „Krankheit" der Kinder daher mit Erich Fromm als „Rache des ungelebten Lebens."[5]

Andererseits stellt er ein starkes Bedürfnis nach Verläßlichkeit fest, das alle anderen Bedürfnisse übertreffe. „Kinder kommen heute in die Schule mit einer durch ihre vorausgehende Erfahrung und durch ihre Umwelt erschreckend unterentwickelten Fähigkeit zur Solidarität; ihr Bedürfnis nach Geborgenheit, Zugehörigkeit, Verläßlichkeit steht im umgekehrten Verhältnis dazu."[6] Angesichts einer das Selbst bedrohenden Situation, der gesellschaftlich bedingten Isoliertheit der Individuen, können sie aber Sicherheit und Geborgenheit nur noch vermittels der Regression zum Narzißmus und der Abkehr von der Realität finden.

Dem setzt v. Hentig antithetisch seine pädagogischen Forderungen entgegen: „Kinder müssen erfahren können, was eine starke, bleibende Beziehung, was schützende (nicht geschützte!) Gruppen, was selbstgeschaffene Ordnungen vermögen. Nicht so sehr Bildung und Bildungschancen, nicht „Aktivitäten" und Motivationen, nicht Emanzipierung und Wissenschaftlichkeit, sondern Anlaß zu notwendigem, gemeinsamen, begründetem Handeln: Verlaß und Freundlichkeit – das sind die Grundbedürfnisse jedenfalls der heutigen Kinder, denen wir uns zuerst und zumeist widmen sollten; alle anderen eben aufgezählten Dinge halte ich für wichtig, aber sie folgen, wenn dieses Bedürfnis befriedigt ist."[7]

Realitätsentzug und Apathie

Es hat den Anschein, daß der generelle „Zugriff" der kapitalistischen Produktions- und Reproduktionsverhältnisse auf die Menschen klassenspezifische Reaktionsweisen in dem Maße obsolet werden läßt, in dem der Proletarisierungsprozeß auch bislang „gesicherte" Schichten ergreift. Der Begriff der „Unstrukturiertheit", mit dem Negt das ambivalente Bewußtsein der Arbeiter zu erklären versucht, kennzeichnet insofern tendenziell das Bewußtsein aller Mitglieder der Gesellschaft, als sich deren psychische, geistige und soziale Situation nicht mehr allein auf ihre Stellung im Produktionsprozeß zurückführen läßt.[8]

Die zunehmende Verwissenschaftlichung und Bürokratisierung des gesellschaftlichen Lebens ergreift alle Bereiche gleichermaßen. Die damit einhergehende Steigerung der Entfremdung zwischen dem Expertentum der wenigen und der Inkompetenz der Mehrheit führt – Horn zufolge – unter den gegebenen gesellschaftlichen Verhältnissen zur Entpolitisierung des Bewußtseins. „Wenn Menschen ihre politische Lebensform nicht selbst bestimmen, sondern sich der Technifizierung ihrer sozialen Beziehungen anpassen, müssen sich Formen des Arrangements zwischen objektiver gesellschaftlicher und subjektiver psychischer Verdinglichung sichtbar machen lassen."[9]

Eine hochgradige Abhängigkeit von äußeren Verhältnissen läßt den Subjekten keinen Raum für die Entfaltung ihrer Spontaneität, ihrer Individualität und ihrer Orientierungsfähigkeit. Die dadurch entstehende Orientierungsangst führt zur „Kapitulation vor der jeweils gerade anstehenden gesellschaftlichen Forderung . . . , die dann immer nur kurzfristige Sicherheit vermittelt."[10] Äußere gesellschaftliche Gegebenheiten werden zur Regulierung der Triebansprüche benutzt, für die „tendenziell keine reifen inneren psychischen Strukturen — kein Charakter im klassischen Sinn — mehr entwickelt werden."[11] Das Arrangement läuft über ein „relativ archaisches Zusammenwirken von Partialimpulsen und Rollenmustern. Bei diesen Formen der Anpassung bleibt das Handeln ich-fremd." Der Anpassungsforderung würde nicht stattgegeben, wenn nicht ein Minimum an Befriedigung erfolgte; doch fühlen die Subjekte sich ohnmächtig, weil ihnen die Gratifikationen, die sie erhalten, „insofern nicht sicher sind, als sie die Bedingungen, unter denen Gratifikationen gewährt werden, nicht beherrschen."[12] Sie sind weniger Ergebnis gezielter Interaktionen, als vielmehr „Prämien . . ., die auf narzißtische, vorwiegend der oralen Stufe zugehörige Problematik zugeschnitten sind."[13] Diese chronischen pädagogischen Bedürfnisse korrespondieren mit dem Absatzbedürfnis der Industrie. „Für die in Frage stehenden narzißtischen Strukturen ist eine äußerst geringe Unlusttoleranz hinsichtlich der Bedürfnisbefriedigung charakteristisch."[14] Befriedigungsmöglichkeiten für kurzfristig zu stillende Bedürfnisse prämiieren die Anpassung und lassen politische Alternativlösungen als beunruhigend empfinden. „Politische Apathie entspricht unter den gegebenen gesellschaftlichen Verhältnissen dem Lustprinzip auf einer sehr niedrigen Entwicklungsstufe des Ich."[15]

Geringe Unlusttoleranz, Angst und Unsicherheit sind die Gründe, warum sich die Subjekte lieber technisch verwalten lassen, als politische Alternativlösungen zu suchen, wozu größere, mit Unlust verbundene synthetische Ich-Leistungen notwendig wären. Wird die Bedürfnisbefriedigung gestört, schlägt die Angst der politisch Apathischen in blindes Agieren um; blind, weil die unentwickelte Realitätseinsicht es nicht erlaubt, die tatsächlichen Bedingungen der Bedürfnisbefriedigung zu kontrollieren.

Allein die Forderung, Problembewußtsein zu entwickeln, wird als Störung der magischen Phantasie des Versorgtwerdens empfunden. Verwiesen auf ihre individuelle Problematik, stoßen sie „an die Grenze ihres ohnmächtigen Reflektierens" und werden „in Angst und politische Apathie zurückfallen und Versorgung heischen."[16] Soweit die Bereitschaft zur Anpassung für das Individuum die Funktion von Angstabwehr hat, kann die mit Anpassung verknüpfte politische Apathie nicht einfach durch Prozesse politischer Bildung aufgehoben werden.

Narzißtische Strukturen stehen der — unausgesprochenen — Annahme der Konflikt-Didaktiker[16/1] gleichsam als Schranke entgegen. Diese gehen von einer synthetischen Leistungsfähigkeit des Ichs aus, das Widersprüche und Gegensätze miteinander zu vereinigen in der Lage ist; von einer Fähigkeit zu angstfreier Realitätseinsicht. Wenn aber im frühkindlichen Sozialisationsprozeß, vermittelt über die Mutter-Kind-Dyade (= Zweiheit), jene Fähigkeiten gar nicht erst ausgebildet werden, können jene Eindrücke auch nicht mehr in adäquaten, nicht verzerrten Symbolen verarbeitet werden. Horn hält es für wahrscheinlich, daß eine langandauernde, im Sozialisationsprozeß sich niederschlagende, gesellschaftlich bedingte Infantilisierung der Subjekte auch zu psychischer Verfestigung und Tradition prädipaler psychischer Strukturen führt. „Die politische Organisation

21

einer Gesellschaft kann so insgesamt als traumatisierende Extremsituation wirken und zur Institutionalisierung infantilen Verhaltens führen."[17] Die Individuen akzeptieren dann ihre Ohnmacht vollständig und endgültig. Erwuchs ihr Anspruch auf Selbstbestimmung aus der Erinnerung an eine – gesellschaftlich-historische bzw. subjektiv-biografische Zeit, in der sie sich noch als Subjekte erfahren konnten, so scheint heute auch das antizipatorische Moment der Erinnerung der totalen Vergesellschaftung zum Opfer zu fallen.

Der neue Sozialisationstypus

Die bürgerliche Familie in ihrem privaten Bereich war einst die „Zelle der Reaktion auf den Zwang der aktuellen Vergesellschaftung"[18]. Es bestand ein U n t e r s c h i e d zwischen der Erfahrung eines individuellen Subjektes und den normierten Erlebnissen der Gesellschaft. In der Familie des gesicherten Bürgertums konnte das Individuum Kräfte sammeln, um draußen allein zu stehen.

Unter heutigen gesellschaftlichen Bedingungen ist die Familie immer weniger ein kultivierender Schutzraum, wo Individualität und Produktivität sich ausbilden können. Für das Proletariat ist sie es nie gewesen.

In den unteren Klassen wurde das Kind zu früh auf sich angewiesen: es blieb zeitlebens geschwächt. Doch auch die Leistungen der bürgerlichen Familie reduzieren sich zunehmend. So zeigt schon die Statistik der intrafamilialen Gewalt, „daß es in den Familien nicht mehr mit rechten Dingen zugeht."[19] Sie vermittelt nicht mehr „jene Erfahrungen, die insgeheim dem Leben jedes einzelnen die Richtung gaben und die draußen nicht gefunden werden; sie vermittelt nicht mehr die Nestwärme, welche für die Entwicklung des Menschen unentbehrlich war."[20] Mit der hier ausgebildeten Innerlichkeit erlischt auch die Macht des Subjekts, eine a n d e r e W e l t zu gestalten als die, welche die Gesellschaft jeweils produziert.

Wie sich die bislang angedeuteten objektiven Faktoren über die Erziehungspraxis der Eltern in der psychischen Struktur des Kindes niederschlagen, soll im Folgenden dargestellt werden.

Das Verhältnis zu Erziehungspersonen, von größter Bedeutung für die späteren Objektbeziehungen und die Einstellungserwartungen, schrumpft in der beschriebenen „un-wirklichen" Umwelt (v. Hentig) in den ersten Jahren immer mehr auf die Mutter-Kind-Beziehung zusammen. Ob aber die Mutter die erhöhten emotionalen und libidiösen Anregungsaffekte aufbringen kann, muß bezweifelt werden. „Vielmehr ist es unwahrscheinlich, daß sie, an kommunikationslose Bedürfnisbefriedigung gewöhnt und schon von nahezu konstitutioneller Beziehungsarmut . . . gerade ihrem Kind als ich-starke Persönlichkeit gegenübertreten kann."[21]

Der „Wirklichkeitsschwund"[22] einer Welt, die, wie Horn beschreibt, als „technische Konstruktion" erscheint, in der den Individuen eine marionettenhafte Arbeits- und Verkehrsdisziplin abverlangt wird, und in der sie alle Verantwortung auf Institutionen übertragen und auf Außenreize nur rezeptiv reagieren, bestimmt auch die Objektbeziehungen. Die anonymen Vermittlungen zur Außenwelt, über „Television bis zur Selbstbedienung vertiefen die Abhängigkeit der Vergesellschaftung und verdünnen, bleichen die persönlichen Kontakte zu schattenhaften Begegnungen."[23] Hier nun „soll das Mutter-Kind-Verhältnis blühen.

Sein Schicksal wird von der unweigerlichen I c h - S c h w ä c h e d e r M u t - t e r besiegelt . . . Für die Frau ist heute der Wunsch nach dem Kind in der Regel der unbewußte Versuch, s i c h d e r e i g e n e n I d e n t i t ä t z u v e r s i - c h e r n, ja oft sucht sie im Kind selbst noch W ä r m e . . . Die durchschnittliche und bestimmende Einstellung zum Kind, in der das Unvermögen zu unmittelbaren Objektbeziehungen sich auswirkt, ist vielmehr sich selbst unklare I n d i f f e r e n z."[24]

Der von v. Hentig beklagte Mangel an Sozialität hat eine seiner Ursachen in der Orientierungslosigkeit und Ich-Schwäche der Eltern: die hieraus folgenden emotionellen Frustrierungen des Kindes verzögern die ,,Kontaktfindung, was für die späteren Sozialbeziehungen folgenschwer ist, und das Kind entwickelt eine habituelle Unsicherheit."[25] Über das Erziehungsverhalten der Eltern, auch wenn sie versuchen, ihren Affektmangel durch noch so bemühte Sorgfalt auszugleichen, wird die emotionelle Kälte der objektiven Außenwelt in die psychischen Strukturen der Kinder ,,hineinsozialisiert".

Diese emotionale Kälte im frühkindlichen Sozialisationsprozeß erlangt heute die Bedeutung, die vormals der autoritären Triebunterdrückung zukam. Die frühkindliche Entwicklung scheint gar nicht mehr bis zum entscheidenden ödipalen Konflikt zu gelangen, und es hat den Anschein, daß in dem Moment, in dem der Ödipus-Konflikt endlich in die pädagogische Diskussion allgemein Eingang gefunden hat, er schon wieder obsolet zu werden beginnt. Der Begriff wird zum bloßen Zeichen, das seiner gesellschaftlichen Substanz entleert ist.

In seiner Arbeit über ,,Pubertät und Narzißmus" verfolgt Thomas Ziehe die Entwicklung eines ,,n e u e n S o z i a l i s a t i o n s t y p u s". Er zeigt die gesellschaftlichen Veränderungen im Spätkapitalismus auf und deren Niederschlag in den veränderten Erfahrungen der Subjekte.[26]

Diese Veränderungen können als Prozeß zunehmender spätkapitalistischer Vergesellschaftung gekennzeichnet werden, d.h. als Industrialisierung, als Erfassung und Umstrukturierung immer weiterer Lebensbereiche nach den Erfordernissen der Kapitalverwertung. Diese Entwicklung wird über die Erwachsenen in die Familie hineinvermittelt.

Die gesellschaftlichen Veränderungen wirken sich als Situationsveränderung der Erwachsenen aus: in Form affektiver Versagungen (zunehmende psychische und nervliche Belastung am Arbeitsplatz) und kognitiver Verunsicherung (Zerstörung tradierter, scheinbar selbstverständlicher Normen). Die Identitätsschwächung der beiden Elternteile bewirkt eine Veränderung der Interaktionsstrukturen in der Familie in der Richtung, daß die Erwachsenen ihre eigene psychische Stabilisierung auf Kosten anderer (hier auf Kosten des Kindes) zu betreiben versuchen.

Hierin gründet die Tendenz zu einer symbiotischen Mutter-Kind-Beziehung: die ,,schwache" Mutter sucht in dieser Symbiose ihre eigene Stabilisierung, während der ,,schwache" Vater, traditionellerweise Repräsentant des Realitätsprinzips, als Besetzungs- und Identifikationsobjekt kaum noch in Betracht kommt. Die Mutter-Kind-Symbiose wiederum ist als Entstehungszusammenhang einer infantil-narzißtischen Persönlichkeitsentwicklung aufzufassen: bei aufkommender Trennungsangst in der Erfahrung der realen physischen Abgegrenztheit von der Mutter wird das Kind versuchen, den symbiotischen Zustand innerlich festzuhalten. Es hat Schwierigkeiten, mit der Konturierung der Mutter fertig zu werden, in dem Sinne, daß die Mutter für das Kind als eigenständige Person wahrnehmbar wird. —

Die Entwicklung des „neurotischen Charakters" verlief über geglückte Objektbeziehungen. Wechselseitige Regulation mit der Mutter kennzeichnete die für den Säugling günstige Gesamtsituation, eine Koordination, auf der eine hohe Prämie libidinöser Freude steht. In der frühen Mutter-Kind-Beziehung gewinnt das Kind zu seiner Umgebung eine lustvolle Beziehung, d.h. es erkennt in ihr die Quelle für die lustvolle Befriedigung seiner Bedürfnisse. Mit Hilfe des Gebrauchs von „Symbolen", sowohl für Handlungsentwürfe als auch zur Aufnahme von Kontakten zu Personen, die ihm seine Bedürfnisse mittelbar befriedigen, kann das Kind diese Befriedigungsprozesse bewußt steuern und wird dazu „verführt", möglichst viel von dieser Umwelt in sich abzubilden. Da diese Umwelt in direktem Zusammenhang mit körpereigenen, d.h. organgebundenen Bedürfnissen steht, ist mit der symbolischen Darstellung der Umwelt direkt die symbolische Darstellung des Selbst verbunden.

Eine durch Versagungen erzwungene Zerstörung der ursprünglichen Einheit mit der Mutter kann das Kind bewältigen, indem es die Erfahrung macht, daß dem Trauma der Trennung bei liebevoller Zuwendung der Mutter ein Wechselspiel folgen kann, das diese Trennung und die damit verbundene Erfahrung der Hilflosigkeit periodisch wieder aufhebt.

Wo aber diese Wechselseitigkeit zielgerichteter Aktivitäten mißlingt, „zerfällt die Situation in eine Vielfalt von Versuchen, durch Zwang oder in der Phantasie zu herrschen, statt durch Wechselseitigkeit. Der Säugling wird versuchen, durch ziellose blinde Aktivität zu kriegen, was er durch zentrales Saugen nicht bekommen kann, er wird sich erschöpfen oder seinen eigenen Daumen entdecken und auf die Welt pfeifen."[27] Die Außenwelt, repräsentiert hier durch die Mutter, verliert ständig an Attraktion, ihre Objekte werden nicht mehr zu Objekten, an denen sich Triebbesetzungen abspielen, besser: mit denen man sich zum Zwecke der Triebbefriedigung beschäftigen kann. Im Verlauf einer von Anfang an gestörten Interaktion wird das Individuum in die ausschließliche Beschäftigung mit sich selbst gedrängt.

Die Mutter-Kind-Beziehung, die die volle Höhe einer symbolischen Form noch nicht erreicht hat, ist v o r der konkreten Trennung von Subjekt und Objekt aufgekündigt worden. Resultat ist die narzißtische Interaktionsform.

Die symbiotische Bindung des Kindes an die Mutter wird durch ein narzißtisches „Festhalten" an dem Stadium aufrechterhalten, in dem die Mutter noch gar nicht als konturiertes Objekt, sondern eher als diffus-allmächtig wahrgenommen wird. Diese allerfrüheste Phase kann als „objektlos" bezeichnet werden. Ihr affektiver Zustand zeichnet sich durch ein von Freud als „ozeanisch" beschriebenes Gefühl aus.

Die Bedürfnisstruktur des Kindes ist durch ein Streben nach primärnarzißtischen Erlebnisqualitäten geprägt, ein Streben nach Verschmelzungserlebnissen, nach Unersättlichkeit und Allmachtgefühlen, abgekoppelt von realen Objektbesetzungen. Mit dem Wunsch nach Symbiose, nach Omnipotenz und Diffusität „nistet" sich eine Disposition ein, die alle Beziehungen des späteren Lebens „einzufärben" droht.

Vor diesem Hintergrund bleibt auch der ödipale Konflikt in gewisser Hinsicht „unentschieden" und unabgeschlossen. Kennzeichen dieses „neuen Sozialisationstyps" sind nicht mehr Konflikte, die sich aus inzestuösen Bedingungen oder Über-Ich-Identifikationen herausbilden und deren Entstehungsursprung in der Regel beim „Untergang des Ödipuskomplexes" anzusetzen hätte. Psychische Stö-

24

rungen sind in viel höherem Maße in der Mutter-Kind-Beziehung angelegt worden als im Verhältnis zum Vater.

Der Grund für das Aufgeben des direkten ödipalen Agierens ist weniger in der Angst vor der Kastrationsdrohung des rächenden Vaters zu sehen, als in der Vermeidung einer narzißtischen Kränkung. Durch die Vermeidung der Auseinandersetzung mit dem „Rivalen" kommt es auch nicht mehr zur stabilen Indentifikation mit dem Vater als „Sieger".

Für die Qualität des Über-Ichs ist allein die vom Kind phantasierte Macht der Eltern entscheidend. Die Strenge des Über-Ichs kann nicht mehr aus der realen Macht und Stärke der Eltern abgeleitet werden.

War die bürgerliche Adoleszenz immer auch durch ich-vermittelte Identifikationen an die herrschende Realität gebunden, so ist die Identifikationsschwierigkeit in der gegenwärtigen Situation des Adoleszenten gewissermaßen eine „gedoppelte": die Unfähigkeit zur Identifikation mit gerade solchen Eltern, die sich ihrerseits mit der sozialen Realität nicht mehr identifizieren können. Wesensmerkmal des identifikationsschwachen „neuen Sozialisationstyp" ist das hieraus erwachsende Rückzugsbedürfnis von den Eltern und von Konfliktaspekten der sozialen Realität.

Die klassische Abwehrform gegen die starken Über-Ich-Ängste war im bürgerlichen Subjekt die Identifikation mit dem Über-Ich, die aus dem Muster der Identifikation mit dem Aggressor folgt. Dieser Abwehrvorgang befähigte die Subjekte erst zu einer autonomen Realitätstüchtigkeit. Doch gerade das Funktionieren dieses Abwehrvorgangs wird heute zunehmend brüchig. Zum einen deshalb, weil sich der Gehalt des Über-Ichs heute eher auf seinen archaischen Kern reduziert, der durch narzißtische Projektionen auf die Elternobjekte diese bis zur Übermächtigkeit verzerrt. Zum anderen läßt die aus dem beschleunigten sozialen Wandel resultierende Forderung nach ständiger flexibler Verhaltensanpassung eine relativ starre Ich-Struktur, wie sie notwendige Folge einer starken Über-Ich-Identifikation wäre, zunehmend obsolet werden.

So besteht ein strenges, aber unreifes Über-Ich fort; die Identifikation mit diesem ist aber nicht mehr möglich. Die notwendig gewordenen neuen Abwehrmechanismen sind nicht mehr identifikatorischer, sondern tendenziell regressiver Art. War der neurotische Charakter durch den Widerspruch zwischen Lustprinzip und Realitätsprinzip gekennzeichnet, so der „neue Sozialisationstypus" durch den Widerspruch zwischen dem Realitätsprinzip und einem narzißtischen Allmachtsanspruch an das Selbst − und sei es auf Kosten eines partiellen Rückzugs von der kränkenden Realität.

Was diesen „neuen Sozialisationstyp" vom „klassischen Genitalcharakter" unterscheidet, ist nicht nur seine psycho-strukturell narzißtische Dominanz; er unterscheidet sich auch durch eine veränderte (geschwächte) Funktion des Ichs. Die Schwächung des Ichs und ein vom Ich „abgekoppeltes" Ich-Ideal mit extrem hochfliegenden Ansprüchen geben diesem Typus − im Unterschied zum autoritären Charakter − ein hohes Maß an struktureller Flexibilität bzw. erzeugen einen Mangel an psycho-struktureller lebenslanger Konsistenz. Die kognitiven Verunsicherungen und affektiven Versagungen der Eltern erzeugen so letztlich die Anpassungsfähigkeit der Kinder.

Das Bild des „neuen Sozialisationstypus" ist also gekennzeichnet durch
− ein symbiotisches Verhältnis zur Mutter, das zu einer Konservierung der archaischen Mutterrepräsentanzen im kindlichen Unbewußtsein führt;

– ein Streben nach Befriedigung, das nicht so sehr über Objektbeziehungen vermittelt wird, als über das Erlebnis von narzißtischen Gleichgewichtszuständen, die dem Urerlebnis der intrauterinen Homöostase nachempfunden sind;

– ein diffus ins Kosmische erweitertes, auf Omnipotenz abzielendes archaisches Ich-Ideal;

– eine schwache Identifikation mit den postödipalen Elternrepräsentanzen und ein hierdurch bedingtes „Offenbleiben" des ödipalen Konflikts;

– ein strenges, aus archaischen Projektionen auf die Elternimagines konstituiertes Über-Ich, mit dem man sich jedoch nicht mehr identifizieren kann;

– die Verdrängung der aus den verschärften Über-Ich-Konflikten resultierenden Schuldgefühle;

– ein dem Realitätsrisiko narzißtischer Kränkungen aus dem Weg gehendes Verweigerungsverhalten, das vorwiegend der Abstützung des äußerst verletzlichen Selbstwertgefühls dient.

Das narzißtische Abwehrverhalten stellt sich als Regression auf jene Entwicklungsstufe dar, in der der Omnipotenzanspruch des primär-narzißtisch besetzten Selbst noch gar nicht mit der Realitätserfahrung eines Ichs konfrontiert werden konnte. Hinzu kommt eine andere Abwehrform, die das Ich über die Vermeidung von Kränkungen hinaus ergänzend mit phantastischen Verschmelzungserlebnissen „versorgt":

Die im eigenen Ich-Ideal vorhandenen narzißtisch gebundenen Aggressionen werden auf bestimmte äußere allmächtige Objekte projiziert, um dann die aggressiven Züge dieser Objekte introjizieren zu können. Diese „Verschmelzung" hat einen stärker elementaren und archaischen Grad an Unterwerfung unter die Aggressionen zur Folge, als dies beim autoritären Charakter der Fall gewesen ist. Die primär-narzißtische grandiose Selbstrepräsentanz wird quasi dadurch über die Körpergrenzen hinaus erweitert, daß sie mit der Allmacht des aggressiven Objekts durch Unterwerfung verschmilzt.

Wir können insgesamt also von einem „neuen Sozialisationstyp" sprechen, der sich in mehrfacher Hinsicht vom „alten", autoritären, unterscheidet. Es konstituiert sich eine „neue Form größter Ich-Schwäche, die nicht mehr wie in der autoritären sadomasochistischen Psyche ein eingeklemmtes, bedrohtes Ich meint, sondern ein zerfließendes, diffuses, grenzenloses Ich, das eben darum nur noch die eigenen Interessen im Auge behalten kann, wobei das egoistische Interesse mit dem der Konsumgesellschaft identisch ist. I d e n t i t ä t s d i f f u s i o n (oder Identitätsverlust) war . . . das Ergebnis eines Konfliktes zwischen aktuellem Orientierungshorizont und innerer Kontrollinstanz, auf den das schwache Ich mit Realitätsflucht und Auflösung reagierte. Jetzt ist sie die Konsequenz n i c h t   d u r c h g e f ü h r t e r   K o n f l i k t e schon vor und während der Konsolidierung des Selbst."[28]. Die Psyche des Autoritären war noch „potentiell revolutionär"[29]. Doch die „Fähigkeit zur Neurose, zum Anpassungskonflikt mit der Umwelt, schwindet."[30] Im neuen Sozialisationstyp, „der weder von Schuldangst noch von heftiger Wunschvereitelung gequält wird, lehnt sich nichts mehr auf."[31] Er ist direkt auf die Gesellschaft vereidigt.

26

Zu Phänotypus I
Sind die Kinder heute anders?

Kehren wir zu den anfangs beschriebenen Phänomenen zurück. Wichtig zum Verständnis dieser Befunde ist, daß sie nicht mehr vor dem Hintergrund der neurotischen autoritären Persönlichkeitsstruktur zu interpretieren und zu „verstehen" sind. Der von v. Hentig skizzierte Phänotyp der „neuen Schülergeneration" läßt sich nun vom Modell der narzißtischen Interaktionsform her begreifen. Die gestörte Symbolbildung reflektiert sich dort nicht nur in der „Armut der Sprache" und in der Unfähigkeit zu tieferen, „reifen" Objektbeziehungen: auch der konstatierte Mangel an Planungsbereitschaft verweist auf einen Mangel an psychostruktureller Konsistenz.

In dem engen situationistischen Bezug der Lerninhalte auf die unmittelbaren Interessen der Schüler drückt sich die Unfähigkeit narzißtischer Persönlichkeiten aus, über die sofortige Bedürfnisbefriedigung hinaus A u f s c h u b zu leisten. Die Unfähigkeit zum Triebaufschub erklärt u.U. auch das steigende Ausmaß an Aggressivität und Vandalismus unter den Schülern: Die bei jeder kleinsten Versagung während der primär-narzißtischen Phase auftauchende panikartige Angst vor Lustentzug verwandelt sich in − präobjektale − Aggression.

Die auf Dinge und Personen gerichtete Aggressivität ist weniger eine „gekonnte", realistische Aggressivität, die der expansiven Erforschung der Realität und der aktiven Scheidung von Ich und Umwelt dient.[32] Ihr undifferenzierter, sach- und zielungerichteter Charakter weist vielmehr auf ihren narzißtischen Ursprung hin: es handelt sich hier um eine „vorgekonnte" Aggressivität aus narzißtischer Disposition heraus. Mitscherlich sagt vom „weltarmen primären Narzißmus", der sich „mit dem durch mangelnde Anregung und übergroße Einschüchterung erzwungenen sekundären" verbindet: „Affektstumpfheit, Lernhemmungen, Rücksichtslosigkeit, Unwilligkeit, schließlich auch kleine Triebaufschübe zu ertragen, erzeugen ein unplastisches, zielloses Verhalten."[33] Diese Aggressivität „reagiert nicht mehr auf Triebunterdrückung, sondern ist der kraftlose Reflex amorpher Frustration."[34]

Die neurotische Gewalt hatte noch ein Objekt; darum konnte sie auch über die Analyse ihres strukturellen Entstehungszusammenhangs politisch gewendet, auf das „richtige Objekt" gelenkt werden. Dieses Paradigma der „politischen Wendung" trifft nicht mehr auf die narzißtische Gewalt zu, deren besonderes Charakteristikum ihre Blindheit ist.

Am Beispiel des „Vandalismus" wird das Problem ersichtlich[35]. Die Reaktion auf Ängste und Konflikte gewinnt den Charakter des blinden Ausagierens, so daß noch nicht einmal ein Beobachter, der beabsichtigt, die dahinterstehenden verzerrten Strukturen zu verstehen, einen Zusammenhang zwischen Konflikt und Reaktion erkennen kann, weil es einfach k e i n e S t r u k t u r gibt. Kohut vergleicht die narzißtische Wut mit der „Katastrophenreaktion" bei einem mit „Hirnausfall" Behafteten: „Seine Wut ist der Tatsache zuzuschreiben, daß er plötzlich seine eigenen Gedankenprozesse nicht mehr unter Kontrolle hat, daß er die Kontrolle über eine Funktion verloren hat, die die Menschen als ihr intimstes Eigentum ansehen, als Teil ihrer selbst."[36]

Da der Sprach- und Symbolgebrauch zusammen mit einem Welt- auch ein

Selbstbild begründet, ist für den Narzißten – entgegen der Trivialdefinition des Begriffs – gerade sein Selbstbild äußerst labil. „Ihre Überzeugung, 'unecht' zu sein, ihr tief verwurzelter Mangel an Vertrauen zu etwas grundlegend Gutem und Wertvollem, das sich aus ehrlicher Selbstbefragung ergeben könnte, und ihre gelegentlich überraschende Verleugnung und Mißachtung ihres öffentlichen Ansehens bezüglich Ehrlichkeit, Takt, Wertmaßstäben sind in der Tat dürftige Zeugnisse ihrer Eigenliebe."[37]

Auch die eingangs geschilderten Szenen aus dem Schul und Vorschulalltag sind exemplarisch für eine primär-narzißtisch geprägte Gefühls- und Bedürfnisstruktur. Ähnlich dem Zustand der präobjektalen Wahrnehmung werden weder „Außenwelt" noch „Innenwelt" strukturiert erfahren. Der regressiven Wahrnehmung der Objekte entspricht die Diffusität der Selbstrepräsentanzen, die sich in einem ungezielten, unplastischen Verhalten äußert. In der „Totalität" der Verhaltensweisen drückt sich eine unersättliche, archaische Bedürfnisstruktur aus. Die gleiche findet Ziehe auch im kollektiven Erleben des Beat wieder: auch hier eine Totalität des (musikalisch-optischen) Erlebens, die für den Beteiligten ein nur noch archaisch-rhythmisch strukturiertes Auf-ihn-Einstürzen von Sinneseindrücken bedeutet. –

Das unterentwickelte Selbstbild sowie die „unterentwickelte Fähigkeit zur Sozialität"[38] sind, wie die narzißtische Interaktionsform insgesamt, Produkt eines Milieus ablehnender Interaktionsbewegungen. Die narzißtische Persönlichkeit ist zu intensiven Beziehungen nicht mehr in der Lage, weil, nachdem die erste intensive Interaktionsbeziehung zu einem Menschen abgespalten werden mußte, „jede intensive Beziehung sofort an den alten Trennungszusammenhang schmerzhaft gemahnen würde."[39] Dem widerspricht nicht das Bedürfnis nach Geborgenheit und Zugehörigkeit. Nur werden diese Bedürfnisse weniger über Objektbeziehungen als über das Erlebnis narzißtischer Gleichgewichtszustände befriedigt.

„Angst vor einer Veränderung der Umgebung und Lebensweise" kennzeichnet das Verhalten der Schüler"[40]. Nichts ist ihnen „verhaßter, als auf ihre Lage angesprochen zu werden". Damit fällt auch der objektiv richtige Ansatz der Konflikt-Didaktik einer subjektiven, narzißtischen Vermeidungshaltung zum Opfer: konfrontiert sie die Schüler doch gerade mit Situationen, die ihrem Bedürfnis nach Sicherheit und Geborgenheit entgegenstehen.

Zu Phänotypus II
Rückzug in die studentische Subkultur

Gerade am Beispiel der Studenten könnte man, im Hinblick auf ihre Ausbildungssituation und ihre zukünftige Berufssituation, eine Reihe objektiver Momente anführen, die eine Motivationskrise verständlich machen. Die objektivistische und institutionskritische Argumentation darf aber nicht über Veränderungen in der „Tiefenschicht" der Studenten hinwegtäuschen; Veränderungen, die so gravierend sind, daß man von der Existenz zweier „Kulturen" an der Universität sprechen kann.

Der einen wäre der Typ des „traditionellen" Studenten zuzurechnen, theorieinteressiert, leistungsmotiviert, evtl. auch langfristig politisch engagiert und organisiert. Der anderen „Kultur" die nicht unbeträchtliche Zahl derer, die in den universitären Inhalten und Vermittlungsformen für sich keinen Sinn mehr sehen, und die ihre Kommunikationsbedürfnisse und Geborgenheitswünsche in kleinen Gruppen außerhalb der „kalten Wände" der Uni zu befriedigen versuchen. Die Kälte, die gegenwärtig viele Lernprozesse einfrieren läßt, scheint aber weniger den Wänden zu eigen zu sein. Vor 10 Jahren noch konnte innerhalb dieser Wände so leidenschaftlich diskutiert werden, daß man über dem Sachbezug und dem persönlichen Bezug den nüchternen Rahmen vergaß. Diese Leidenschaftlichkeit, die ein Maß libidinöser Objektbesetzung angab, schwindet zunehmend. Sachinteresse und entsprechender „Fragedruck" lassen spürbar nach. Ausgeprägte Arbeitsstörungen, zurückzuführen auf die dauernde Spannung zwischen einem hohen Ich-Ideal und dem Selbst, und ein starker Wunsch nach diffuser Kommunikation, der der Angst vor der Konturiertheit anderer entspricht, weisen auf eine Zunahme narzißtisch gefärbter Bedürfnisse hin. Eine allgemeine Lustlosigkeit und Unmotiviertheit zu geistiger Arbeit, ein Streben nach Unmittelbarkeit und auch Unverbindlichkeit von Beziehungen ist zu beobachten — Phänomene, die den von Ziehe beschriebenen „neuen Sozialisationstyp" kennzeichnen.

Theoretische Texte lassen sich, wenn sie nicht als „repressives Herrschaftswissen" verworfen oder als pure „Hirnwichserei" abgetan werden, häufig nur dann noch vermitteln, wenn eine unmittelbare subjektive Betroffenheit herzustellen ist. Ein Wunsch nach Selbstforschung macht sich geltend, ein Bedürfnis nach Reflexion der Subjektivität.

Bezug zu eigener Lebenspraxis war eine unabdingbare Forderung auch in der Phase der antiautoritären Studentenbewegung. Mit ihrem Insistieren auf „Unmittelbarkeit" und „Sofort" wendete sie sich gegen das klassische Modell gesellschaftlicher Umwälzung, dessen Ausdruck die zentristische Politik der „leninistischen" Partei ist. Diese unterliegt „in der handlungsleitenden Idee vom ‚gesetzmäßigen Ablauf' und den ‚Etappen' (wie auch in der damit verknüpften Organisations-Disziplin) einer bürgerlichen, d.h. von der Wertabstraktion beherrschten Zeit. Obschon fortschrittsoptimistisch eingefärbt, verwies sie das leidende Individuum wie die unterdrückte Klasse im wesentlichen auf ‚morgen' "[41]. Der kulturrevolutionäre Impuls der Studentenbewegung bestand dagegen im Versuch, dieses klassische revolutionäre Paradigma durch eine „Verklammerung von Geschichte und Alltäglichkeit, von ‚Klassenkampf' und der Horizontalität ihres Entwurfes vom ‚Gegenmilieu' zu öffnen"[42]. Organisierte Politik verband sich mit der „antizipierenden Idee der Umwälzung des kapitalistischen Alltags"[43]. Doch lief dieses Paradigma, zentriert um die Zeitstruktur des ‚Sofort', immer Gefahr, sich der Verklammerung zu entziehen, eskapistisch sich in „befreite Gebiete" abzuwenden, in selbstgenügsamer Verleugnung des Klassenfeindes mitsamt der objektiven Bedingungen.

Umwälzung dagegen ist Arbeit, mithin Aufschub. Es wäre also an der Vermittlung der beiden Paradigmen festzuhalten: der Vermittlung von „bedingt = Geschichte, Objektivität, Aufschub, und unbedingt = aufbrechen, weggehen, fallenlassen, Sprung"[44].

Abgekoppelt von dem Paradigma des „bedingt", wird mit dem Insistieren auf Unmittelbarkeit und „Sofort" unter der Hand auch der politische Anspruch aufgegeben. Subjektivität und Objektivität bleiben unvermittelt in starrer Entgegensetzung von subkultureller Lebenswelt und universitär repräsentierter Theorie.

Die Verklammerung der beiden Momente war durch den Interaktionszusammenhang der Studentenbewegung garantiert, die für eine Vielzahl von Studenten zweifellos auch eine Art therapeutischen Aktes darstellte. „Beim Bau der Barrikaden", schreibt Cohn-Bendit über den Pariser Mai, „wurden die Grundlagen für das Entstehen neuer emotionaler Beziehungen gelegt. Diese Barrikadengemeinschaft verkörperte den großen Einbruch der Zukunft in die Gegenwart. Diese Nacht hat viele Psychoanalytiker arbeitslos gemacht"[45]. Mit dem Zerfall des Interaktionszusammenhangs zerfiel auch die Ideologie. Es fand eine Entmischung der beiden Paradigmen statt, einmal in Richtung „Theorieproduktion" und „Parteiorganisation", zum anderen in Richtung subkultureller Gruppen, die auf ihre Subjektivität zurückfielen. Wohin die je einzelnen in der Phase der ideologischen Entmischung tendieren, läßt sich – unserer These zufolge – von den unterschiedlichen Sozialisationstypen her erklären: während die eher neurotisch strukturierten Charaktere an der „Objektivität" festhielten, zogen sich die eher narzißtischen zu einer adäquaten Abbildung des objektiven Zusammenhanges nicht mehr in der Lage, in einen subkulturellen Bereich zurück, von dem aus häufig der Versuch einer nur noch wahnhaften Rekonstruktion der Realität unternommen wird.

Gerade an den Verfallsformen der Studentenbewegung läßt sich ablesen, in welchem Maße narzißtische Reaktionen nicht nur prä-ödipales, sondern auch gesellschaftliches Schicksal sind. Versteinerte Verhältnisse, die anscheinend nicht mehr zum Tanzen zu bewegen sind, verlocken nicht mehr zu libidinöser Besetzung; ein Dilemma, das sich spiegelt in der Klage über die „kalten Wände der Uni".

Zu Phänotypus III
Emanzipation – wie macht man das?

„Was nützt mir der Durchblick?" In dieser Frage eines Lehrlings erkennen die Autoren des LAW-Berichtes eine Skepsis gegenüber der praktischen Verwertbarkeit politischen Unterrichts.[46] Die Interpretation, daß in jener Äußerung sich ein proletarischer Gebrauchswertanspruch meldet, ist nach den voranstehenden Ausführungen u.U. ein Mißverständnis. Kann die Äußerung denn nicht auch so zu verstehen sein, daß in den Schülern gar keine Strukturen vorgebildet wurden, die den Zweck der unterrichtlichen Behandlung ersichtlich machen?

Es liegt hier ein Mißverständnis vor, das aber als solches durch eine äußerliche, zufällige Übereinstimmung zwischen den Intentionen der politischen Lehrer („proletarischen Unterricht machen") und denen der Schüler (erhöhte narzißtische Selbstbesetzung) häufig nicht erkennbar ist.

Es wäre falsch, das Verhalten der Arbeiterjugendlichen über eine abstrakte Fetischisierung des „Proletariats" stets als das realistischere zu betrachten. Dem Versuch, über ein gleichsam metaphorisches Verständnis der Schüler-Äußerungen, das „Richtige" noch im „Falschen" zu erkennen, das Rationale im scheinbar Irrationalen, liegt die Annahme zugrunde, daß der richtige Inhalt, wenn auch keimhaft, immer schon vorhanden ist und nur seiner bürgerlichen Formbestimmtheit entkleidet werden muß; die Annahme, daß ein objektaler Bezug zur gesellschaftlichen Realität aufgebaut wurde, der in dem Maße zum revolutionären wird, in dem das Wesen der Gesellschaft praktisch erkannt wird.

Dieser hoffnungsvolle Irrtum bestimmt auch die Interpretation des Abwehrverhaltens gegen Politik: Wenn kein Objektbezug mehr existiert, läßt sich auch die Irrationalität des Verhaltens nicht mehr als Reflex auf die Realität interpretieren. Der regressive Sprachgebrauch verweist auf den narzißtischen Charakter, dessen ,,Sprache zerfällt. Kein Wort meint noch etwas Bestimmtes, da das Bewußtsein kassiert ist."[47] In Worten wie ‚lallen' und ‚draufhaun' vereint sich präödipale Hilflosigkeit mit narzißtischer, blinder Gewalt. Was wir im Abwehrverhalten der Schüler — auf der analytischen Ebene als Momente proletarischen Widerstandes identifizieren, stellt sich — auf der subjektiven Ebene — unter Umständen als Ausdruck einer neuen Form von Anpassung dar. Der ihnen unterstellte Realismus geht von einer Annahme aus, die so nicht mehr zutrifft: daß ein — wenn auch gebrochener — politischer Realitätsbezug vorhanden ist, innerhalb dessen sie ihre eigenen Interessen zu orten vermögen.

Vielmehr ist eine Zunahme narzißtischer Reaktionen zu beobachten, in denen das Verhältnis zu einer gesellschaftlichen Realität, in der nichts mehr zu einer Identifizierung verlockt, schlechthin aufgekündigt wird: eine Reaktion ähnlich der des Kleinkindes, das, weil ihm die Interaktion mit der Mutter nicht glücken will, den Daumen in den Mund steckt und auf die Welt pfeift.

Als Resultat können wir festhalten, daß die empirischen Befunde, die eine ,,proletarische Motivationsstruktur" kennzeichnen sollen, von der Seite ihrer Genese her auch von der Narzißmus-Forschung bestätigt werden. Diese Momente erscheinen nach Maßgabe bürgerlicher Qualifikationsansprüche als defizitär; doch nur ein veraltetes Interpretationsschema — ausgehend vom Modell der Herrschaftssicherung durch Triebunterdrückung und dem entsprechend der neurotischen Persönlichkeitsstruktur — könnte jene Momente als ,,anti-bürgerliche", als ,,proletarische" glorifizieren.

Die Kategorie der Solidarität, des Interesses und der Sozialerfahrung im politischen Unterricht sind zwiespältig; im klassischen Interpretationsrahmen, ausgehend von Realitätserfahrung und Klassenauseinandersetzungen, sind sie zweifellos politisch. Dieser Interpretationsrahmen verliert aber seine Erklärungskraft in dem Maße, in dem der Vergesellschaftungsprozeß unterm Spätkapitalismus ,,kurzgeschlossen" wird: Die veränderte Situation der Subjekte hat einen Wandel ihrer gesellschaftlichen Erfahrungen, ihrer Bedürfnisse und triebstrukturellen Zurichtung zur Folge. Gehen wir von diesem gewandelten Modell der Herrschaftssicherung aus, innerhalb dessen Herrschaft sich unmittelbar und ohne Umwege in der Triebstruktur der Idividuen verankert, müssen wir in dem, was uns als Ausdruck von Widerstand und Stärke, von Rebellion und Protest erschien, viel eher das positivistische Abbild einer neuen Form von Angepaßtheit erkennen.

Mit Recht kritisiert die linke Pädagogik die Dichotomien politischer Bildung, über die sich bürgerliche Ideologie tradierte: voran die Dichotomie von Theorie und Praxis, die Dichotomie von Gebrauchswert und abstraktem Tauschwertcharakter der vermittelten Inhalte, die Dichotomie von Politik und Alltag, von ,,objektiven" und ,,subjektiven" Interessen, von Subjekt und Objekt im pädagogischen Verhältnis.

Die Annahme jedoch, daß sich aus der Frontstellung gegen die bürgerliche Pädagogik abstrakt-negatorisch eine Parteinahme fürs Proletariat ergäbe, mag sich als hoffnungsvoller Irrtum erweisen, wenn übersehen wird, daß sich innerhalb der kapitalistischen Gesellschaft eine ,,schlechte Aufhebung" jener Dichotomien anbahnt. Die Abwehr traditioneller bürgerlicher Legitimationsmuster, bezogen auf Bildungsinhalte und -institutionen, wird weniger im Namen des Proletariats, als unterm Zeichen neuer bürgerlicher Entwicklungstendenzen geführt: eine triebstrukturell fundierte Bindung an die Welt der Konsumwaren und der Versorgungsinstitutionen sichert den Bedarf an Legitimation auf eine neue Weise. Gleichwohl wären jene Momente als Motive zu reklamieren, die in schulischen Lernprozessen zu berücksichtigen sind. Bei ihnen stehenzubleiben, begründet jedoch noch keinen proletarischen Unterricht: aus ihnen erwächst keine politische Perspektive. Diese setzt Strukturen voraus, die in der narzißtischen Motivationsstruktur nicht enthalten sind: den Aufbau von handlungsleitenden Idealbildungen, die Existenz ,reifer' Objektbeziehungen, die Fähigkeit zum Triebaufschub, die Verfügungsgewalt über Begriffe als symbolische Darstellung der Umwelt und des Selbst. Die Momente ,,proletarischer Motivationsstruktur" haben von daher ihre Bedeutung als notwendige und nicht zu umgehende Ausgangspunkte im Prozeß der ,,Produktion von Erfahrung"[48].

Konklusion: Produktion von Erfahrung

Jedes Verstehen, jede Interpretation geht von der Annahme aus, daß das Gegenüber grundsätzlich über die gleiche psychische Struktur verfüge wie man selbst. In dieser Annahme liegt das interpretatorische Mißverständnis begründet: Im Verhältnis Lehrer − Schüler treten sich heute möglicherweise zwei unterschiedliche Charaktere gegenüber, deren jeweiliger Erfahrungshintergrund durch einen Verlauf von Objektbeziehungen geprägt ist. Um die Bedürfnisse der Jugendlichen herauszulesen, hätten die Erwachsenen ihre hermeneutischen Fähigkeiten in bezug auf den ,,neuen Sozialisationstyp" zu erweitern. −

Welche politischen Perspektiven sich aus den aufgezeigten psychosozialen Veränderungen ergeben, ist noch nicht klar abzusehen. Ziehe kommt zu einer ,,definitiv positiven" Bewertung (S. 242).

In seinen Überlegungen jedoch, wie narzißtische Trennungsängste und halluzinatorische Weltbilder durch angstfreie, kollektiv eingebundene Metakommunikation umstrukturiert werden könnten, ist ihm nicht ohne weiteres zu folgen. Selbstreflexion setzt voraus, daß die Bedürfnisse sprachlich verfügbar sind; daß sie in Form symbolischer Repräsentanzen kommunizierbar gemacht werden können. Der Aufbau eines solchen Symbolgefüges läuft aber nur über den Aufbau von Objektbeziehungen, ein Weg, der einhergeht mit der ,,Produktion von Erfahrung" und der Erziehung zur ,,Liebesfähigkeit" in solidarischen Gruppen.

Hierin ist auch die Bedeutung des LAW-Berichtes zu sehen. Die Autoren bleiben den Motivationen der Schüler sensibel auf der Spur und gelangten, wenn auch unter falscher Etikettierung, zu einem Ansatz, der geeignet ist, Apathie zu überwinden und politische Motivationen aufzubauen.

In dem im LAW-Bericht beschriebenen (hier nicht dargestellten) Verlauf kollektiver Aktion, im Prozeß der praktischen Auseinandersetzung der Individuen mit ihrer Umwelt und der kritischen Reflexion über diese Auseinandersetzung ,,entschlüsselten" sich den Lehrlingen sowohl die eigene Bedürfnislage als auch die Struktur der äußeren sozialen Lebenswelt. Dabei wurden die beiden zuvor entkoppelten Ebenen ansatzweise synthetisiert: die abstrakt-politische

Ebene, die auf Veränderung der objektiven Umwelt abzielt, sowie die subjektive Ebene der unmittelbaren Bedürfnisse aus dem eigenen Lebensbereich.

Der solidarische, lustbesetzte Aktionszusammenhang führt also im dialektischen Prozeß zur Ausformung von Selbst- und Objektrepräsentanzen, ein Prozeß, der an den befriedigenden Verlauf der Mutter-Kind-Dyade erinnert und als ein „Nachholen" der mißglückten frühen Kindheit zu verstehen ist. Erst über die Wechselseitigkeit zielgerichteter Aktivitäten, die die Erfahrung vermitteln, auf die Außenwelt verändernden Einfluß ausüben zu können, bauen sich geglückte Objektbeziehungen auf, die aus dem narzißtischen Zustand der Zeit- und Objektlosigkeit herausführen. Wir dürfen ebenso annehmen, daß sich die dargestellte Zeitstruktur des „bedingt" über das Wechselspiel von Versagung und liebevoller Zuwendung aufbaut, während die Zeitstruktur des „sofort und unbedingt" eher auf ein Mißlingen der Interaktion zurückzuführen ist. Das Milieu ablehnender Interaktionsbewegungen duldet keine Aufrichtung von Zeithorizonten. „Es entsteht kein Wechsel von Versagung und Liebe, kein Erwartungshorizont, der eine subjektive Zeitdimension erstellt."[49] Mißglückt die zielgerichtete Interaktion, kann Befriedigung allenfalls noch halluzinatorisch als unmittelbare herbeigeführt werden.

Der im LAW-Bericht entwickelte Ansatz verweist auf einen Lernprozeß, in dem subjektive Interessen und Bedürfnisse sich allmählich ins System der politisch-gesellschaftlichen Realität einfädeln, ja sich über die Auseinandersetzung mit ihm erst herausbilden. Derart kann über kollektive Selbsterfahrungsprozesse als Mittel, ‚wie die Schüler wieder zu sich kommen und zu ihrer Welt', die narzißtische Abkoppelung der eigenen Bedürfnisse von der widersprüchlichen Struktur der Gesellschaft rückgängig gemacht, die Schüler wieder zur Realität „verführt" werden.

Von seiner Funktion des politischen Motivationsaufbaus her ergeben sich Parallelen mit dem Konzept der Spontangruppen-Arbeit, das Horst-E. Richter favorisiert. Spontangruppen sind nach seinen Ausführungen „wichtige Experimentiermodelle, in denen die Prinzipien einer nicht entfremdeten Arbeit (Gemeinschaftlichkeit, Ganzheitlichkeit, Autonomie, Spielraum für experimentierende Flexibilität usw.) im Kontrast zur institutionellen Arbeitswelt erfahren werden könnten und sollten. Insofern nenne ich die Spontangruppen-Arbeit ein bedeutungsvolles „Muster für die Veränderung in den Institutionen" bzw. ich behaupte von ihr, daß sie als Gegen-Arbeitswelt „der institutionellen Arbeit permanent ihre menschenfeindlichen Züge vorhalten muß"[50]. Wie auch die LAW-Arbeit ist die Arbeit in den Spontangruppen eher ein „Muster, das den Maßstab für erforderliche Veränderungen kritisch fixiert", keineswegs ein Mittel, die Veränderung selbst zu erzeugen.

Sie kann den Appetit auf Freiheit wecken; sie kann die Freiheit selbst nicht herstellen.

Sofern die psychische Struktur der narzißtischen Persönlichkeit nicht irreversibel zerstört ist, ergibt sich potentiell die Möglichkeit einer „Nacherziehung", um quasi in einer „zweiten Kindheit" den Bruch mit der Realität wieder aufzuheben. Politisch-pädagogische Praxis und Therapie gleichen sich derart einander an.

Ist die Angst des ohnmächtigen Ich einmal abgebaut, kann es sich auch Konflikten stellen, die es vorher abwehren mußte. „Vor allem die Erfahrung von Selbsttätigkeit, von Kommunikation, aber auch von Solidarität, von unauf-

dringlicher Anteilnahme kann das Vertrauen in die Kraft des Ich erhöhen"[51].
Erst über diese „emanzipatorische Nacherziehung" gewinnt das Ich die Kraft, Widersprüche bewußt auszuhalten und an ihrer Überwindung zu arbeiten: There's Something I Can Do!

1   H. v. Hentig, Was ist eine humane Schule? München, 76, S. 37
2   ibid. S. 44
3   ibid. S. 46
4   Spiegel Nr. 39/76, S. 236ff.:.. Hölzerne Seelen"
5   ·v. Hentig, a.a.O. S. 51
6   ibid. S. 87
7   ibid. S. 52
8   O. Negt, Soziologische Phantasie und exemplarisches Lernen, Ffm. 71, S. 32
9   K. Horn, Über den Zusammenhang zwischen Angst und politischer Apathie, in: Marcuse u.a. Aggression und Anpassung in der Industriegesellschaft, Ffm. 72, S. 67
10 ibid. S. 73
11 ibid. S. 67
12 ibid. S. 69
13 ibid. S. 77
14 ibid. S. 76
15 ibid. S. 77
16 ibid. S. 79
16/1 Die Konflikt-Didaktik stellt einen Ansatz der polit. Bildung dar, der Aufklärung über gesellschaftliche Interessengegensätze proklamiert und den Schülern die Fähigkeit zur Konfliktbewältigung vermitteln will.
17 ibid. S. 72
18 Horkheimer, Kunst und Massenkultur, in: Die Umschau – Internationale Revue, Jahrg. III/1948, S. 455ff.
19 P. Brückner, Zur Sozialpsychologie des Kapitalismus, Ffm. 72
20 Horkheimer, a.a.O.
21 Böckelmann, Zur schlechten Aufhebung der autoritären Persönlichkeit, München 71, S. 41
22 ibid. S. 75
23 ibid. S. 42
24 ibid. S. 42 f.
25 ibid. S. 44
26 Th. Ziehe, Pubertät und Narzißmus, Ffm/Köln 75; Die folgende Darstellung bezieht sich – ebenso wie die Seitenangaben – auf dieses wichtige Buch.
27 Erik H. Erikson, Kindheit und Gesellschaft, Stuttgart 71, S. 70
28 Böckelmann, a.a.O., S. 51
29 ibid. S. 72
30 ibid. S. 71
31 ibid. S. 72
32 A. Mitscherlich. Zur Wesensbestimmung der Aggression, in: Psyche 10/1955, S. 180-187
33 ibid.
34 Böckelmann, a.a.O. S. 47
35 s. dazu: b:e H. 7/76 zum Thema „Gewalt in der Schule"
36 Kohut, Überlegungen zum Narzißmus und zur narzißtischen Wut, in: Psyche 6/73, S. 537
37 Kernberg, Zur Behandlung narzißtischer Persönlichkeitsstörungen, Psyche 10/75, S. 892
38 Hentig, a.a.O. S. 78

39 P. Orban, a.a.O. S. 135
40
41 P. Brückner, Vorwort zu: A. Krovoza, Produktion und Sozialisation, Ffm 76, S. 11;
42 ibid. S. 13
43 ibid. S. 13
44 ibid. S. 14
45 D. Cohn-Bendit, Der große Basar, München 75, S. 35
46 LAW-Bericht, a.a.O. S. 61
47 Böckelmann, a.a.O. S. 73
48 s. dazu: O. Negt, Schule als Erfahrungsprozeß, in: Ästhetik und Kommunikation, H. 22/23, 75-76, S. 52ff.
49 G. Vinnai, Sozialpsychologie der Arbeiterklasse, Reinbek 73, S. 113
50 H.-E. Richter, Antwort an Bornemann: Vom Standhalten, in: konkret 11/76, S. 6
51 G. Vinnai, a.a.O., S. 147

Thomas Ziehe
„Ich werde jetzt gleich unheimlich aggressiv"
Probleme mit dem Narzißmus

„Narzißmus" – sollten die Gewohnheiten linken sozialwissenschaftlichen Theorieinteresses sich nicht kurzfristig ändern, so ist Grund zur Zuversicht: „Narzißmus" hat sich bereits zu einem geradezu modischen Thema gemausert; und Grund zur Vorsicht geboten: die Moden werden schnell wieder fallengelassen, auch wenn die realen Zusammenhänge, auf die das Interesse sich gerichtet hat, weiterhin ihre Probleme aufwerfen.

Narzißmus ist weder gut noch schlecht an sich, weder politisch noch unpolitisch, weder progressiv noch konservativ: Er ist ein Ensemble von strukturell verankerten Bedürfnis- und Verhaltensdispositionen, das den Betroffenen zum ungeheuren Problem werden und das Potentiale subjektiver Bereicherung entfalten kann. Hier will ich lediglich einige Aspekte des „Problems" skizzieren, die gegenwärtig immer deutlicher zutage treten. Aus diesem Grunde sind auch viele, denen bisher die Beschäftigung mit subjektiven Strukturen als eher zweitrangig erschien, jetzt zum Weiterfragen motiviert worden. Es geht um Versuche, die theoretische Leerstelle zwischen Bedingungsanalysen subjektiven Verhaltens und der Deskription einzelner Verhaltensformen zu füllen.

Die Skizzierung von Bedürfnis- und Verhaltensmustern, die ein Problem mit dem Narzißmus ausdrücken, erfolgt von mir ohne Süffisanz oder diskriminierende Absicht. (Dazu bin ich selbst zu sehr mitbetroffen.) Sie erfolgt allenfalls in polemischer Trauer. – Ich verzichte deshalb auf eine Darstellung der Potentiale, die Narzißmus heute auch bedeutet. Nicht jede Problemdarstellung muß „das Positive" gleich mitliefern, damit es pädagogisch oder politisch verrechnet werden kann.

Narzißmus und Arbeitsstörungen

Das Interesse am Phänomen eines ‚neuen Sozialisationstyps' (des „NST", wie es häufig kürzelhaft-sarkastisch heißt), ist sicherlich abhängig von den zunehmenden Arbeitsstörungen, die Dozenten und Lehrer bei Studenten und Schülern mitkriegen (aber auch bei sich selbst): Schlaffheit, Verletzlichkeit, Krisenhaftigkeit des Arbeitens oder Arbeiten–Sollens.

Arbeiten heißt in diesem Zusammenhang weitgehend „geistig arbeiten", ist aufs engste gebunden an das Medium Sprache (und des Schreibens), ist hinsichtlich des Produktionsvorgangs fragil und verletzlich und hinsichtlich des Produkts exponiert, möglicher Kritik preisgegeben.

Nun bin ich mir sicher, daß das Verhältnis zu den Objekten, hier: zu den Inhalten und zum Prozeß geistigen Arbeitens im weitesten Sinne, insbesondere zur Sprachlichkeit, für den neuen Sozialisationstyp spezifische und auch problematische Veränderung erfahren hat.

Der Narzißmus des neuen Sozialisationstyps ist geprägt durch den lebensgeschichtlich und qualitativ spezifischen Modus der Oralität, bzw. andersherum gesagt: die Möglichkeit narzißtische Befriedigung aus anal oder ödipal bestimmten Erlebnismodi zu gewinnen, ist vergleichsweise verschlossen.

Narzißmus meint immer das Problem der eigenen Aufwertung, worin man sie empfindet, worin man sie anstrebt. Die Aufwertung im Zeichen der Oralität liegt immer im Verschmelzungserlebnis mit dem Objekt, durch Zerfließen, Zerströmen und Aufsaugen, durch Nähe bis zur Identitätsvermischung mit dem Objekt.

Narzißtische Aufwertung im Zeichen der Analität und der Ödipalität hingegen ist qualitativ ganz anders: ist vor allem Erlebnis des Getrenntseins vom Objekt und Freude an seiner Beherrschung, an erworbenen Techniken seiner Veränderung; und ist Überwindung eigener Erlebnisse des Zurückgesetztseins über zunehmende Sprachfähigkeit, Symbolisierung, Möglichkeiten des sprachlichen Probe-Handelns.

Die narzißtisch-orale Strukturdominanz hat Folgen für das Arbeitsverhalten: Das eigene Selbst hat die Tendenz, sich über die verschiedensten Inhalte auszubreiten und sich dann in ihnen „wiederzuerkennen", man ist blitzschnell „betroffen", aber damit noch längst nicht zu ausdauernden Arbeitsvorgängen „motiviert". Die Unbegrenztheit des Planes steht im kränkenden Kontrast zur Schwierigkeit, überhaupt zu beginnen. Die Fähigkeit zur Bildhaftigkeit ist groß (die orale Realität ist imago-bestimmt), Strukturierungen schrecken indes eher ab. Wo immer Bearbeitung auch Separation vom Gegenstand bedeutet, durch „kalte" Strukturierung, durch schriftliche Objektivierung, verspricht sie wenig narzißtisch-orale Befriedigung, ja kann als ausgesprochen bedrohlich erlebt werden.

Das Problem, das der ‚neue Sozialisationstyp' mit seinem eigenen Narzißmus hat, besteht in der Kluft zwischen drängenden narzißtischen Erwartungen und Ansprüchen einerseits und mangelnder narzißtischer Besetzung des Ich andererseits. Das Ich bedarf der ständigen narzißtischen Zufuhr von „außen", um vor dem eigenen Narzißmus bestehen zu können. Sonst droht das Gefühl von Verlassenheit und von Scham. Im Kontext von Arbeitsleistungen besteht die narzißtische Zufuhr in inhaltlicher Anerkennung durch andere, in emotionaler und intellektueller „Annahme". Soll die eigene Arbeit zur Aufwertung des Selbst über die Anerkennung durch andere beitragen, so macht sie vom (wirklichen oder imaginierten) Urteil dieser anderen extrem abhängig. Es entstehen Arbeitsängste. Die Aggressivität des eigenen Ich-Ideals gegen das Ich wird auf die anderen projiziert, deren weggenommenes, möglicherweise mißbilligendes Urteil über dem gesamten Arbeitsvorgang lastet, ihn vielleicht sogar unmöglich werden läßt.

Und noch ein drittes kommt hinzu — neben der spezifischen Verletzlichkeit des Arbeitsverhaltens selbst und neben den Arbeitsängsten: Die Gewichtigkeit der Arbeitssituation, des interaktionellen Umfelds der Arbeit. Die narzißtische Zufuhr über die Arbeit an sich, selbst wo sie glückt, vermag den narzißtisch-oralen Bedürfnissen nicht zu genügen, die Möglichkeit triebhafter und auch narzißtisch-aufwertender Beziehungen bleibt natürlich immer die Grundlage der Arbeitsfähigkeit überhaupt. Kann der anale Typus Beziehungsschwierigkeiten gerade in Arbeitsbesessenheit, in der narzißtischen Aufwertung über „Können" und „Beherrschen" kompensieren, so wird der oral bestimmte Typus erst auf der Grundlage halbwegs geglückter Beziehungssituationen arbeitsfähig (wobei es auch das Bild, die Imagination einer geglückten Beziehungssituation tun kann). So liegen knapp hinter vielen narzißtisch-oralen „Arbeitsstörungen" immer gleich die „Beziehungsschwierigkeiten".

Narzißmus und Beziehungsschwierigkeiten

Am Telefon hört man immer häufiger: „Mir geht es heute nicht so gut." – Der neue Sozialisationstyp ist narzißtisch, aber nicht im Sinne des abgesättigten Sich-selbst-genug-Seins, im Gegenteil: das Leiden besteht gerade darin, daß das Selbst sich nie als „Wert an sich" erlebt (das sich aus seiner eigenen Entwicklungsgeschichte speist), sondern grundsätzlich der immer neuen narzißtischen Zufuhr durch andere bedarf. „Sich-gut-Fühlen" bedarf bei dieser Struktur immer und grundsätzlich der anderen, ohne (und hier liegt das Problem!) diese wirklich zu „meinen".

Beziehungsabhängigkeit heißt dann immerwährende Sehnsucht nach Zuständen der Verliebtheit. – Der Narzißmus, den das Ich-Ideal nicht dem ungenügenden Ich zubilligt, wird auf jemand anderen projiziert, den man verklären, ide alisieren kann. Wird diese Verliebtheit vom anderen erwidert, so kann ich mich in ihm spiegeln: es passiert die aufwühlende, euphorisierende, stärkende Aufwertung des eigenen Selbst. Der Narziß liebt nicht, er will geliebt werden, um sich narzißtisch aufwerten zu können.

Natürlich hat jede Beziehung eine Triebkomponente, aber es scheint, daß häufig die narzißtische Komponente die ausdauerndere ist. Das aufwühlende Erlebnis der narzißtischen Verliebtheit gräbt sich in Beziehungen derart tief ein, daß es als erinnerndes Bild, an dem man festhält, an das sich immer wieder auf die Zukunft gerichtete Phantasieenergie bindet, weit über die libidinöse Verliebtheit hinausreicht und die sexuelle Entfremdung erheblich überdauern kann.

Aufgrund des wechselseitigen Spiegelbedürfnisses bzw. des Bedürfnisses, am je eingegrabenen Bild der Beziehung festhalten zu wollen, entsteht in vielen narzißtischen Beziehungen eine eigentümliche Starrheit. Man organisiert das Bewußtsein nachlassender Verliebtheit so um das narzißtisch bewahrte Bild der Beziehung (bzw. des Partners) herum, das dieses unversehrt bleibt. „Nur" die Wirklichkeit der Beziehung (bzw. des Partners) ist anders und wird anklagend oder resignativ mit dem eingeklagten Bild kontrastiert.

Trennungsangst

Es entstehen Typisierungen von „Beziehungsverhalten": Die symbiotische Beziehung, hinter deren Abkapselung nach außen die Trennungsangst, die Angst vor möglicher zukünftiger Ungleichzeitigkeit hervorkriecht; die resignative Beziehung, in der sich die Energien der Erinnerung zunehmend an „Außen"-Phantasien binden; die rastlose Suche nach Partnern, deren phantasierte Potentialität befriedigender wirkt als wirkliche qualitative Kontinuitätserfahrung, wo jedoch Momente des Alleinseins als Mangel an Bildern, als narzißtische Leere, als bohrende Depressivität erlebt werden.

In diesen jeweiligen Formen, mit dem drohenden Verlust von Dichte, von narzißtischer Aufwertung umzugehen, kann die wachsende Reflexions- und Verbalisierungsfähigkeit („Beziehungsgespräche") auch zum Problem werden: dann nämlich, wenn das Beziehungsgespräch eine erneute Methode der Ausweitung des Selbst darstellt, also der Projektion eigener Strukturen auf die Situation; wenn sie ein interpretatives Netz legt, das den Partner gefangenhält, um ihn auf diese Weise „dicht" zu behalten; wenn sie die letzte Möglichkeit der Intimität darstellt – das Beziehungsgespräch als Erlebnisersatz.

Narzißmus und Selbstbetroffenheit

Die im Spätkapitalismus forcierte gesellschaftliche Aufforderung, Bedürfnisse zu entfalten, sie aber bei ihrer Befriedigung abgespalten und domestiziert zu halten, produziert dilemmatische Potentiale: Unsere „Subjektivität" rückt immer aufdringlicher heran. Das kommunikative, das narzißtische, das libidinöse Anspruchsniveau unserer Bedürfnisse steigt, ohne daß die realen Umsetzungsmöglichkeiten, die unsere Ich-Organisation erlaubt, da hinterherkämen.

Das wachsende narzißtische Anspruchsniveau, um das es hier geht, erzeugt Bestätigungs-, Dichte- und Intimitätserwartungen, die das vergleichsweise verarmte narzißtische Ich nicht einlösen kann, dem die Energie hierzu fehlt, das froh ist, wenn es überhaupt über die Runden kommt.

Es entstehen Alltagstechniken, die die Diskrepanz zwischen Erwartungen und Ich-Möglichkeiten flicken sollen:

Die wachsende Fähigkeit „über eigene Probleme" mit anderen zu sprechen, wird in vielen Submilieus durchgängig positiv sanktioniert. Man erfährt die aufmerksame Anerkennung, wenigstens über sich sprechen zu können, wenn schon sonst alles so leidvoll ist. Die „Veröffentlichung" eigenen Leidens droht zur narzißtischen Technik zu werden, Zuhörer zu binden, Mut zu beweisen. Narzißtisches Leiden entfaltet einen geheimen sekundären Krankheitsgewinn. Der Ich-Schwache strukturiert sich selbst zum Mittelpunkt.

Die Intimität, die das Ich nicht im Handeln herzustellen vermag, wird metasprachlich hergestellt. Erst im Benennen, im situativen Interpretieren, im nachträglichen Durchsprechen entsteht so das Gefühl der Dichte. Die ersehnte Unmittelbarkeit wird über ein Sprachverhalten suggeriert, das sich als unmittelbar verkleidet, in Wirklichkeit aber extrem mittelbare Metatechnik ist. („Ich werde jetzt gleich unheimlich aggressiv, weil . . .") – Der dann zur Technik verkommene Hang zur metainterpretativen Benennung dient dabei gleichzeitig der Abwehr offener, unstrukturierter und damit angstauslösender Situationen. („Wenn ich nachher sage, daß ich mit dir schlafen will, darfst du nicht denken . . .") Die benannte Situation ist pseudo-intim und gebannt zugleich.

Narzißmus und Rigidität

Das narzißtische schwache Ich steht unter dem Druck eines infantil-herrschsüchtigen Ich-Ideals, jederzeit bereit, dem Ich ein erneutes Versagen vorzurechnen und Scham zu bewirken, die das Ich um ein Weiteres einschränkt.

Das schwache Ich kann – insbesondere unter Gruppendruck – verführt sein, mangelnde Stärke durch „Konsequentheit" ausgleichen zu wollen. Der strukturellen Rigidität des Ich-Ideals (die keine inhaltliche Rigidität sein muß) entspricht dann die inflexible Gradheit des Ich-Verhaltens (so kann man z.B. auf strukturell rigide Weise „soft" sein . . .).

Der Frieden, der so mit dem Ich-Ideal geschlossen wurde, wird eifersüchtig gewahrt, indem eigene Diskrepanzen projektiv bei anderen kritisiert werden. Ergebnis ist teilweise eine Sucht nach demonstrativer Geradheit, die sich dem Verständnis für eigene produktive narzißtische Potentiale verschließt: für Verspieltheit, für Ästhetisierung, für ironische Brechung der eigenen Identitätsdarstellung. „Die Dumme ist dabei die Graugans, der eingeredet wird, ein Defizit, nämlich der Verzicht auf bunte Federn, bedeute Befreiung und Identitätsfindung." (Marlies Gerhardt, Kursbuch 47.)

Zwei Berichte aus der Schule

1. *Fritz Gürge*
Von der Schwierigkeit die Mathematik zu besetzen

Vor kurzem erzählte ein älterer Kollege im Lehrerzimmer unmittelbar nach einer mißlungenen Rechenstunde von seinen Schwierigkeiten in bezug auf die Bruchrechnung. Er sagte: „Ich mache die Bruchrechnung in meiner Klasse zum dritten Male. Die lernen das nicht. Jedesmal ist das so, als ob sie noch nie was davon gehört hätten. Nur drei Schüler haben das so ungefähr begriffen. Ich habe es auf alle möglichen Arten versucht. Was soll man da nur machen? Die wollen aber auch überhaupt nicht mehr lernen und arbeiten, vollkommen desinteressiert, nur noch Fernsehen. Na ja, hier läuft nichts mehr, schade, früher war das anders, ganz anders. Ich frage mich, wozu ich überhaupt noch hier bin, wozu ich überhaupt noch arbeite."

Einer der anwesenden Kollegen bestätigt diese Feststellungen, er hat ähnliche Erfahrungen gemacht. Ein anderer zuckt mit den Schultern, leider wisse er auch nicht, was man dagegen machen könne. Schließlich empfiehlt der Schulleiter dem älteren Kollegen, sich nur nicht unterkriegen zu lassen. Die Schüler müßten zur Arbeit gebracht werden, notfalls müsse man streng durchgreifen, und vor allem sei für Disziplin und Ordnung zu sorgen. Das sei der springende Punkt, dann gehe es auch wieder. Und selbstverständlich sei auch Druck notwendig, ohne den ginge es nun mal nicht. Die Ursachen für diese Schwierigkeiten sieht er in dem übertriebenen Reformeifer und der sich leider immer mehr ausbreitenden Laschheit.

Dieses Lehrerzimmergespräch vermittelt, wie ich meine, einen sehr anschaulichen und zugleich umfassenden Eindruck von den Problemen, mit denen die Lehrer an einer städtischen Hauptschule konfrontiert sind. Auch aus meinen Erfahrungen und Beobachtungen heraus kann ich nur feststellen, daß ich mich seit einigen Jahren ständig mit der Frage auseinanderzusetzen versuche, warum „nichts mehr läuft", warum sich, im Gegensatz zu früher, Lernprozesse nicht oder doch nur sehr schwer und unvollständig initiieren lassen. Dabei stellt sich diese Frage für mich nicht etwa nur in der Bruchrechnung, im Rechenunterricht, sondern sie betrifft alle Fächer, den Projektunterricht und die außerschulische Bildungsarbeit.

Aus meinen Erfahrungen, Auseinandersetzungen und Überlegungen heraus denke ich, daß die Theorie vom neuen Sozialisationstypus mit narzißtisch-oraler Persönlichkeitsstruktur außerordentlich gut geeignet ist, die Probleme in der städtischen Hauptschule zu erfassen und zu bearbeiten. Sicher sind bis zur endgültigen Absicherung dieser Theorie noch eingehende Untersuchungen notwendig, ich kann mir aber nicht vorstellen, daß sie wesentlich andere Ergebnisse erbringen werden.

Mir scheinen jedenfalls mit großer Sicherheit zwei Gründe maßgeblich daran beteiligt zu sein, wenn sich innerhalb des Unterrichts der Hauptschule Lernprozesse nicht mehr ausreichend vollziehen. Der eine ist die Unfähigkeit, Objekte zu besetzen, der andere die magische Phantasie des Versorgtwerdens.

Die Ware Unterricht

Bei den Schwierigkeiten mit der Bruchrechnung habe ich den Eindruck, daß sie als Objekt auf zwei verschiedenen Ebenen nicht mehr in der notwendigen Stärke von den Hauptschülern besetzt werden kann. Die eine Ebene ergibt sich aus dem alles durchdringenden Warencharakter unserer Gesellschaft. Die Bruchrechnung ist nicht mehr Bildungsgut, sie ist zu einer Ware geworden. Eine ausgesprochen unattraktive Ware mit geringem Gebrauchs- und Tauschwert, selbst dann, wenn sie vom Lehrer „geschönt" und „herausgeputzt" wird. Im Augenblick gibt es, selbst wenn man sie gelernt hat, noch nicht einmal eine Lehrstelle dafür. Die Schule ist gewiß auch nicht der Ort, an dem sich die manipulativen Mechanismen unserer Gesellschaft und die Steuerung des Menschen von außen einfach aufheben ließen.

Die andere Ebene, die eine ausreichende Besetzung der Bruchrechnung verhindert und mit der Warenebene innig verknüpft ist, ergibt sich aus dem, was diese Theorie mit mißglückter Kindheit umschreibt.

Bei meinen Überlegungen gehe ich von der Erfahrung aus, daß der schichtspezifisch sozialisierte Schüler mit autoritärer Persönlichkeitsstruktur in den Klassen unserer Schule nur noch selten und als Ausnahme anzutreffen ist. Jener Schüler also, der jedenfalls im Rahmen seiner Lebenswelt durchaus arbeits- und handlungsfähig ist. Demgegenüber ist die Mehrzahl der Schüler heute zweifellos von einer mißglückten Kindheit gezeichnet. Unter mißglückter Kindheit verstehe ich, daß durch gestörte und unzureichende Interaktionen mit den Bezugsobjekten in den frühen Entwicklungsphasen – hier vor allem in der oralen Phase – Ichstrukturen nur mehr oder weniger schwach ausgebildet werden. Diese Ich-Schwäche behindert zugleich die Ausbildung seelisch-geistiger Fähigkeiten und beschränkt ebenfalls die notwendigen autonomen Anpassungsleistungen.

In der Regel können sich weder die vorschulischen Einrichtungen noch die Grundschulen mit den Tatbeständen einer mißglückten Kindheit ausreichend beschäftigen. Mißglückte Kindheit und mißglückte Schulzeit haben ihnen mangelnden Realitätsbezug, Lustlosigkeit, Strukturlosigkeit, Mangel an Vertrauen, unzulängliche Fähigkeit zu Triebaufschub, zielloses Verhalten, blindes Agieren, unterentwickelte Fähigkeit zu Sozialität, Sehnsucht nach diffuser Kommunikation, Stumpfheit, Verantwortungslosigkeit und die Unfähigkeit, eigene Interessen und Bedürfnisse zu erkennen, „ansozialisiert". Ebenso „ansozialisiert" sind auch die vielfältigen Lernhemmungen und Arbeitsstörungen. Anders ausgedrückt heißt das, die Schüler hatten in wesentlichen Bereichen in ihrer primären und sekundären Sozialisation nicht die Möglichkeit, sich über die orale Phase hinaus zu entwickeln. Sie sind auf diese Phase, in der die eigenen Körperzonen und der Mund eine wesentliche Rolle spielen, fixiert, gewissermaßen „Säuglinge" geblieben.

Welche Möglichkeiten haben nun solche Schüler angesichts einer Bruchrechenaufgabe, die z.B. das Addieren von ungleichnamigen Brüchen verlangt, in der Leistungs- und Konkurrenzsituation einer Schulklasse? Immerhin sind solche Aufgaben relativ kompliziert, sie verlangen eine ganze Reihe von Rechenfertigkeiten, die sicher beherrscht werden müssen, die notwendigen Rechenoperationen müssen in eine bestimmte Reihenfolge gebracht werden, d.h. Strukturierung ist erforderlich, usw.

Die Schüler können eine solche Aufgabe m.E. einmal deshalb nicht besetzen, weil sie eben ausreichende und differenzierte Objektbeziehungen nicht gelernt haben; Vertrauen, Triebaufschub, Strukturierungsfähigkeit reichen zur Bewältigung der Aufgabe nicht aus. Ich habe oft den Eindruck, daß die Schüler noch gar nicht wissen, daß die Aufgabe sich nicht einfach einverleiben läßt, sondern daß dazu Arbeit, Auseinandersetzung und Anstrengung notwendig sind. Ein weiterer Grund, der die Schüler daran hindert, die Aufgabe zu besetzen, liegt gewiß darin, daß die zur Lösung unbedingt erforderlichen Rechenfertigkeiten meist nur sehr mangelhaft beherrscht werden. Einmaleins, Enthaltensein usw. sind wohl schon in der Grundschule nicht besetzt worden.

Notwendige Abwehr

Mich wundert es jedenfalls nicht, wenn die Schüler in dieser Situation mit Abwehrmaßnahmen antworten. Ihr schwaches Ich, die geringe Frustrationstoleranz und Versagensängste lassen überhaupt keine andere Lösung zu. Die Abwehrformen und -techniken sind vielfältig und werden von den Schülern nach fünf- bis sechsjähriger Schulzeit gekonnt beherrscht. Sie sind nach meinen Erfahrungen alle defensiver Natur und reichen vom Schweigen bis zu den Unterrichtsstörungen, die eine Durchführung der geplanten Stunde unmöglich machen.

Unter Druck, d.h. bei stark eingeschränkten Interaktionsmöglichkeiten in der Klasse, wird die Abwehr von seiten der Schüler so groß, daß zwar Ruhe und Ordnung herrschen, Lernprozesse sich aber überhaupt nicht mehr vollziehen. Die Schüler regredieren in einen sprachlosen Zustand, täuschen Arbeit und Lernen vor, der Lehrer arbeitet mit drei oder vier Schülern. „Die lernen das nicht. Jedesmal ist das so, als ob sie noch nie was davon gehört hätten", sagte der Kollege im Lehrerzimmer. Mich erinnert das an den Säugling, der keine Nahrung aufnehmen will und, von seiner Mutter dazu gezwungen, die Nahrung einfach wieder ausspuckt. Eine Kollegin meinte sicher denselben Tatbestand, als sie neulich sagte: „Mit den Unterrichtsvorbereitungen klappt es jetzt prima, wir machen das in einer Lehrergruppe. Auch der Unterricht klappt gut. Was mir Sorgen macht, schon nach kurzer Zeit ist bei den Schülern nichts mehr da."

Bei weniger Druck und größeren Interaktionsmöglichkeiten wird nach meinen Erfahrungen das Abwehrverhalten geringer, allerdings beginnen die Schüler dann zu agieren. Ich will damit ausdrücken, daß nun keineswegs Lernprozesse in der Bruchrechnung in Gang zu setzen sind. Es gibt auch hier vielfältige Formen des Agierens. An dem Verhalten eines Schülers in einer Rechenstunde will ich versuchen, eine mögliche Form zu beschreiben und mit Anmerkungen zu versehen.

Eine Rechenstunde

In einer Rechenstunde sollen die Schüler, nachdem der Lösungsweg für einen bestimmten Aufgabentyp herausgearbeitet wurde, mit einer entsprechenden Übung beginnen. Genau in diesem Augenblick fragt der agierende Schüler laut in die Klasse hinein: „Was sollen wir machen?" Ich gehe zu ihm, zeige ihm die Aufgaben im Rechenbuch und spreche mit ihm noch einmal den Lösungsweg durch. Als ich ihn wieder verlasse, äußert er: „Heute habe ich aber keinen Bock!" Etwas später: „Mensch, ist das langweilig!" und „Ach, schon wieder arbeiten!" Ich ermahne ihn, er wendet sich an die Klasse und ruft: „Wer hat mal 'nen Kugelschreiber für mich?" Von einem Mitschüler bekommt er einen Bleistift. „Mit einem Bleistift kann ich nicht schreiben." Schließlich ist er nach einigem Hin und Her mit Kugelschreiber und Papier versorgt. Aber mit der Übung kann er nicht beginnen. Er gähnt, kramt herum, spielt mit den verschiedensten Dingen, blättert gelangweilt im Buch, flüstert mit dem Nachbarn, schaut dem bei der Arbeit zu, räkelt und streckt sich ausgiebig, um nun laut zu rufen: „Das kann ich aber nicht!" Ich gehe erneut zu ihm, erkläre ihm alles noch einmal. Aber auch jetzt kann der Schüler nicht mit der Übung beginnen. Wieder kramt er herum, spielt usw. Erst als ich mich zu ihm setze, ändert sich sein Verhalten. Er rückt Papier und Buch zurecht, nimmt den Kugelschreiber und sieht mich erfreut an. Ich arbeite eine Weile mit ihm zusammen, wobei ich vor allem strukturiere und über Lücken hinweghelfe. Nachdem ich ihn wieder verlassen habe, beginnt er schließlich eine Wanderung durch die Klasse. Zuerst beobachtet er aus einiger Entfernung einige andere Schüler, dann versucht er Kontakt aufzunehmen, unterhält sich mit diesem und jenem, hat dabei aber wohl schon eine bestimmte Schülergruppe im Auge, der er sich auch bald zuwendet und mit denen er sich unterhält. Zuerst leise, dann wird es in dieser Gruppe immer lauter und lustiger. Auf eine Ermahnung hin geht er zwar auf seinen Platz zurück, doch nur, um gleich mit der nächsten Wanderung zu beginnen. Diesmal kehrt er jedoch bald auf seinen Platz zurück, versorgt sich aus einer Einkaufstüte mit Cola und Gebäckstücken und ißt erst einmal. Danach beginnt er seine Wanderung erneut, fragt mich, ob er zur Toilette gehen könnte, bleibt längere Zeit weg und kommt erst kurz vor dem Ende der Rechenstunde in die Klasse zurück.

Anmerken möchte ich, daß ich erhebliche Schwierigkeiten habe, den Schüler einfach als faul und frech zu bezeichnen. Auch Arbeitshemmung oder Arbeitsstörung umfassen nicht das ganze Problem. Ich denke, daß dieser Schüler einerseits sehr verzweifelt sich bemüht, sein schwaches und verletzliches Ich zu schützen. Andererseits sucht er nach Kontakt, nach Kommunikation, nach einer Bezugsperson und nach anderen Objekten, die es ihm ermöglichen würden, Objektbesetzungen nachholend zu erlernen. Sein Leidensdruck, der aus der Isolation entsteht, die ein Ergebnis der narzißtisch-oralen Fixierung ist, treibt ihn an und läßt ihn unablässig nach Geborgenheit und Wärme suchen.

Der Lehrer im Widerspruch zwischen Bezugsperson und Wissensvermittler

Hinweisen möchte ich ebenfalls auf die Tatsache, daß der Schüler mit der Bezugsperson Lehrer zusammen durchaus in der Lage ist, sich Lernprozessen zuzuwenden. Er sucht die vernachlässigten Interaktionsebenen, die Fixierungsstellen aus seiner frühen Kindheit.

Im Zusammenhang damit ist erwähnenswert, daß an unserer Schule schon seit einigen Jahren das Kurssystem wieder abgeschafft wurde. Die sogenannten Disziplinschwierigkeiten hatten so zugenommen, die Lernerfolge in den Kursen sanken so rapide ab, daß sich das Kollegium mehrheitlich dazu entschloß. Unter Vernachlässigung des Fachlehrerprinzips wird heute das Klassenlehrerprinzip vertreten, weil erkannt wurde, daß der Lehrer weniger als Wissensvermittler, sondern sehr stark als Bezugsperson von den Schülern gefordert wird. Sicher hat dieser Vorgang einen Beruhigungseffekt gebracht, an den narzißtisch-oralen Persönlichkeitsstrukturen der Schüler änderte sich damit natürlich nichts.

Nach meinen Beobachtungen treten in jedem neuen Schülerjahrgang diese Strukturen tendenziell verstärkt auf.

Was notwendig ist: Nacherziehung in der Kleingruppe. Ich konnte ansatzweise Erfahrungen sowohl innerhalb als auch außerhalb der Schule mit solcher Kleingruppenarbeit machen. Die Arbeit innerhalb der Kleingruppen müßte sich am Prinzip der Selbstorganisation von Lernprozessen orientieren und anknüpfend an dem diffusen Kommunikationsbedürfnis der Schüler, über Interessen- und Bedürfnisartikulation in Gruppenprozessen, über kooperative Arbeitsformen zu einer Stärkung des schwachen Ichs, zur Herausbildung ausgeprägter Ichstrukturen führen.

Dieser Prozeß würde zugleich von Fremdbestimmung zu mehr Selbstbestimmung führen, Kompetenz und Handlungsfähigkeit erweitern und zum Abbau verdinglichter zwischenmenschlicher Beziehungen beitragen. Ob die Hauptschule das leisten kann, darf und will, das ist eine andere Frage. Die Ansatzpunkte für Veränderungen im Bereich der Hauptschule lägen zudem wohl in der Lehrerausbildung.

Brief eines arbeitslosen Jugendlichen

Welches Ausmaß an Realitätsentzug, Isolierung und Leiden bei einer narzißtisch-oralen Persönlichkeit hervorgerufen werden kann, zeigt die folgende Stelle aus einem Brief eines arbeitslosen Jugendlichen. Seine Kindheit war schwer mißglückt, und er schreibt u.a.:

„Glück oder Unglück entsteht aus Zufall. Ich bin der Meinung, man könnte Zufall auch Gott nennen. Und ich benutze verschiedene Orakel, welche der Zufall bestimmt. Z.B. das I-Ging, das älteste Buch der Welt, welches 300 v.Ch. das erste Mal aufgezeichnet wurde. Zuvor wurde es von Mund zu Mund überliefert. Man befragt es durch 3 Münzen, die man in die Luft wirft, durch ein bestimmtes System aufschreibt und auf das Buch umsetzt. Ich gehe auch davon aus, daß Außen die Reflexion von Innen ist, daß alle Menschenkräfte in mir sind, d.h., daß ich wie jeder andere eine eigene Welt bin. Ich glaube, daß ich lebe, um zu lernen, nach den Gesetzen dieses Makrokosmos zu leben, damit ich mich nach meinem Tode von einem Mikrokosmos in einen Makrokosmos wandle. Es ist meine Lebensaufgabe, die Gesetze des Zufalls aufzudecken und diese denke ich mir folgendermaßen: Meine Seele ist ein Vakuum, eine Vibration, und wenn ich negativ schwinge, wird Negatives auf mich zukommen, genauso, wenn ich positiv schwinge. Deshalb heißt es in der Bibel, daß der Herr sagte: ‚Die Rache ist mein!' Glück ist für mich, dies zu wissen und die Kraft zu haben, es zu verwirklichen."

Es ist der ohnmächtige Konsument, hilflos und handlungsunfähig den gesellschaftlichen Zwängen ausgeliefert, der sich hier darstellt. Ödipale Fixierungen haben ein gewaltiges, undifferenzierbares Ich-Ideal entstehen lassen und zu den unschwer erkennbaren Omnipotenz- und Verschmelzungsphantasien geführt. Macht- und Herrschaftsstrukturen sind anonym geworden, es ist der Zufall, der herrscht, das Schicksal gestaltet, und von dem Hilfe und Veränderung erwartet wird. Das schwache Ich wehrt so Auseinandersetzungen mit der Realität, mit unterdrückenden gesellschaftlichen Mechanismen ab. Ein antiautoritäres Aufbegehren z.B. ist nicht mehr möglich, was bleibt, sind der Rückzug aus der Realität und Resignation. Was bleibt, ist die kurze, lustvolle Befreiung von allen Zwängen in einer Aktion. In solchen lustvollen Aktionen wird solidarisches und zielgerichtetes Handeln ansatzweise sichtbar. Aber es bricht eben schon nach kurzer Zeit wieder ab und ist noch nicht einmal der Reflexion zugänglich. Äußerer Zwang und die über eine mißglückte Kindheit erzeugte innere Unfreiheit lassen nur noch Verleugnung und Abwehr der Realität zu, nur so kann sich das schwache, unstrukturierte Ich vor der Selbstaufgabe schützen.

Deshalb bin ich auch der Ansicht, daß es sich bei der narzißtisch-oralen Persönlichkeitsstruktur um die Form p s y c h i s c h e r V e r e l e n d u n g handelt, die von den gegenwärtigen ökonomischen Verhältnissen hervorgerufen wird. Eine Verelendung, die alle Klassen und Schichten erfaßt hat. Die ökonomischen Verhältnisse spiegeln sich in der Psyche jedes einzelnen, es gibt nur graduelle Unterschiede.

Erwähnen muß ich noch, daß meine Ausführungen zum neuen Sozialisationstypus unvollständig sind, daß es sich um einen ersten Versuch handelt, daß noch eine Unmenge von Fragen offen sind und unbedingt diskutiert werden müssen. Ich denke aber und halte das für außerordentlich wichtig, daß sich mit Hilfe der Modellvorstellung von der narzißtisch-oralen Persönlichkeitsstruktur auch endlich wieder die bedeutsamen Mikrostrukturen erfassen lassen und in der Diskussion bearbeitet werden können. Bisher schien es mir so zu sein, daß der Umgang mit zu groben Makrostrukturen eine sachgemäße Auseinandersetzung eher verhindert denn gefördert hat.

2. Jochen Unbehaun
„Weil nichts mehr so läuft wie früher"
Kann die Narzißmus-Theorie dem Lehrer helfen?

Wie wirkt sich die Auseinandersetzung mit dem „neuen Sozialisationstyp" auf die Arbeit des unterrichtenden Lehrers aus? Hilft sie ihm, indem sie bisher unerklärbare Verhaltensweisen erklärbar macht? Oder verwirrt sie ihn, da er nach all seinen bisherigen, durchaus fortschrittlichen Methoden jetzt gar nicht mehr weiß, wie er's richtig machen soll? Sieht er seine pädagogischen Aufgaben angesichts der neuen, sich vor ihm auftürmenden Schwierigkeiten als noch unlösbarer an, oder wird er sich nun, da er zahlreiche Konfliktursachen aus der Schule hinausverlagert sieht, die Arbeit künftig zu leicht machen?

Fürs erste bleibt dem einzelnen Lehrer nichts anderes übrig, als zu versuchen, die Vielzahl von schulischen Problemen mit jenen Symptombeschreibungen in Zusammenhang zu bringen, die die Narzißmusforschung bisher veröffentlicht hat. Dabei geht es sicherlich weniger um die eklatanten Konflikte, als vielmehr um alltägliche Vorfälle, isoliert gesehen harmlose Verhaltensauffälligkeiten, die in der Masse jedoch eine seltsam diffuse Atmosphäre schaffen, in der man als Lehrer zunehmend das Gefühl hat, den Boden unter den Füßen zu verlieren. Es gibt Klassen, in denen die Schüler nur noch sporadisch zu erreichen sind, wo man meint, sich gar nicht mehr an einzelne Schüler wenden zu können, wo man allenfalls noch in ihre Richtung zu sprechen vermag. Die kommunikativen Kontakte zwischen den Schülern selbst sind von einem Sammelsurium von Einzelimpulsen und ziellosen, vielleicht sogar ungewollten Lautgebungen überdeckt. Gerade die Bewältigung jener Situationen fällt den Schülern schwer, die außerhalb des „eigentlichen" Unterrichts liegen und bei denen man erwarten möchte, daß die Schüler sie als Abdeckung vom Lehrplan freudig aufnehmen müßten:
– Ansagen des Klassensprechers und seine Besprechungen mit den Mitschülern gelingen nur, wenn der Lehrer für Ruhe sorgt.
– Vorgespräche für einen Wandertag oder eine Klassenreise gehen auch bei aktivem Eingreifen des Lehrers in Tumulten unter.
– Noch im 6. Schuljahr geraten Schüler bei solchen Gelegenheiten in einem Maße – wie man sagt – „aus dem Häuschen", daß die Planung wesentlicher Dinge in zahllosen Einzelgesprächen untergeht.

Eine weitverbreitete Reaktion des Lehrers, resigniert auf allgemeine Beruhigung zu warten, zieht überhaupt nicht; für die Schüler manifestiert sich darin nur seine Zustimmung in die Auflösung aller zweckdienlichen Kommunikation. Gelingt es ihm dagegen, die Schüler auf einen adäquaten Gesprächsrahmen zu verpflichten (d.h. den schulüblichen Umgangston auch auf die gegenwärtige Gesprächssituation zu übertragen), kommt das Gespräch in Gang.

Vor diesem Hintergrund dürfte die Auseinandersetzung mit dem neuen Sozialisationstyp auf den ersten Blick hilfreich sein, mit ihr lassen sich die gegenwärtigen Probleme zumindest neu interpretieren. Jeder Lehrer wird seine eigene Liste mit Verhaltensmerkmalen und für ihn überraschenden Ansichten seiner Schüler zusammenstellen können, so etwa, warum seine Schüler nicht mehr bereit sind, durch Änderung der Sitzordnung in neue, adäquatere Interaktionsformen zu treten, warum sie es stattdessen vorziehen, hübsch hintereinander zu sitzen, wie in frühesten Zeiten, warum sie das Gespräch im Kreis genauso ablehnen wie die Arbeit in Gruppen und lieber zu zweit oder gar alleine weiter vor sich hinwursteln, unter ständiger Beanspruchung des Lehrers, warum sie nicht aufeinander hören mögen, sich nicht ausreden lassen, mit dem eigenen Beitrag auch nicht nur kurze Zeit warten können.

Die Projektion auf den Schüler

Zwar liefern die bisherigen Ergebnisse über den narzißtischen Charakter keine Lösungswege, sie helfen zunächst aber, den Groll darüber zu mildern, daß „nichts mehr so läuft wie früher", und helfen, nicht ständig an sich selbst zweifeln zu müssen. Es kann – je nach psychischer Robustheit – von existenzieller Bedeutung sein, wenn man weiß, daß auch andere Lehrer Probleme haben in der täglichen Auseinandersetzung mit jenen Erscheinungen, die dem Lehrer das Leben schwer machen. Zieht man die Probleme von der eigenen Person ab und hebt sie auf das narzißmustheoretische Niveau, dann

– lassen sich das ungehemmte Drauflosreden und die anderen Disziplinschwierigkeiten auf das Unvermögen zurückführen, die Außenwelt strukturiert zu erfahren und deutlich von der eigenen Innenwelt abzusetzen, was zum typisch „ungezielten, unplastischen Verhalten" führt;

– deutet das starre Festhalten der Schüler an eingeschliffenen Interaktionsformen und gewohnter Sitzordnung auf die narzißtische „Angst vor einer Veränderung der Umgebung und Lebensweise";

– erklärt sich die völlige Erfolglosigkeit von Versuchen, die Schüler über metakommunikative Erläuterungen von der Notwendigkeit adäquater Interaktionsformen im Unterricht zu überzeugen, aus der narzißtischen Vermeidenshaltung gegenüber intensiver Auseinandersetzung mit der eigenen Person und Situation.

Die Versuchung, sozialpathologische Merkmale in dieser Weise zu deuten, ist sicherlich groß. Es darf aber nicht übersehen werden, daß eine vorschnelle Übertragung auf die eigene Praxis zu folgenschweren Fehlinterpretationen führen kann.

Bei bestimmten Verhaltensmerkmalen gleich auf eine narzißtische Störung (was ist „intakt"?) zu schließen, ist schon deshalb gefährlich, weil sich neurotische Störungen in sehr ähnlicher Weise äußern können. Zu denken ist dabei an jene Konflikte, die durch das Einbringen bestimmter außerschulisch erworbener Verhaltensweisen in das „szenische Arrangement der Schule" (Wellendorf) entstehen. Das können Triebimpulse und Affekte sein, die seitens der Schüler in Form von Anpassungs- oder Auflehnungsweisen auftreten bzw. seitens des Lehrers in bestimmten Anweisungen und Sanktionen. Doch können in den Unterricht nur jene Triebimpulse und Affekte integriert werden, die die „Rolleninterpretation" des Interaktionspartners nicht zu stark verzerren. Jene aber, die nicht eingebracht werden können, müssen abgewertet werden, was sie jedoch nicht aufhebt, sondern unbewußt, in entstellter und unerkannter Form wiederkehren läßt. Sie können „auf der Ebene der intrapsychischen Prozesse in mannigfaltigen mehr oder weniger neurotischen Symptomen (etwa Störungen der sozialen Wahrnehmung, als Lern- und Arbeitsschwierigkeiten oder Konkurrenz- und Prüfungsängste) wiederkehren". (Wellendorf, Schulische Sozialisation und Identität, Weinheim 1973, S. 229)

Die Unterscheidung zwischen neurotischen Störungen dieser Art und narzißtischen Störungen dürfte deshalb so schwierig sein, weil beide nicht ohne weiteres auf ihre Ursachen zurückgeführt werden können; vom psychologischen Laien schon gar nicht.

Für den Unterrichtenden schiebt sich ohnehin nur die Frage nach der unmittelbaren pädagogischen Konsequenz in den Vordergrund. Und gerade hier kann die vorschnelle Annahme einer narzißtischen Störung verhängnisvoll sein, da es wegen der damit verbundenen entlastenden Funktion zu folgenreichen Problemverlagerungen kommen kann – dann nämlich, wenn hinter jedem chaotischen Unterrichtsverlauf das Zusammenspiel narzißtisch geprägter Verhaltensmerkmale vermutet wird, in Wirklichkeit aber schlicht unterrichtliche, institutionelle oder auch in der Lehrerperson liegende Ursachen vorliegen. Sie können didaktischer Art sein (Fehler in der Auswahl und Aufbereitung des Unterrichtsgegenstandes), methodischer Art (unklare Position des Lehrers, inadäquate Aufgabenstellung), sie können im Auftreten und in Fehlentscheidungen der Interaktionspartner und überhaupt in allen aktuellen Situationen, in ungelösten Problemen zwischen Lehrern und Schülern oder zwischen den Schülern selbst liegen.

Der leichtfertige Umgang mit dem Narzißmusbegriff kann zu einer Verdeckung eigener oder institutionell bedingter Probleme und damit zu Projektionen auf die Schüler führen. Die Folgen sind in jedem Fall verhängnisvoll, weil sie jedes Lernen als Erfahrung verhindern. (Ich sehe das auch im Zusammenhang mit der gegenwärtig äußerst lückenhaften Lehrerausbildung, die die Lehreranwärter in besonderem Maße dazu verleiten mag, theoretisches Wissen über den narzißtischen Charakter auf für sie undurchschaubare Unterrichtssituationen zu übertragen.)

Störfaktor Schule

In meiner eigenen Unterrichtspraxis hat sich, seit ich mich mit dem Narzißmusbegriff auseinandersetze, ein anderer, nicht minder merkwürdiger Zusammenhang ergeben. In der ersten Phase habe ich den Begriff in der Weise angewendet, daß ich bei den meisten Störungen ersteinmal ganz pauschal vom Vorhandensein des neuen Sozialisationstyps ausgegangen bin. Ich bin den Störungen deshalb künftig weniger emotional und mehr gelassen bis nachsichtig gegenübergetreten bzw. habe auf chaotische Zustände mit intensiverem, bewußterem persönlichem Einsatz reagiert, um auf diese Weise mehr Sicherheit in das soziale Bezugsgefüge (was die Erwartungshaltung der Schüler betrifft) zu bringen. Ich habe entsprechende didaktische Konsequenzen gezogen, um bei den Schülern Unsicherheiten gegenüber den Unterrichtsinhalten abzubauen. Insgesamt habe ich meine Erwartungen an die intellektuellen und sozialen Fähigkeiten der Schüler zurückgeschraubt. Dem folgte eine derartige Entspannung der Unterrichtssituation, daß ich meine Vermutungen über das Vorhandensein narzißtisch geprägter Charaktere vorerst bestätigt sah. Im Verlauf dieser ruhigen, zweiten Phase stellte ich allerdings fest, daß die Schüler jetzt in einem bisher ungewohnten Maße leistungsfähig waren: so verbrachten sie z.b. an einem ungewöhnlich heißen Tag noch die ganze 6. Stunde mit der Lektüre eines sie ansprechenden Buches; sie führten Spiele, in denen es um soziale Leistungen geht, ohne Störungen durch; sie übten ohne Ausfälle und über eine längere Zeitspanne Gitarrengriffe; und auch auf einem ausgedehnten Unterrichtsgang durch die Stadt kam es zu keinerlei Zwischenfällen. Einzelne Schüler, die im Umgang mit Kulturtechniken nach wie vor nur bis zu einem bestimmten (und bald erreichten) Punkt mitmachten, erzählten mir andererseits in ausführlicher Weise von ihren nicht minder ausführlich ausgeübten Hobbies.

Die Schüler waren also, nachdem ich sie lange genug als Narzißten „behandelt" hatte, wieder zu Leistungen fähig, die mit dem Narzißmusbegriff überhaupt nicht in Einklang zu bringen sind. Das legt immerhin den Schluß nahe, daß es in diesen Fällen angebrachter ist, die Institution Schule selbst wieder stärker in Betracht zu ziehen und das eigene Lehrerverhalten in diesem Zusammenhang erneut zu reflektieren.

Erwartungen des Lehrers

Der Erfahrungsaustausch mit Kollegen führte mich noch zu folgender Vermutung: Es mag zutreffen, daß narzißtische Ausprägungen auf frühkindliche Erfahrungen mit einer Bezugsperson zurückgehen, die zur Bildung stabiler Beziehungen nicht in der Lage ist. In der Schule spielt sich jetzt ein ähnlicher Zusammenhang nochmals ab, nämlich zwischen der Klasse und jenem Lehrertyp, der (ähnlich der Mutter gegenüber dem Kind) aufgrund seiner eigenen Ich-Schwäche und angesichts erlittener Unbill mit der Umwelt versucht, den Mangel an sozialer Geborgenheit durch den Aufbau enger Beziehungen zu den Schülern zu kompensieren. Ihm gegenüber dürfte sich aggressives Schülerverhalten dann ähnlich auswirken wie die aggressiven Triebimpulse des Kleinkindes gegenüber der Bezugsperson. Er reagiert schockiert, gekränkt, resigniert. Die Konsequenz dem Kleinkind gegenüber ist eine Störung der Charakterbildung, gegenüber der Klasse ist es eine dauerhafte Beeinträchtigung der Interaktion, die Schaffung eines instabilen Bezugsrahmens.

Was tun?

Doch zurück zu den anfangs gestellten und immer noch offenen Fragen: Liefert die Auseinandersetzung mit dem neuen Sozialisationstyp dem Lehrer eine Hilfe, oder stiftet sie nur neue Verwirrung? Oder: Welche unmittelbaren Konsequenzen kann sie für ihn haben?

Womöglich läßt sich Unterricht mit dem derzeitigen, äußerst lückenhaften Wissensstand über den neuen Sozialisationstyp nur in Einklang bringen, wenn man versucht, sich auf jene Prinzipien zur Gewährleistung eines effektiven Stundenverlaufs „zurückzuziehen", die die bisher bekannten Verhaltensmerkmale des narzißtischen Charakters berücksichtigen — als da unter vielen anderen sind:
— Die Errichtung eines stabilen Bezugsrahmens, was die Einrichtung des Klassenzimmers, die Unterrichtsorganisation, die „Stetigkeit" im Lehrerverhalten betrifft.
— Die Vermeidung offener, mißverständlicher Situationen bei Bekanntgabe von Unterrichtsvorhaben. Wo ohnehin vorausgeplant wird, sollte kein pseudodemokratisches, pseudoplanerisches „Wir könnten heute . . .", „Was meint ihr, wenn wir . . .", oder gar „Wir wollen . . ." ertönen, sondern „Unser heutiges Thema . . ." „Heute geht es um folgendes: . . ." oder „Ich habe mir für heute vorgenommen . . .", d.h. Aufhebung aller Verschleierungsversuche.

– Vermeidung von Überforderungen. Nur wenn die Unterrichtsinhalte an Vorwissen anknüpfen, lassen sich Ausfälle aufgrund plötzlicher Verunsicherung vermeiden.

– Honorierung von Lernerfolgen zur Befriedigung des narzißtischen Omnipotenzstrebens, das der ständigen Zuweisung von Gratifikationen bedarf.

– Intensivierung persönlicher Zuwendung, deren Ziel nicht eine engere Beziehung sein kann (das ist bei 30 Schülern ohnehin nicht drin), da der narzißtische Charakter zu ihr nicht in der Lage ist; er würde sie fliehen.

Der Narziß befriedigt seine Bedürfnisse nach Geborgenheit und Zugehörigkeit über das Erlebnis narzißtischer Gleichgewichtszustände, die allerdings den ständig „verfügbaren" Lehrer zur Voraussetzung haben. Aber nicht den micro-teaching-trainierten Lehrertyp, sondern jenen Lehrer, der es wagt, seine eigene Person einzubringen – unmechanisiert, spontan. Das setzt die Fähigkeit voraus, ebenfalls unmechanisierte, spontane Verhaltensweisen der Schüler so einzuschätzen und anzunehmen, daß das Nicht-Verschulte in ihnen sichtbar wird, was allerdings die Preisgabe bestimmter Lehrer-Erwartenshaltungen bedingt. Auf diese Weise lassen sich dann auch bestimmte stereotype Schüler-Erwartenshaltungen verändern. Dann läßt sich wieder unverstellt über „die Schule" sprechen. Dann lassen sich auch jene Grundbedürfnisse der Schüler befriedigen, die v. Hentig mit „Verlaß und Freundlichkeit" umschreibt.

Paul Walter
Realität als Herausforderung
Das Bedeutungsspektrum des Narzißmusbegriffs

Die aktuelle Diskussion um den neuen, den narzißtischen Sozialisationstypus gewinnt ihre Attraktivität zunächst daraus, daß sie zu einer radikalen Umorientierung des Verständnisses des Zusammenhangs von gesellschaftlicher und psychischer Struktur auffordert: Die individuelle Reproduktion der spätkapitalistischen Gesellschaft scheint nicht mehr über anale, autoritäre Charakterstrukturen ablaufen zu müssen; identifikationsunfähige Narzißten, d.h. eigentlich seelenlose Individuen scheinen in zunehmendem Maße anstelle der Autoritären dieses 'Geschäft' zu besorgen. In dieser Umorientierung erschöpft sich jedoch noch nicht das Bedeutungsspektrum des Narzißmusbegriffs. Einige wichtige Gesichtspunkte des über die psychoanalytische Theoriebildung hinausgehenden Spektrums und der produktiven Problematik des Narzißmusbegriffs werde ich in den folgenden Abschnitten herauszuarbeiten versuchen.

Narziß und die aktuelle Krise der Linken

Neben der sozialpsychologischen Beschreibung des Zusammenhangs von Psyche und Gesellschaftsstruktur leistet die Narzißmusdiskussion vielmehr auch eine spiegelbildliche Zustandsbeschreibung linker Intelligenz, derjenigen Personengruppe, die diesen Begriff zum aktuellen Problem erklärt hat. In dieser spezifischen Perspektive zeigt die Diskussion die Bemühungen an, die Vermittlungsschwierigkeiten kritischen Bewußtseins in Schule und Hochschule zu begreifen. Im Gegensatz zur richtungslosen und tautologischen Frage nach resignativen Tendenzen im linken Lager[1] vermag der Narzißmusbegriff wichtige Aspekte der gegenwärtigen Krise der Linken offenzulegen, indem aus den halbwegs mißratenen Erziehungsobjekten die Unzulänglichkeit des aufklärerischen, kritisches Bewußtsein und Handeln ˙ absichtigenden Bemühens dechiffriert werden können. Die Narzißmusdiskussion führt so direkt an die Bearbeitung der Frage heran: Warum vermögen wir bei der Jugend nicht mehr in dem gewünschten Maße über die Notwendigkeit des Widerstandes gegen die kapitalistische Ausbeutungsordnung und ihre politischen Widersprüche aufzuklären; was haben wir in der Vergangenheit verkehrt gemacht, daß nicht bewußt handelnde, kommunikationsfähige Menschen heranwachsen, sondern die Gesellschaftsbedingungen mehr und mehr 'seelenlose' Individuen erzeugen können, die sich jeglichen pädagogischen Angeboten versperren und in ihrem Protest destruktiv statt konstruktiv sind? Für die Beantwortung dieser vielschichtigen Frage können folgende Unzulänglichkeiten und Fehlentwicklungen linker Politik in der Vergangenheit und Gegenwart genannt werden:
a) Marxismus, Psychoanalyse u.a. mit ihrem Aufklärungs- und revolutionären Handlungspotential wurden nicht als solche an die nachfolgenden Generationen weitervermittelt; sie wurden in rigiden Lehrplänen oder Studienordnungen kanonisiert und unkenntlich gemacht. Was aber schlimmer ist, die Linke hat selbst diese Verbürgerlichung ihrer theoretischen Grundlagen mitbetrieben; sie unterwirft ihre Produkte den kapitalistischen Marktmechanismen, indem sie linke Literatur en masse ohne revolutionären Gebrauchswert produziert; in Prüfungen

entpuppt sich der 'neue Stoff' als 'Herrschaftswissen', dessen Druck Studenten ausgesetzt sind; kurzum: die fortschrittlichen Ideen entstehen innerhalb bürgerlicher Formen und Institutionen, sind hiervon infiziert; Individuen, die diesem Widerspruch ausgesetzt sind, wehren sich gegen diese neuen Versuche der Vereinnahmung, ohne allerdings die Zusammenhänge auf den Begriff bringen zu können.

b) Dem Überfluß an linker Theoriebildung (es scheinen inzwischen im Prinzip alle Erscheinungsformen bürgerlicher Verhältnisse in pedantischer bis kreativer Nuancierung und nicht mehr persönlich bewältigbarer Fülle kritisiert und begriffen zu sein) steht zunehmend ein enger werdender politisch-praktischer Handlungsspielraum gegenüber; dieses Theorie-/Praxis-Verhältnis verlangt von Schülern und Studenten Frustrationstoleranz und Identifikation, die aufgrund dieser merkwürdigen Diskrepanz und aufgrund bürgerlich infizierter linker Theorie immer fragwürdiger und unglaubwürdiger erscheinen muß.

c) Die berechtigte selbstbezogene Interessiertheit der Linken blieb weitgehend verborgen; auf diese Weise verwandelte das Fehlen von Ehrlichkeit bzw. Selbstreflexion diese Interessen der Linken in Egoismus und Zynismus, marxistische Aufklärung in Pädagogisierung des Marxismus.

Narzißmus als resignationsbedingte Projektion?

Die Verschränktheit der Narzißmusdiskussion mit der Krise der Linken wirft eine zweite, grundsätzliche Frage auf: Inwieweit handelt es sich bei der Identifikation des narzißtischen Sozialisationstyps um eine Projektion frustrierter Motivationen, um einen Vorgang, bei dem die Enttäuschungen der linken Bewegung über eigene Unzulänglichkeiten und über die Übermächtigkeit der Verhältnisse der heranwachsenden Generation als Charaktermängel zugeschrieben werden? Für einen solchen Vorgang spricht u.a., daß der Narzißmusbegriff innerhalb der kleinbürgerlich sozialisierten, unorganisierten Gruppe der 'Altlinken' in einem Moment auftaucht, als sich die Hochschule bezüglich der vermittelten Lebenschancen und in Hinblick auf die sozioökonomische Zusammensetzung der Studentenschaft verproletarisiert, als sich fortschrittliche Lehrer in der Schule das 'Verblubbern' ihrer Ideen, die Schwierigkeit der Ausräumung repressiver Beziehungen zu den Schülern eingestehen müssen.

Ich glaube zwar nicht, daß Projektions- und Etikettierungsvorgänge die Narzißmusdiskussion erschöpfend erklären können, weil sich unbestreitbare, reale Veränderungen in der Jugend in Richtung Narzißmus abspielen; aber die Berücksichtigung möglicher eigener projektiver Abwehrmechanismen könnte verhindern, die Narzißmusproblematik allzu 'objektivistisch' zu akzentuieren, theoretische Fehler der Vergangenheit unter neuen begrifflichen Vorzeichen zu reproduzieren. Die vormals überbetonte Zusammenhangsstiftung zwischen kapitalistischer Gesellschaft und autoritärem Charakter war in dieser selbstkritischen Sichtweise ein zwar produktiver, aber inzwischen mißlingender Versuch, die kapitalistischen Widersprüche im Individuum aufzuklären und anzugehen; vergessen wurde dabei häufig, daß das Kapitalverhältnis überindividuelle „Sachzwänge" geschaffen hat und sozialpsychologisch sehr anpassungsfähig ist, daß es sowohl den 'american way of life' als auch die preußische Kleinkariertheit vereinnahmen konnte.

Bei der Narzißmusdiskussion besteht nun die Gefahr, daß mit dem gleichen psychoanalytisch-charakterologischen Instrumentarium eine neue sozialpsychologische Konstellation überwertig und unproduktiv behandelt wird; besonders ungenügend ist dies hier insofern, weil sich im Narzißmusbegriff einerseits ein aus Enttäuschung geborener projizierter Konservatismus widerspiegeln kann, andererseits ein Realitätsausschnitt ohne fortschrittliche Handlungsperspektive angezielt ist.[2]

Auf die Möglichkeit, daß der Narzißmusbegriff zu einer bloßen realitätsverzerrenden Projektion oder zur bloßen 'neuen Masche' zu werden droht, komme ich auch aufgrund meiner eigenen Biografie: altersmäßig und biografisch (streng autoritär sozialisiert, eher proletarischer Herkunft, fernab von den Metropolen auf dem Land aufgewachsen) sehe ich mich zwischen der 'neuen' Generation und den 'Altlinken' der Studentenbewegung stehend; die Erinnerung an die Studentenbewegung sagt mir, daß diese keineswegs mehrheitlich von reifen Persönlichkeiten getragen war, die bewußtlose Autoritätsfixierungen souverän zu sprengen suchten, sondern schon damals in großem Maße narzißtische Arroganz und revoltierende Planlosigkeit mit einschloß, was bei mir in der Vergangenheit emotionale Widerstände, Ängste produzierte; von daher scheint es mir, daß Narziß kein so ganz neuer Sozialisationstypus ist.

Schließlich vermag ich mich in die narzißtische Reaktionsform des frustrierten Rückzugs von einer unsolidarischen, selbst narzißtisch verzückten Linken aufgrund meiner Herkunft durchaus einzufühlen, sie als eine beinahe angemessene Reaktion von Individuen auf das unaufgeklärte Verhalten der neuen Aufklärer zu verstehen, die ihr früheres konservatives Ideal-Ich verlieren möchten, ohne es durch einen unreflektierten Austausch in ein 'progressives' einer bürokratischen Organisation umpolen zu können oder zu wollen. Von daher scheint es mir, daß Narzißmus nicht unbedingt ein fixierter Charaktertyp, sondern ein verbreiteter Abwehrmechanismus sein kann; die Narzißmusdiskussion verliert damit ihren Hauch von Geheimnisvollem.

Die mehrdimensionale Realität des Narzißmusbegriffs

Die skizzierte widersprüchliche Deutbarkeit des Narzißmusbegriffs sowohl als realitätsverzerrendes Ergebnis von eigenen Projektionsprozessen wie auch als begriffliche Zusammenfassung signifikanter Erscheinungen sozialer Realität läßt sich erst dann auflösen, wenn man sich über die mehrschichtige Dimensionalität des Begriffs Klarheit verschafft. Aus Döpps[3] zusammenfassender Darstellung der Narzißmusdiskussion können folgende Dimensionen abstrahiert werden:

a) Gruppenspezifische Ausprägungen des Narziß (Schüler, Lehrlinge, Studenten);

b) veränderte, Narzißmus produzierende Gesellschaftsverhältnisse (affektentleerte, vertechnisierte, bürokratische Außenwelt, Krisenhaftigkeit, Infantilisierung der Subjekte);

c) Erscheinungsbild des Narzißten (Sozialitätsmangel, Unersättlichkeit und Globalität der Bedürfnisse, Ich-Schwäche und Identitätsdiffusion);

d) primäre Sozialisation des Narziß (emotional verarmte und symbiotische, nicht objekthafte Mutter-Kind-Beziehungen; schwacher, Identifikationsprozessen abträglicher Vater);

e) Sprachlosigkeit des Narziß (diffuse Kommunikation, regressive und zerfallende Sprache).

Zu a. Die Berechtigung, die erscheinungsmäßig so unterschiedliche „Symptomatik" bei Schülern und Studenten[4] unter dem gemeinsamen Begriff des Narzißmus zu subsumieren, leitet sich ab aus den in beiden Gruppen beobachtbaren regressiven Tendenzen zu vorsymbolischen, mythologisch-rituellen Verkehrsformen. Die Angezogenheit vieler Studenten von ‚alternativen' Bewegungen von AAO bis Zen mit deren Sprach- und Geschichtslosigkeit ist Ausdruck der Unterwerfungsbereitschaft unter einen Mythos der ‚Natürlichkeit', mit dessen Hilfe Angst und chronische Beziehungsschwäche verbannt werden sollen[5]. Diese studentische Regressionstendenz findet ihr Analogon in der Sucht der Schüler nach akustischer und optischer Berieselung (Rockmusik, Fernsehen), womit die abgestumpften Affekte und ritualisierten Interaktionsformen ‚naturalisiert' und erträglich werden können. Der Mythos des ‚ganz anderen', in Form von ‚Alternativen', ‚Natur', ‚Bösem'[6], ‚Action' wird hier wie dort dem mühsamen Prozeß der geschichtlichen Aufarbeitung des Bestehenden und der darauf aufbauenden Emanzipation vorgezogen.

Zu b und c. Die detaillierte Verbindung dieser beiden Dimensionen ist bislang nur in Form vager Analogien geschehen. Problematisch an dem bisher bezeichneten Erscheinungsbild des Narziß ist die mangelhafte Präzision, mit der ein narzißtischer Homunculus zusammengefügt wird, ohne daß man umfassende und verläßliche Anhaltspunkte über Verbreitung oder prototypische Erscheinungsformen des Narzißten herausgearbeitet hat. Durch dieses Manko wird es möglich, den Narzißmusbegriff mit Projektion frustrierter Erwartungen und mit unbegriffenen Bedeutungszuschreibungen zu füllen.

Aufgrund meiner Kenntnis von Studenten (außerhalb der großstädtischen Metropolen!) würde ich es z.B. ablehnen müssen, Narzißmus als die bestimmende, dominante sozialpsychologische Disposition studentischen Handelns zu begreifen. Es handelt sich hierbei nach meinen Erfahrungen wohl eher um eine durchgängige wahrnehmbare Erlebnis- und Handlungskomponente der Ohnmacht und Desillusionierung, auf deren Folie Studium und fortschrittliche Aktionen (z.B. studentische Streiks, Beteiligung an Anti-AKW-Veranstaltungen) ihre heutzutage spezifische ambivalente politische Qualität erhalten.

Zu d. Die psychoanalytische Zurückverfolgung der Sozialisation des Narzißten zeugt von der Notwendigkeit, die bloße Erscheinung durch die historisch-biografische Rekonstruktion zu transzendieren; beim Narzißmusphänomen tun sich aber einige Probleme auf, die die psychoanalytische Interpretation und Erklärung fraglich erscheinen lassen. Zum einen trifft die lebens- und familiengeschichtliche Rekonstruktion nur auf die heutige Schülergeneration zu, während der studentische Narziß noch weitgehend kleinbürgerlich-autoritär erzogen worden ist. Dieses Faktum bedeutet aber, daß die primäre Sozialisation nicht die Gesamtheit narzißtischer Zusammenbrüche begründen kann. Auch die abnehmende Sozialisationsfunktion der spätkapitalistischen Familie weist auf die Notwendigkeit der ausdrücklichen Berücksichtigung zusätzlicher, außerhalb der psychoanalytischen Perspektive liegender Mechanismen, ‚heimlicher Erzieher' hin.

Zum anderen verliert das metapsychologische Modell beim „seelenlosen' Narzißten an Erklärungswert, weil hier nur noch diffuse Ichstrukturen, eine unzureichende „psychostrukturelle Konsistenz"[7], vorhanden sind, die den rekonstruierenden Bemühungen der Psychoanalyse ziemlich fremd sind. Der fehlende bzw. nicht eingrenzbare Leidensdruck des Narzißten bedingt zudem, daß die Möglichkeit zu psychotherapeutischen Objektbeziehungen, mithin die Grundlage psychoanalytischer Erfahrungs- und Theoriebildung, unterentwickelt ist.

Zu e. Die interaktive und kommunikative Unfähigkeit des Narziß liefert m.E. zentrale Hinweise für ein besseres Verständnis der narzißtischen Reaktionssyndrome und der narzißtischen Herausforderung an die fortschrittliche Pädagogik. Deshalb soll dieser Aspekt im folgenden gesondert dargestellt werden.

Narzißmus, ein Kommunikationsproblem

Die kommunikationstheoretische und soziolinguistische Zugangsweise kann zum einen bedeutsame Beschreibungskategorien der Erscheinungsformen des Narzißmus liefern. Sie provoziert zum anderen Fragen nach den bedingenden, objektiven Faktoren und nach den Konsequenzen der Narzißmusproblematik, die über den engen kommunikationstheoretischen Rahmen hinausweisen.

Die zunehmende Unfähigkeit der heranwachsenden Generationen mittels einer einfühlsamen Sprache über sich und über andere Klarheit zu gewinnen, mittels des Umgangs mit begrifflichen Kategorien die Innen- und Außenwelt ‚in den Griff' zu bekommen, ist offensichtlich. Die spätkapitalistische Gesellschaft hat defekte Sprach- und Kommunikationsformen produziert, unter denen wir alle leiden. Diese Sprachlosigkeit wirkt sich als die neue Form der ‚Entmündigung' und Isolierung aus. Die defekte Sprache der studentischen Subkulturen enthält noch die vage oder prinzipielle Erinnerung an die gesellschaftliche Verursachung des undefinierbaren Leidens. Dieses Reflexionsniveau verschwindet ganz in den Verständigungsgebilden der noch Jüngeren (Schüler/Lehrlinge). Die Verweigerung und der Protest der Jugend, die in dieser neuen, defekten Sprache zum Vorschein kommen, werden damit zunehmend zum marktökonomisch kanalisierten und unschädlich gemachten Ausdruck der anomischen Beziehung von Individuen und Gesellschaft. Stubenrauch: „. . . in der Kaputtheit der Sprache spiegelt sich das kaputte Leben."[8]

Die Unzulänglichkeiten solcher Sprach- und Kommunikationsformen sind bisher am differenziertesten analysiert in Brückners Auseinandersetzung mit dem ‚Mescalero-Artikel'[9] und in Stubenrauchs Exegese der ‚Sponti-Sprache'[10]. Anhand dieser beiden Artikel lassen sich wesentliche Charakteristika der defekten Sprache der Jugend herausfiltern (es geht an dieser Stelle um verallgemeinerbare Schlußfolgerungen, die in der Kürze sowohl zentrale Spezifika der beiden analysierten Texte als auch deren herkunftsmäßige Beschränktheit auf das Intellektuellenmilieu vernachlässigen):

— Formal defekte und inhaltlich entleerte Sprache (Stubenrauch: an die Stelle von Begriffen treten leere Worthülsen und Stereotype, wie z.B. „unheimlich nett", „halt", „Typ", „kaputt". Mescaleros Begrifflosigkeit findet sich typisch in Aussagen wie „. . . Sozialismus (wegen mir: Anarchie)").

— Funktionsverlust der Sprache als Medium individueller, emotionaler Beziehungen (Stubenrauch kritisiert die falsche Unmittelbarkeit der Sprache: „Überhaupt dieses ‚Du', als Verstärkung des gemeinten Persönlichen, das so unpersönlich gerät." — Brückner sieht in Mescaleros Artikel den sprachlich steckengebliebenen Versuch, die verkehrte Unmittelbarkeit der Gedankenwelt zu überwinden).

– Bruch mit der Sprache der Kultur, der Tradierungsform von Werten und Normen (Brückner: „Bruch des Apriori-Konsens"; „Entformung der erlernten Sprachdisziplin").

– Subkultur-, ritualisierter Jargon-Charakter der Sprache (Brückner konstatiert die Problematik dieser Sprache, die eigenen Absichten nicht mehr in eine „Öffentlichkeit" vermitteln zu können, Stubenrauch die „scheinbare Verbindung mit der Sprache der ‚einfachen Leute' ").

– Die ‚Selbst-Marginalisierung' durch die Sprache (Brückner: „. . . nimmt der ‚Marginalisierte' einen Teil seines Selbstverständnisses aus den Händen seiner Feinde entgegen", Ausdrücke, wie „Killer", „Abschuß", „Konterfei", in Mescaleros Sprache sind ursprünglich die Sprache der staatlichen Organe, der Westernindustrie usw. gewesen. – In dem von Stubenrauch analysierten Text finden sich ähnliche Brüche, wie z.B. „Show abziehn", „Typ", „cool").

Die Wichtigkeit einer derart ‚kaputten' Sprache für die Ausbreitung narzißtischer Reaktionsweisen wird vollends ersichtlich, wenn man nach Ursachen solchen Sprachverfalls weiterfragt, danach also, wie die spätkapitalistische Ordnung über die Einflußnahme auf die Sprache selbst den Zerstörungsprozeß der Lebenszusammenhänge verstärkt und perpetuiert.

Zu nennen wäre zum einen der Charakter und die Rolle der Wissenschaften und Technologie. Sie verhindern in der vorherrschenden ‚herzlosen', funktionalistischen Form, in der sie heute auf die Kinder vom Kindergartenalter an einwirken, die gedankliche Überschreitung des unmittelbar Erscheinenden, soziales Verständnis und Kritikfähigkeit. Die Vermarktung kritischer Wissenschaft, Pädagogik, führt zum Gefühl der Unüberschaubarkeit und der Ohnmacht gegenüber dieser Wissenschaft und ihrem Begriffsapparat. Die bürgerliche Infiziertheit der kritischen Inhalte in diesem Vermarktungsprozeß (s.o.) bedingt die Desillusionierung der einmal geglaubten Möglichkeit der Zusammenhangstiftung zwischen Theorie und alternativer Lebenspraxis. Wissenschaftliche Sprache und Wahrheitskriterien werden abstrakt, verlieren ihren Gebrauchswert für die Individuen.

Die aufdringlich eindringliche Sprache

Die Welt der Werbung (ähnlich wie die der Comics, Western, politischen Medien usw.) durchsetzt die Individuen mit einer aufdringlich-eindringlichen Sprache: Sie bereitet die Entsprachlichung mittels Sprache vor, wobei Sprache nicht mehr Kommunikationsmedium sein soll, sondern auf den passiven Konsum vorbereitet. Es werden in der Werbung neuartige, künstliche Assoziationen zwischen Wort (bzw. Begriff) und Konsumwaren geschaffen (z.B. Sexualsymbole und Autos); so entsteht eine Lockerung des Zusammenhangs zwischen Sprache und ‚bisheriger' Realität, zwischen Sprache und Miteinanderreden. Sprache (‚Newspeak') wird an eine ‚neue' Scheinwelt angebunden, damit ihrer ursprünglichen Potenzen beraubt, zum bloßen Signal des totalen Konsums degradiert. Über diese Sprache ist der Schein inzwischen real und unentrinnbar geworden.

Die Konsequenzen des Sprachverfalls für die Struktur und die Interaktionen der Individuen sind gravierend. Die sozialen Beziehungen bleiben ohne sprachliches Kommunikationsmedium der Rohheit überlassen (an die Stelle von Eros und Militanz treten sex & crime), verbleiben in archaischer Form. Und wo keine sozialen Beziehungen entstehen können, da kann sich auch keine konsistente psychische Struktur abgrenzen oder in der Auseinandersetzung entwickeln. Solche Sprache bleibt auf das Präsens der von marktökonomischen Zwängen geschaffenen Welt beschränkt, wodurch den Individuen ihre geschichtliche Dimension verlorengeht. Die fehlende Möglichkeit der Auseinandersetzung mit der Geschichte nimmt den Individuen auch die Fähigkeit zur Überwindung des Präsens, zu einem bewußten Entwurf ihrer Zukunft. Die Gegenwart wird zum Mythos, allgemeingültig und undurchschaubar. In diesem Prozeß liegt jedoch auch ein Widerspruch begründet: eine geschichtslose Sprache, die im Dienste der Regression bzw. oralen Fixierung steht, die nicht mehr Sublimierungsprozesse tragen kann, reduziert nicht nur die Möglichkeit eines Gegenentwurfs zur bestehenden Gesellschaft, sondern auch das An-Erkennen von Geboten, Normen, Werten, die die bürgerliche Gesellschaft internalisiert wissen möchte und zu ihrem Funktionieren braucht (Narziß verhindert somit eine ‚saubere innere Lösung' für 1984; Polizei und ‚Telescreen' wird man nicht entbehren können!).

Es dürfte nunmehr klargeworden sein, daß dieser Verfall von Sprache und Kommunikation in Hinblick auf die Narzißmusproblematik den Schlüssel zum besseren Verständnis dafür bietet, wie sich ein regressiver Abwehrmechanismus der unerträglichen Außenwelt zu psychostrukturellen diffusen individuellen Strukturen verfestigt, ohne daß man zur Erklärung unzureichende charaktero-logische oder familiensoziologische Ansätze heranziehen muß.

Narzißmus als Herausforderung

Die kommunikationstheoretische Perspektive der Narzißmusproblematik wird aber erst dann frei von idealistischen und kulturpessimistischen Komponenten, wenn man sie im Zusammenhang mit einer Herausforderung an uns betrachtet. In dieser Sichtweise ist Narzißmus also die begriffliche Abstraktion sowohl einer Krise des Individuums als auch der linken Intelligenz. Narzißmus bleibt so lange ein unverstandenes Phänomen, solange ihn die im pädagogischen Bereich tätige linke Intelligenz, die in Schule, Hochschule gegen die bürgerliche Gesellschaft und ihre Institutionen aufklären und sozialistische Alternativen erarbeiten will, nicht als zweiseitiges Problem begreift, das unsere bisherigen pädagogischen Bemühungen in Frage stellt und neue Handlungsstrategien von uns erfordert. Wie dieser neue pädagogische Entwurf auszusehen hat, weiß ich nicht; ich kann hierzu nur einige unsystematische, eigener Erfahrung entstammende pauschalen Hinweise zur Diskussion stellen.

a) Im pädagogischen Prozeß können wir grundsätzlich nicht darauf verzichten, Schüler/Studenten damit zu konfrontieren, daß kritisches Bewußtsein und Handeln ohne Selbstdisziplin und Anstrengung unerreichbar bleiben. Die Aufarbeitung der bestehenden Verhältnisse und die Emanzipation hiervon gelingt nicht über regressive Scheinlösungen oder ungerichtete Provokation; Subkulturbildung oder Überanpassung wären bzw. sind die Konsequenzen. Offensichtlich ist allerdings, daß wir die Jugend von der Notwendigkeit dieser Anstrengungsbereitschaft neu überzeugen müssen, wenn wir unsere Erfahrungen des Widerstandes tradieren und nicht dem Vergessen preisgeben wollen.

b) Narziß sträubt sich gegen die Rezeption vermeintlicher Sachlichkeit (Objektivität) der wissenschaftlichen oder schulischen Themen. Verlangt ist deshalb von uns zuallererst die Klärung und Vermittlung unserer eigenen Subjektivität, unserer Interessen und Intentionen. D. h. die Schüler/Studenten müssen hinter den Sachen die eigene Betroffenheit, ein Ich, erkennen können, den Bezug zum Leben ('ich' statt 'man', Mitteilung auch dessen, „was wir nicht können"); die subjektive Dimension muß also in der pädagogischen Praxis explizit Gegenstand werden, ohne allerdings dem Extrem gruppendynamischer Eigentlichkeit anheimfallen zu dürfen.

c) Die Verweigerung gegenüber dem 'reinen' Erkennen, dem schulischen Lernen, die Modernität von 'Alternativen' kann von einer Pädagogik aufgefangen werden, die Leben und Erkennen stärker verbindet. Die Bedürfnisse nach Betätigung, Bewegung etc. können die Konsumbedürfnisse nur dann transzendieren, wenn wir den Sozialisanden den Begriff davon vermitteln, daß 'Praxis' der kapitalistischen Funktionalisierung des Individuums auf wenige Verrichtungen entgegengerichtet ist und keine kathartische Abfuhr blinder 'Action'-Impulse darstellt.

d) Unser Tun, sei es mehr wissenschaftlich oder mehr pädagogisch, muß eine neue ästhetische Dimension gewinnen. Eine künstlerische Qualität der alltäglichen Arbeit könnte in verschiedener Hinsicht erforderlich sein: Sie könnte für den Sozialisanden (und für uns) die Unüberschaubarkeit und das Gefühl der Ohnmacht angesichts einer total verobjektivierten Welt, Wissenschaft, Pädagogik zurücknehmen, die Welt wieder kognitiv und emotional erfahrbar machen. Kunst ermöglicht weiterhin im Individuellen, Besonderen, in der Betonung des Hier und Jetzt gleichzeitig die Bewahrung der Geschichte, bewahrt von einer geschichts- und phantasielosen Barbarei. Eine ästhetische Qualität vermag beim Sozialisanden rezeptive wie aktionale (kreative) Bedürfnisse zu befriedigen; sie erschöpft sich nicht im narzißtischen Konsum. Die Ästhetisierung konkreter pädagogischer Arbeit könnte vielleicht uns selbst eine befriedigendere Alternative zu 'Wissenschaftsbluff' oder zu 'Flickschusterei' bieten.

e) Der reduzierte Erfahrungshorizont des Narzißten auf den Mythos des Alltags oder der Subkultur muß als pädagogisches Problem stärker berücksichtigt werden. Archaische Bedürfnis- und kognitive Strukturen dürfen nicht, wie bisher, übersprungen werden. Die Wiedergewinnung der Symbolfunktion der Sprache als Potentes Instrument von Geschichte und Wahrheit muß sich erst darin bewähren, die gesellschaftliche Konditioniertheit und Primitivität des Mythos verständlich zu machen. Erst dann wird Sprache für Narziß wieder benutzbar und unterscheidbar (z.B. hinsichtlich Faschismus, Gewalt, Werbung auf der eigenen Seite, Sozialismus, Widerstand, Kommunikation auf der anderen Seite).

There's something we must do!

---

1   vgl. päd extra 1/77, S. 19 ff.
2   vgl. hierzu H. J. Döpp, Narziß: Oder ein neuer Sozialisationstypus? „Die Psyche des Autoritären war noch 'potentiell revolutionär' . . . Im neuen Sozialisationstyp . . . 'lehnt sich nichts mehr auf' ".
3   vgl. Döpp, a.a.O.
4   Eine differenzierte, jedoch gleichermaßen vorläufige Bewertung typischer studentischer Karrieren versucht J. A. Schülein (Subjektive Krisen im sozialwissenschaftlichen Studium; Neue Praxis, 4/77, S. 314 ff.); er unterscheidet Psycho-Flipper, Sponti-Karriere, Ableiter und Theoriefreak.

5 Eine sensible, nachvollziehbare Auseinandersetzung mit solchen mythologischen Tendenzen findet sich in einer Filmrezension von S. Knittel („Uzala, der Kirgise"), „Autonomie", 6, 1977, S. 15 ff.

6 So etwa in der jüngsten, gegenüber Argumenten und Fakten indifferenten, mythologisierten Modernität von Hitler und Faschismus (vgl. A. Meyer, Ein Hit namens Hitler, päd.extra, 3/1978, S. 56 ff).

7 Döpp, a.a.O.

8 H. Stubenrauch, Eine philologische Miniatur über die Sprache der Sponti-Linken, päd. extra 3/1978, S. 45.

9 vgl. P. Brückner, Die Mescalero-Affäre. Ein Lehrstück für Aufklärung und politische Kultur. Internationalismus, Hannover, 1977.

10 vgl. H. Stubenrauch, a.a.O. S. 44 ff. Die Analyse Stubenrauchs ist wegweisend, weil sie sich den Abgründen der Sponti-Sprache ohne Arroganz aussetzt, aber gleichzeitig diese Sprache durch den geschichtlich bewußten und geprüften Begriffshintergrund transzendiert. Insofern handelt es sich hier vielleicht um ein Paradigma für die Wiederherstellung der Kommunikation mit der Jugend, für die notwendige 'neue' Pädagogik.

Gerd Wartenberg
Als Stigma brauchbar
Vom „neuen Sozialisationstyp" zu neuen Bewältigungsstrategien
desorganisierender Sozialisation

Die radikale Studentenbewegung des Endes der 60er Jahre und die Lebensstil-Gegenkulturen der Jugend waren Ausdruck der Tatsache, daß sich in kleinen Gruppierungen Jugendlicher – und nicht nur bei diesen – ein Bewußtsein einer kulturellen Identität und eines Lebensstils entwickelte, der von dem der bürgerlichen Mittelschichten abwich. Die theoretischen Ideen, die in diesem Kontext entwickelt und rezipiert wurden, waren teilweise noch widersprüchlich und diffus, aber es war eindeutig, daß hier eine Generation nach einer Sprache suchte, die nicht mehr so leben konnte (und wollte) wie ihre Eltern. Ein „neuer Sozialisationstyp" suchte nach Bewältigungsstrategien, um aus seiner sozial erzeugten Desorganisation ein neues Selbst- und Weltbild zu zimmern. Studenten, Jugendliche und junge Erwachsene suchten nach Theorien, die dabei hilfreich sein konnten.

Die politischen Theorien, die rezipiert wurden, stellten zum großen Teil eine Wiederbelebung der marxistischen Diskussion der präfaschistischen Zeit dar; die Theorien der Gegenkultur, die aus den USA kamen[1], verbanden oft in euphorischer Weise Elemente der Jugendkultur und des Jugendkults mit der Idee der Neudefinition eigener Identität und des gesellschaftlichen Welt- und Naturbildes. Diese praktisch-orientierte Literatur blieb nicht ohne Einfluß auf die wissenschaftlichen Jugendtheorien: Wie sie die Common-Sense-Reflexionen der Jugendlichen beeinflußte, die solche praxisnahen Überlegungen gerne zitierten oder sich auf sie beriefen, ohne sie im einzelnen studiert zu haben[2], so wirkten sie auch auf die Prämissen, von denen die Jugendtheoretiker ausgingen bzw. mit denen sie sich auseinandersetzen mußten. Einer der einflußreichen politischen Denker dieser Art war z.B. Herbert Marcuse, der – in Berufung auf den frühen Marx und die psychoanalytische Linke – die Funktion der Jugend so beschrieb, daß sie gemeinsam mit anderen Randgruppen als Katalysator für die revolutionären Energien einer apathisch gewordenen Arbeiterklasse dienen könne. Gleichzeitig übersah Marcuse jedoch nicht – insofern weniger euphorisch als einige andere Theoretiker – daß viele Elemente der Jugendkultur, die die Teenager freier von Zwang oder „emanzipiert" erscheinen ließen, nichts als Formen „repressiver Entsublimierung" waren: der Abbau traditioneller Normen konnte durchaus den Zwecken des „eindimensionalen Menschen" dienstbar gemacht werden: der Schritt, der darüber hinaus führte, war die Entwicklung eines alternativen Selbst- und politischen Bewußtseins.

So massenhaft (und oberflächlich) solche sehr komplex argumentierenden Denker rezipiert wurden, so schnell wurden sie nach 1970 auch wieder vergessen. Für die politische „Aktion" und ein „intuitives feeling" für gesellschaftliche Veränderung reichten einfachere, holzschnittartige Theorien aus. (Vgl. z.B. die erneuerte Stalin- und Mao-Rezeption, Anfang der 70er Jahre.) Für die Situation der USA zumindest läßt sich sagen, daß für Jugendliche allgemein Theorien immer weniger wichtig wurden; der Einfluß der audiovisuellen Medien, insbesondere der Schallplattenindustrie, jedoch nahm für die 17- bis 20jährigen zu.[4] Gleichzeitig begann sich die öffentliche Diskussion der Auseinandersetzung über die Werte und Bedeutungen der Alternativ-Kultur auszubreiten und zunehmend an Bedeutung zu gewinnen.

Die Studenten-Generation der 60er Jahre – nach 1970 im Beruf – sah, daß ihre Begeisterung und ihr Interesse für eine Literatur, die den Jugendlichen eine mögliche revolutionäre Rolle zuschrieb, von den Heranwachsenden nicht geteilt wurde. Die Differenz von faktischem (empirischem, naturhaftem, subjektivem) Bewußtsein von Jugendlichen und ihrer möglichen idealen gesellschaftlichen Funktion im Prozeß sozialer Umgestaltung trat schmerzhaft ins Bewußtsein: der „neue Sozialisationstyp" wurde jetzt in seinen negativen Eigenschaften reflektiert. Auch die sogenannte emanzipatorische Jugendarbeit verlor an Interesse; es wurde deutlich, wie wenig konkret die Theorien der Jugendarbeit vor 1970 waren und wie wenig sie den Anspruch unterstützen konnten, Jugendlichen zu helfen, sich von ihrer eigenen Desorganisation wenigstens in ihrem Bewußtsein zu befreien.[4] Im Gegenteil: je 'reiner' (und normativer) die Theorien und Idealbildungen, desto terroristischer wirkten sie sich für die schon rudimentär oder probeweise entwickelte Identität der Jugendlichen aus. Auf die Jugendarbeiter aber wirkten sie eher entmutigend: Die „Revolutionäre" der 60er Jahre, die selbst oft nur begeistert einer von Älteren produzierten Literatur gefolgt waren, die der Jugend eine wichtige soziale Rolle zuschrieb, trafen – soweit sie Jugendarbeiter wurden – auf eine junge Generation, die zwar nicht so verschieden von ihnen selbst war, aber extrem verschieden von ihren Vorstellungen über den idealen Jugendlichen.[4a]

Die rebellische Identifikation mit theoretisch entworfenen Idealen oder der Rückzug in eine als ideal phantasierte Gegengesellschaft hatten die Illusion erzeugt, die vielfältigen Schwierigkeiten bei der Entwicklung alternativer Lebensformen und Institutionen umgehen zu können.

Jetzt rächte sich diese Illusion. Die Jugendarbeiter reagierten häufig mit Resignation: dieselben Charakterzüge, die zeitweilig als Grundlage einer neuen Sensibilität und Offenheit gefeiert wurden, die kollektivere Formen des Zusammenlebens ermöglichen sollte, da sie keine Rückkehr zu traditionellen Familien-Zwangszusammenhängen gestatteten, erschienen nun in negativem Licht. Konservative Theoretiker hatten sie so seit eh und je interpretiert: als narzißtische Charakterdeformation.

Döpps Beitrag über den „Phänotyp Narziß" zeigt die Auswirkungen der zuletzt beschriebenen Vorgänge: das in ihm entworfene Bild der jungen Generation muß erschreckend auf jeden unbefangenen Leser wirken. Der „neue Sozialisationstyp" (der allerdings so neu gar nicht ist), soll die „unterschiedlichen Phänomene, die wir in den letzten Jahren bei Vorschulkindern, Schülern und Jugendlichen beobachten" erklären und die „vertrauten" Sozialisationskategorien neu überdenken helfen. Ein sehr nützliches Unterfangen, würden dann nicht vor allem „Motivationsverlust und Ichzerstörung", Organisationsfetischismus und Organisationsfeindschaft", „Sehnsucht nach totaler, fast kosmischer, Verschmelzung und ebenso totale und brutale Abgrenzung"(H. Stubenrauch) hervorgehoben.

Produktive Bewältigungsformen

Psychische Eigenschaften ließen sich allerdings auch daraufhin darstellen, was sie an politischen und persönlichen Formen der W e l t b e w ä l t i g u n g ermöglichen. Was z.B. als „permanentes In-sich-Hineinstopfen und Herausblubbern",

Gefühllosigkeit und eine „Seele aus Holz" erscheint, kann auch als Mischungsverhältnis von brennender Intensität und Aktivität und Frustration und Verhärtung gesehen werden, das z.b. Ende der 60er Jahre von Eldridge Cleaver mit dem Begriff „Soul on Ice" charakterisiert wurde, um die psychische Situation der Afro-Amerikaner in den USA zu deuten, mit denen sich viele der weißen Jugendlichen identifizieren. Oder was als „an der Außenwelt kaum interessiert und dauernd mit sich selbst beschäftigt" gedeutet wird, kann positiv gesehen zu der „Großen Verweigerung" führen, von der Marcuse spricht. Was schließlich als ein „zerfließendes, diffuses, grenzenloses Ich" gesehen wird, wurde von den Hippies als „Love" beschrieben und in ein Engagement für den Menschen entwickelt. Es kommt offenbar auf das Interesse an: ob man mehr an den Pathologie-Mustern interessiert ist oder ob man sich vor allem für die produktiven Bewältigungsformen interessiert, die Jugendliche und junge Erwachsene bei ihren Schwierigkeiten gefunden haben, Lebensformen zu entwickeln und auch in Ansätzen wenigstens zu institutionalisieren, die ihren Bedürfnissen entsprechen.

Keine neuen Phänomene

Analysen wie die von Döpp haben also ihren Sinn, geht es z.b. darum, Lehrern und Jugendarbeitern die Desorganisation der Psyche, die unser gesellschaftliches Leben bei Jugendlichen anrichtet, emotional und begrifflich nahezubringen. Die verschiedenen Narzißmus-Theorien schärfen den diagnostischen Blick für die Zerrissenheit und den apathischen Rückzug von Jugendlichen ebenso wie für die Paradoxien ihres politischen Handelns. Die Beschäftigung mit Persönlichkeitstheorien dieser Art kann einen produktiven Zugang zur Gesellschaftskritik eröffnen, wenn der Leser die diagnostische Begrifflichkeit n i c h t s t i g m a t i s i e r e n d verwendet. „Neu" sind solche Theorien allerdings nicht, ebensowenig wie die Phänomene, die sie beschreiben, neu sind. Neu ist nur, daß die brillante Fassung, die Kohut 1971 diesen Theorien gab[5], die 1973 ins Deutsche übersetzt wurden, 1975 durch Thomas Ziehe mit marxistischen Gedankengängen verbunden wurden. Seit dem 2. Weltkrieg ist „der neue Sozialisationstyp" Gegenstand der Sozialisationsforschung; seit Adornos „manipulativem" und Riesmans „außengeleiteten" Charakter ist er Gegenstand weitgehender Spekulationen.[6] Keniston hatte 1965 noch das „Entfremdungssyndrom" einer disengagierten Jugend beschrieben[7]. Aber alle diese Theorien ließen die Jugendbewegung der 60er Jahre trotzdem zur Überraschung der Jugendtheoretiker werden: Grund dafür scheint mir zu sein, daß der die Jugend „diagnostizieren" wollende Charakter der genannten Theorien, verhinderte, daß wichtige Phänomene ins Blickfeld traten, die auch für Erwachsene längst typisch sind.

Der Wandel des Erziehungsstils, der den „neuen Sozialisationstyp" verursacht, wurde immer wieder erforscht und beschrieben, weniger jedoch, wie sich die Veränderungen im Bedeutungshorizont und Weltbild auch bei Erwachsenen in Form von Identitätskrisen auswirken, die die Notwendigkeit einer alternativen gesellschaftlichen Entwicklung aufs eindringlichste deutlich machen.

„Narzißtisch" sind ja nicht nur die Jugendlichen, sondern oft auch die Jugendarbeiter und Lehrer, soweit sie zur jüngeren Generation gehören. D.h. es wäre möglich, eine Solidarität in einer gemeinsamen Problematik zusammen mit den Jugendlichen zu entwickeln, gelänge es, ein Bewußtsein für die eigene Selbstwertgefühl-Problematik zu entwickeln. Ohne ein solches Selbstverständnis hilft die Narzißmus-Theorie nur den Erziehern, ihre Frustrationserfahrungen mit Jugendlichen zu erklären, nicht aber, sie produktiv zu verarbeiten. Es entsteht sogar die Gefahr, sich von den eigenen politischen Idealen als unrealistisch abzuwenden und sie als „Jugendprobleme" oder als „typisch für das Ende der 60er Jahre und die damalige Jugendrevolte" zu entwerten: Der Jugendliche wird zum „Sündenbock" der ungelösten gesellschaftlichen Entfremdungsproblematik. Wie schon Keniston sah, läßt sich bei ihm das „Entfremdungssyndrom" „beobachten".

Anerkennung des eigenen Daseins

Geht es aber nicht nur um eine analytische Persönlichkeitstheorie, sondern auch darum, den Kontakt mit Jugendlichen hilfreich zu gestalten, so ist die Form, in der Stubenrauch und Döpp den „narzißtischen Phänotyp" der linken Öffentlichkeit präsentieren, wenig hilfreich. Denn da vor allem die negativen Strukturen dieses Typs hervorgehoben werden, schärft die Theorie den Blick für „Narzißmus" im Vulgärverständnis von egozentrischer Arroganz und Überheblichkeit, nicht — wie es auch möglich wäre — für das jugendliche Bedürfnis nach A n e r-k e n n u n g d e s e i g e n e n D a s e i n s und für die Wahrnehmung der Sensibilität und Verwundbarkeit von Jugendlichen, wenn sie auch hinter einer „coolen" Fassade verborgen wird. Die Einseitigkeit der Darstellung drückt sich aus:
— in der Tatsache, daß schon bei den ausgewählten Texten die positiveren Darstellungen nicht mit aufgenommen wurden, so wird z.b. Ziehes „definitiv positive Bewertung" dieses Typs nur am Rand erwähnt und gleich hinzugefügt, daß ihr nicht ohne weiteres zu folgen sei. Auch der von Döpp lobend erwähnte LAW-Bericht wird in der positiven Darstellung der Tradition der Anti-Pädagogik nicht mit abgedruckt;
— in der Tatsache, daß zwar — etwa durch den Hinweis auf die „nacherziehende" Funktion von Spontangruppen — einiges darüber gesagt wird, wie die „Angst des ohnmächtigen Ichs" abgebaut werden kann, daß aber das kreative Potential des neuen Sozialisationstyps nicht dargestellt wird. Seine Fähigkeiten z.b. im Bereich ästhetischer (insbs. vorverbaler) Kommunikation, seine flexible Überlebensfähigkeit, sich ständiger Berieselung mit erlogenen und verfälschten Informationen entziehen zu können und unter schlechtesten Bedingungen sporadisch hohe Intensitätserlebnisse zu haben, werden nicht dargestellt. Solche Eigenschaften entwickeln zu helfen, sollte aber die Aufgabe des Pädagogen sein; die Behandlung von Pathologien sollte er lieber den Therapeuten überlassen.
Die „wild" analysierende Tendenz (ohne Berücksichtigung der Problematik der pädagogischen Kontaktnahme) zeigt sich schon in der Einleitung „vom autoritären Scheißer zum oralen Flipper". Ich glaube, es ist kein Zufall, daß mit dem ersten Begriff in den 60er Jahren die „Autoritären" gemeint waren, der Begriff „oraler Flipper" aber heute eher abwertend für subkulturelle Jugendliche oder politisch engagierte Studenten gebraucht wird. In der Formel drückt sich ein gewisser Trend von der Verhöhnung traditioneller Autorität (im obszönen Stil der anti-autoritären Bewegung) zu einer selbstdestruktiven Kritik an linker Politik und Alternativ-Kultur aus, die sich im Jargon der linken „Scene" in vielfältiger Form findet.[8]
Die Problematik des psychoanalytischen Vokabulars liegt darin, daß es — soll es den alltäglichen pädagogischen Kontakt unterstützen anstatt ihn „festzuschreiben" — noch einer „Übersetzung" auf die Ebene handlungsbezogener Theorie

bedarf. Auf der letzteren Ebene jedoch wird das politische Engagement relevant: ob es nämlich um die Erhaltung des bürgerlichen Persönlichkeitsideals geht oder ob das Wirken psychischer Muster im Hinblick auf die Entwicklung einer alternativen Selbst- und Weltdefinition ausgelegt werden soll. Geht es nur um die Verwirklichung alternativer Werte, dann erscheint auch der „Narzißmus" in neuem Licht. Solche Überlegungen sind also durchaus auch mit Hilfe psychoanalytischer Terminologie möglich[9], es scheint mir aber sinnvoller zu sein, mit dieser Theoriesprache möglichst zu brechen, da sie zu vorbelastet ist. Der Lehrer und Jugendarbeiter, der mit Jugendlichen neuen „Typs" zusammenarbeitet bzw. dessen eigene psychische Strukturen ihn an die Narzißmus-Theorie erinnern, muß sowieso — ob mit, ob ohne Psychoanalyse — lernen, die Bewältigungsstrategien von Wirklichkeit, die für alltägliche Situationen am geeignetsten sind, besser zu verstehen. Er muß Rebellion und Rückzug akzeptieren und zugleich kritisch betrachten können, damit der in diesen Strategien enthaltene produktive Anteil, in dem sich trotz oppositioneller oder entwertender Beziehungsdefinition bereits eine eigenständige, alternative Selbstdefinition ankündigt, stärker hervortritt.

Geschichte des Hippie-Charakters

Auch wenn man einen neuen Theorietypus vertritt[9a], heißt dies jedoch nicht, daß wir uns der „Übersetzungsarbeit" für pädagogische Praxis entziehen dürften, die die traditionellen psychologischen und soziologischen Theorien aufwerfen. Was dies heißt, möchte ich an einigen Beispielen zeigen. Eine Form, sich der produktiven Qualitäten des „neuen Sozialisationstyps" zu vergewissern, ist z.B. die h i s t o r i s c h e Tradition wiederzuentdecken, in der er gesehen werden kann. N. Adler hat die Geschichte des „Hippie-Charaktertyps", den er „antinomische Persönlichkeit" nennt, in diesem Sinne historisch zurückverfolgt[10]. Der Begriff „antinomisch" — in Anlehnung an den Namen einer häretischen christlichen Sekte — soll festhalten, daß Jugendliche heute nicht nur „anomisch" (ohne konsistente Identität) sind, sondern daß es die Möglichkeit gibt, eine solche desorganisierte Identität zu akzeptieren und sich gegen äußerliche rigide Normierungsversuche zur Wehr zu setzen, die zu ich-fremden Wertbildern führen. Adler verfolgte die antinomische Tradition bis auf die Gnostik des späten Roms, die Häretiker des Mittelalters und der Reformation, die Romantik usw. zurück. Auch bei ihm klingen jedoch — sobald er die psychoanalytische Sprache benutzt — die Beschreibungen des Hippie-Charakters wieder abwertend und diskriminierend. Immerhin: in seiner Konzeption wird akzeptiert, daß antinomische Identitätsbildung eine Antwort auf ein gesellschaftliches Wertchaos ist und eine Form, sich damit auseinanderzusetzen. Allerdings ist die Entfremdung in der m o d e r n e n Gesellschaft wohl nicht mehr nur vorübergehender Effekt, der sich im zeitweiligen Auftauchen dieses Underground-Typus ausdrückt. Die Form der Industrialisierung unserer Gesellschaft macht Entfremdung vielmehr zum Normalfall. D.h. aber, die als subkulturell erscheinende Problematik von Jugendlichen muß als Problem unserer Gesamtkultur bzw. als „unser" Problem verstanden werden. Für den Jugendlichen heißt das, daß er nicht nur die bürgerlichen Rollenmuster erlernen, sondern zugleich auch lernen wird, welche Schwierigkeiten sie aufwerfen und welche alternativen Überlegungen es gibt, neue Rollendefinitionen (vgl. „Mann"-,„Frau", „Eltern"-,„Kind", „Arbeiter"-,„Manager" und feministische, Lebensstil- und sozialistische Gruppen) zu finden.[11] Das Offenhalten dieser Problematik und die dadurch bedingten Schwierigkeiten beim Erwerb einer Ich-Identität sind ein Merkmal geistiger Gesundheit, werden sie b e w u ß t.

Aufgabe des Jugendarbeiters ist es also auch, dafür zu sorgen, daß sich der Jugendliche dieser seiner Schwierigkeiten als ü b e r i n d i v i d u e l l e s Problem gewahr wird, und zu verhindern, daß er zum Sündenbock unseres gesellschaftlichen Elends wird, als gäbe es daneben die glücklicheren und integrierteren Erwachsenen und die „klassischen" Jugendlichen, die sich besser von den desorganisierten, gesichtslosen „Narzißten" fernhalten sollen.

Verschiedene soziale Erscheinungsformen

Außer dem Studium der Geschichte dieses neuen Charaktertyps scheint es mir insbesondere wichtig, die Literatur über seine verschiedenartigen sozialen Erscheinungsformen neu zu studieren. Ein paar Worte zur Phänomenologie dieses Typs: Wenn z.B. die LAW-Lehrlinge sagen: „Das blödsinnige Gelabere von unseren Interessen kann man schon gar nicht mehr hören . . .", dann ist dies sehr verschieden von den Aussagen in der „selbstgefertigten Broschüre zur studentischen Berufsperspektive": „Muß diese Wissenschaft überhaupt sein, die Trennung zwischen Theorie und Praxis, zwischen Denken und Empfinden? Wer mir jetzt mit Bloch, Marx oder Freud kommt, dem schlage ich den Schädel ein." Mit der ersten Feststellung grenzen sich die Lehrlinge frustriert von den studentischen Theorien ab, die ihnen als Leerformel erscheinen und ziehen sich auf den scheinbaren Common-Sense einer konsumorientierten rudimentären Identität zurück. Im zweiten Falle distanzieren sich die Studenten von ihrer eigenen Pseudo-Gelehrtheit (und der ihrer akademischen Lehrer), „probieren" aber gleichzeitig eine theoretisch konstruierte „alternative" Identität. Der Rückzug vom Nachdenken und das wild experimentierende Nachdenken führen jedoch zu einer verschiedenartigen Verteidigung „anomischen" Verhaltens.

D. Matza z.B. hat schon 1961 drei verschiedene Formen der Underground-Tradition der Jugend unterschieden: Delinquenz, Radikalismus und Boheme-Stil.[12] Für eine soziologistische Theorie gehören sie „alle in einen Topf", obwohl das Bemühen um ein Selbstbild in solchen Gruppen und der damit verbundene Reflexionsgrad sehr verschieden entwickelt sind. Alle zeigen nämlich dasselbe Muster des Normalfalls („des neuen Sozialisationstyps"!) einer sich immer weiter ausbreitenden „Sozialisation in die Anomie". Rosenberg und Silverstein haben Matza in diesem letzten Sinne verallgemeinert[13]: „Aller Wahrscheinlichkeit nach sind die meisten Leute also, während sie in dem Sinn untersozialisiert sind, daß sie kein gut entwickeltes Über-Ich haben, übersozialisiert, insofern als ihr Selbstbild von ihrem sozialen Image nicht unterschieden ist . . . Wenn sie sich aber genauso sehen, wie andere sie sehen, dann gibt es kein Selbst außer dem 'Spiegel-Selbst' (the looking glass self)."

Das Problem der Entfremdung

Übersozialisation in der Selbstbildung, Untersozialisation in der Wertbildung, mangelnde Selbstwerdung und fehlende Wertorientierung aber haben aus der Perspektive des Bedeutungszusammenhangs alternativer gesellschaftlicher Bezie-

66

hungen und Werte auch einen Vorteil: die Suche nach einem Lebensstil und nach Engagement wird unumgänglich; ob sie aber in „deviante" oder „politische" Richtung führt, wird a u s   d i e s e r   P e r s p e k t i v e zu einer sehr verschiedenartigen Weichenstellung.

Auch bei Rosenberg u.a. ist jedoch die Anlehnung an das psychoanalytische Vokabular noch deutlich zu spüren: bei solcher Lektüre bildet sich der Lehrer und Jugendarbeiter jedoch nur allzu leicht ein Bild einer allgemeinen „Pathologie" von Jugendlichen und muß sich selbst dann – um sich als Helfer verstehen zu können – als „nicht pathologisch" definieren. Dies aber ist oftmals nicht nur ein gefährlicher Selbstbetrug, sondern für die Jugendlichen, insofern als er sie als „Fall" behandelt, von Nachteil. Will man einer solchen impliziten Bewertung der Adoleszenz nicht folgen, so müßte meiner Meinung nach schon durch die Begriffsdefinition von Jugend klar sein, daß es sich um eine Entwicklungsphase handelt, bei der der Heranwachsende z u̱ m   e r s t e n m a l mit einer Problematik konfrontiert wird (und Formen der Auseinandersetzung damit entwickelt), die ihn sein ganzes Leben weiterverfolgen wird und die auch für den Jugendarbeiter und Lehrer ungelöst ist, selbst wenn er sie zu reflektieren vermag: das Problem der Entfremdung (unter Bedingungen der kapitalistischen Organisation der Produktion). Aus dem Problem der Entfremdung aber resultiert notwendig die Unverständlichkeit und Widersprüchlichkeit vieler unserer sozialen Lebensformen, es erlaubt uns nicht, individuell ein klares Selbst- und Gesellschaftsbild zu entwerfen, das uns dann gestatten würde, einen konsistenten Lebensstil zu entwickeln.

Damit kommen wir aber zu einem weiteren, vielleicht dem wichtigsten Punkt, daß nämlich derjenige, der mit Jugendlichen praktisch arbeitet, daran interessiert sein muß, zu sehen, welche Lösungsformen die Jugendlichen selbst bereits entwickelt haben, sei es bei der erstmaligen Formulierung eines Selbst- und Gesellschaftsbildes, sei es bei ihren Ansätzen zur Gestaltung eines Lebensstils. D.h. er müßte an die Jugendforschung, soweit sich diese in den Dienst seines praktischen Interesses stellt, vor allem zwei Forderungen stellen:

– Wir brauchen konkrete Beschreibungen davon wie J u g e n d l i c h e heute mit ihren Schwierigkeiten produktiv umgehen, wie sie sich selbst definieren, ihre Erfahrungen mit anderen in Liebes- und Arbeitsbedingungen beschreiben und versuchen, ihrem Dasein einen Sinn abzugewinnen und ihr Handeln entsprechend zu gestalten. Erforscht werden müßte, wie es Jugendlichen gelingt, r e l a t i v e Definitionen ihrer Identität zu finden, die auf einen P r o z e ß politischer Veränderung und der Veränderung ihrer Lebensformen bezogen sind. Das Studium sogenannter radikaler, subkultureller oder gegenkultureller Gruppen scheint mir dabei von besonderem Wert, insofern als es Extremformen des Erlebens thematisiert, die die Strukturen deutlich werden lassen.

– Wir brauchen Beschreibungen davon, wie J u g e n d a r b e i t e r „methodisch mit Jugendlichen umgehen[14], klärend und vereinfachend auf das Selbstverständnis und die Lebensform von Jugendlichen Bezug nehmen können. Der Jugendarbeiter muß offenbar insbesondere Eigenschaften wie z.B. Langmut (Frustrationstoleranz) entwickeln, anstatt auf die Apathie von Jugendlichen mit Verzweiflung und eigenem Rückzug zu reagieren oder ihre allzu idealen Vorstellungen als „Landluft-Romantizismus" z.B. zu entwerfen.

1   Als Beispiele möchten wir nennen: Charles Reich, The Greening of America. How the Youth Revolution is trying to make America livable, Random House 1970; Die Welt

wird wieder jung. Der gewaltlose Aufstand der jungen Generation, München/Zürich 1971; Theodore Roszak, The making of a counterculture, Anchor Book 1969; Gegenkultur. Gedanken über die technokratische Gesellschaft und die Opposition der Jugend, Düsseldorf/Wien 1971.
Eine deutsche Version solcher Theoriebildung: Rolf Schwendter, Theorie der Subkultur, Köln/Berlin 1971. Zur positiven Einschätzung des „sich selbst erlösenden Narziß" vgl. auch Dieter Baacke, Jugend und Subkultur, München 1972.

2   Vgl. Clifford Adelman, Generations, A Collage on Youthcult, New York/Washington/London: Praeger 1972. Adelmann demonstrierte (aufgrund von Umfrageergebnissen), welche Differenz zwischen dem Gedankengut der akademischen Gurus und dem, was die Jugendlichen selbst dachten und wußten, bestand. Marcuse z.B., so oft er auch zitiert wurde, wurde in den USA kaum gelesen (Adelman, S. 17). Trotzdem war er für die die Ideologie der Jugendbewegung tragende Gruppe von großer Bedeutung und insofern auch für die Jugendlichen.

3   Paul Breines, From Guru to Spectre: Marcuse und die implosion of the movement, in: Liberation, Juli 1970, S. 18-27, schildert, wie die Abwendung von utopischen Spekulationen wie denen Marcuses in der linken Bewegung der USA zur Implosion, zum inneren Zerfall, führte, der sich auf der Ebene der Theorie in einer Rückkehr zur dogmatischen Marx-Interpretation ausdrückte.

4   Vgl. dazu die empirischen Daten von Adelman, insbesondere seine aufschlußreiche Beschreibung der zunehmenden Verkleinerung des Bücherregals, das bei den 1971 siebzehn- bis zwanzigjährigen jungen Amerikanern nur noch enthielt: Hesse, Demian; K. Kesey, One Flew Over the Cuckoo's Nest; E. Cleaver, Soul on Ice; Jerry Rubin, Do It! und das I-Ghing. (S. 111) Nach Meinung von Adelmann lassen sich deutlich Sub-Generationen in der Gesamtjugend unterscheiden, insbesondere im Hinblick auf die Mediengewohnheiten, anhand derer deutlich wird, inwieweit und wie „„'jugendkultureller'" Stil vermittelt wurde;
– die Gruppe der 26-32jährigen (geb. 1931-1945), die noch durch reichhaltigen und verschiedenartigen Mediengebrauch und Belesenheit gekennzeichnet ist;
– die Gruppe der 21-25jährigen, deren Belesenheit bereits weniger ausgeprägt ist, und für die die Audio-Medien bereits eine größere Rolle spielen,
– die Gruppe der 17-20jährigen, d.h. die eigentlichen Adoleszenten der 70er Jahre, für die niedriges Engagement und niedrige Differenzierung typisch ist, bei denen politische und soziale Aktivität zurücktritt, dafür aber die Gegenkultur-Sympathien steigen – allerdings bei niedriger Information über deren Konzepte, da das Leben durch Audio-Medien ersetzt wird (ebd. S. 31f). Kenistons These von der „Jugend" als eigenständiger Gruppe von „Sinnsuchern" wird von Adelman historisch relativiert, nach ihm handelt es sich um eine Minderheit, die den Aufruhr der 60er Jahre verursachte. Er hält es für Medienbetrug und die Phantasie akademischer Apologeten, diese Minderheit als „die" Jugend hinzustellen. Der Jugendkult dieser Art habe zudem gefährliche Folgen, insofern er unreife Teenager dazu verführte, sich als „Vertreter der Jugendkultur" zu sehen und damit dann schmählich Schiffbruch zu erleiden (S. 56).

4a Ein Schulbeispiel für die BRD scheint mir die politische Diskussion (insbesondere bei den politischen Bildnern in den Gewerkschaften) über die Methode des „exemplarischen Lernens" von Oskar Negt zu sein.

5   Heinz Kohut, Narzißmus. Eine Theorie der psychoanalytischen Behandlung narzißtischer Persönlichkeitsstörungen, Frankfurt: Suhrkamp 1973;
Thomas Ziehe, Pubertät und Narzißmus. Sind Jugendliche entpolitisiert? Frankfurt/Köln: EVA 1975.

6   D. Riesmann, The Lonely Crowd, A Study of the changing American Character, New Haven: Yale University Press 1950, dt. Die einsame Masse, Darmstadt 1956. Auch Riesman kann seine Parteinahme für den klassischen „innengeleiteten" Charakter nicht ganz verbergen.

7   K. Keniston, The Uncommitted: Alienated Youth in American Society, New York 1965, Ders. Young Radicals, Notes on Committed Youth, New York 1968.

8   Vgl. dazu die Beobachtungen von Dieter Bott u. a. in: Pflasterstrand, zur Sprache der „Sponti-Scene" in Frankfurt.

9   Vgl. z.b. den Aufsatz von Marina Möller-Gambaroff, Emanzipation macht Angst, in: Kursbuch 47, Frauen, S. 1-25, wo der Versuch gemacht wird, die Männerfeindlichkeit in der Frauenbewegung mit Hilfe der Narzißmus-Theorie zu erklären. Trotzdem: auch dieser Aufsatz läßt sich leicht mißverstehen, z.b. in dem Sinne, daß die Mütter an dem Narzißmus der Kinder durch ihre aus der Unsicherheit entstandene Übertüchtigkeit schuld seien.

9a Als Beispiel: D. Lawrence Wieder, Don. H. Zimmermann, Becoming a freak. Pathways into the counter-culture, in: Youth and Society, London: Sage Publ., Vol. 7, Nr. 3, 1976, S. 311-344.

10 Nathan Adler, The Antinomian Personality: The Hippie Character Type, in: Psychiatry Vol. 31, 1968, p. 325-38. Der Aufsatz ist nachgedruckt in der wichtigen Aufsatzsammlung von Harry Silverstein (Ed.). The sociology of youth. Evolution and revolution, New York: Macmillan 1973. Vgl. auch N. Adler, The Underground Stream: Papers on the Antinomien Personality and the New Life Style, New York: Harper & Row 1972.

11 Zum Begriff der Gegenkultur verweisen wir auf den zusammenfassenden Aufsatz von Dietmar K. Pfeiffer, Das Konzept der Subkultur − Begriffe und Ansätze, in: Neue Praxis 3, 1977, S. 228-234.

12 David Matza, Subterranean Traditions of Youth, in: The Annals of the American Academy of Political and Social Science, Vol. 338, Nov. 1961, S. 103-118.

13 Die folgende deutsche Übersetzung (vom Autor) ist die eines Zitats aus: B. Rosenberg und H. Silverstein, The Varieties of Delinquent Experience, Lexington, Mass. 1969; vgl. den auszugsweisen Abdruck in Silverstein, Sociology of Youth, s.o. Anm. 10.

14 Vgl. Ziehe 1975, S. 246 und seine Beschreibung der Methodik als Theorie des möglichen Mißlingens der Kommunikation im sozialpädagogischen Feld in Anlehnung an Gieseckes Methodik des politischen Unterrichts.

Georg Auernheimer
Narziß, Kapitalismus und Konsumverhalten

Der von Thomas Ziehe und Hans Jürgen Döpp ins Gespräch gebrachte „neue Sozialisationstypus" sollte mit Vorsicht 'zur Kenntnis genommen' werden. Das Fragezeichen dabei darf nicht übersehen werden. Es könnte sein, daß von uns Verhaltensweisen einer neuen Generation als absonderlich, unverständlich, fremd erlebt werden, die wir um der Konsistenz unserer Wahrnehmung und Verhaltensinterpretation willen vorschnell zu einem geschlossenen Bild zusammenfügen. Die Einpassung in einen bestimmten theoretischen Erklärungsrahmen oder ein bestimmtes Paradigma könnte eher noch die Gefahr voreiliger Konstruktion verstärken.

Zweifellos entsprechen den vorgestellten Verhaltensauffälligkeiten viele Alltagserfahrungen von Eltern und professionellen Pädagogen. Aber gerade Evidenzen von der Art, daß man ausrufen möchte: „Genauso ist's!" sollten einem das Mißtrauen gegenüber der eigenen Wahrnehmung nicht nehmen. Die hier angeschnittene Diskussion ist sicher wichtig und verdient es, weiterverfolgt zu werden. Man muß sich aber klar machen, daß hier vorläufige Begriffe und Erklärungsmuster bereitgestellt werden, die den empirischen Suchprozeß und den Prozeß der theoretischen Klärung erst in Gang setzen sollen.

Unter der Voraussetzung, daß Verhaltenseigentümlichkeiten, Selbst- und Weltverständnis, wie sie unter dem arbeitshypothetischen Konstrukt des neuen Sozialtypus zusammengefaßt werden, unter den Heranwachsenden verbreitet sind, daß also die Beschreibung und auch die sozialisationstheoretische Erklärung im Groben zutreffen, soll im folgenden der F r a g e nachgegangen werden: Lassen sich Strukturen der ökonomischen Verfaßtheit der heutigen Gesellschaft ausmachen, die einen solchen Sozialisationstypus oder Sozialcharakter fördern?

Der „außengeleitete" Mensch – ein Narziß?

Züge des Bildes, das mit dem Döpp-Aufsatz vom neuen Sozialisationstyp entworfen wurde, erinnern in auffälliger Weise an D a v i d R i e s m a n, der in Konfrontation mit der amerikanischen Gesellschaft der 50er Jahre die neue Lebensweise und den S o z i a l c h a r a ᵏ t e r d e s „a u ß e n g e l e i t e t e n M e n s c h e n" zu beschreiben und soziologisch zu erklären bemüht war.[1] Manche Züge des Bildes wiederum kontrastieren mit dem von Riesman gezeichneten Bild des außengeleiteten Zeitgenossen.

Mit der angemessenen Vorsicht seien einige in diesem Zusammenhang interessante Züge des von Riesman entdeckten neuen Sozialcharakters rekapituliert: Die „diffuse Angst", das Verschwinden von Schuldgefühlen, die Dominanz der „flüchtigen Geschmacksneigungen", die „Begierde ohne konkreten Gegenstandsbezug", die natürlich nicht erfüllbar ist und permanent bleibt, die Unsicherheit im Urteil und Handeln, die Scheinoriginalität („Oberflächendifferenzierung"), die einem noch Chancen auf dem „Personenmarkt" garantieren soll, die narzißtische Verliebtheit in individuelle Besonderheiten, eine Sprache, die vorrangig dazu dient, quasi als „Vereinsabzeichen" die Zugehörigkeit zu einer Gemeinschaft zu dokumentieren.

Auch aus Riesmans soziologischem E r k l ä r u n g s v e r s u c h lassen sich, wenn man eklektizistisch verfährt, ein paar aufschlußreiche Momente festhalten: Die Monopolisierung der Märkte (von der freien zur „fairen Konkurrenz"), die zunehmende Bedeutung der administrativen Apparate im staatlichen und privatwirtschaftlichen Bereich, die zunehmende Bedeutung des Konsums und der Verpflichtung zum Komsum.

Nun ist in unserer krisengeschüttelten Zeit das Schlagwort von der Konsumgesellschaft nur noch selten zu hören. Wie lassen sich Züge des vermuteten neuen Sozialisationstyps mit Grundstrukturen der Gesellschaft und Veränderungen in der materiellen Basis dieser Gesellschaft in Beziehung setzen?

Die Entmündigung

Ich habe vor kurzem in zwei Aufsätzen[2] zur Erweiterung der Kritik der politischen Ökonomie des Ausbildungssektors – sie implizierte ja die Beschränkung auf die Qualifikationsanforderungen der Produktionssphäre – Hinweise geliefert auf d i e Qualifikationsanforderungen, die daraus resultieren, daß der Mensch in der bürgerlichen Gesellschaft seine individuelle Reproduktion in der „Rolle" als Warenbesitzer selbst zu gewährleisten hat (vgl. päd.extra 8/77). In den Diskussionsbeiträgen habe ich u.a. die These vertreten, daß Mündigkeit im traditionellen Sinne – wie sie bisher zumindest allen nicht in einer proletarischen Kultur verankerten Mitgliedern der bürgerlichen Gesellschaft abverlangt wurde, wenn sie nicht allein schon aufgrund ihrer psychischen Disposition und ihrer mangelnden Fähigkeiten einem Deklassierungsprozeß zum Opfer fallen wollten – im Zuge heutiger Entwicklungen des Kapitalismus fragwürdig zu werden beginnt.

In diesem Zusammenhang habe ich auf die Monopolisierung der Märkte verwiesen, auf die Zunahme vorgeblicher Sachzwänge, bedingt dadurch, daß Verwertungsinteressen einheitlicher und planvoll durchgesetzt werden, auf die Zunahme staatlicher Steuerungsfunktionen und Verwaltungsapparate – Entwicklungen, die allesamt die individuellen Entscheidungsfunktionen und Wahlmöglichkeiten der Subjekte in ihrer Eigenschaft als Warenbesitzer mehr denn je beschränken, so sehr sich diese dem Anschein nach durch die endgültige Auflösung traditioneller Ordnungen und Ordnungsvorstellungen und durch die Zunahme sozialer Mobilität erweitern.[3]

Vielfach sieht sich der einzelne, wenn es um die Nutzung seiner Revenuequelle, auch der Arbeitskraft, um die Planung seiner Biografie oder gar um die Gestaltung seines unmittelbaren Lebensraumes geht, mehr denn je Konstellationen und Entwicklungen gegenüber, auf die er kaum Einfluß hat. Diese reale Entmündigung wird vielleicht weithin noch nicht registriert. Die gesellschaftlichen Verhältnisse täuschen eine Offenheit vor. Den Individuen erscheint ihre Welt überkomplex.

Ich habe im Kontext meiner Überlegungen auch die Tendenz einzuordnen versucht, die individuelle Selbstbestimmung zu erweitern in Richtung partizipatorischer Mitwirkungsrechte und -fähigkeiten, gleichsam als e i n e gesellschaftliche Antwort auf die skizzierte Problematik. Auch habe ich die Möglichkeit angedeutet, durch die bestimmte Negation der Mündigkeit im bürgerlichen Sinne eine neue Qualität von Selbstbestimmung des Subjekts im weiteren Vergesellschaftungsprozeß zu erreichen.

Vom egoistischen Aktivisten zum flüchtenden Egoisten

Meine damaligen Thesen möchte ich nun angesichts der Annahmen über den „neuen Sozialisationstypus" ergänzen: Denkbar ist, daß die vor allem von der Sozialdemokratie auf dem politischen und pädagogischen Sektor aufgenommenen Bestrebungen zu einer Selbstbestimmung, die durch Formen der Mitbestimmung erneuert werden soll, nicht nur durch die Machtverhältnisse, sondern auch durch die quasi spontane Sozialisation der Heranwachsenden gebremst werden.

Dabei verbieten sich meiner Überzeugung nach, was den neu entdeckten und erst noch zu entdeckenden und hier zur Diskussion stehenden Sozialisationstyp betrifft, vorschnelle Verallgemeinerungen auf internationaler Ebene. Bei aller Parallelität der ökonomischen Entwicklung in den kapitalistischen Ländern sind sicher die je besonderen kulturellen und politischen Bedingungen in Rechnung zu stellen; denn beispielsweise bestimmt der Entwicklungsstand der politischen Bewegung, in welches Verhältnis die Menschen zu ihren Lebensbedingungen treten oder wie sie m.a.W. ihre Erfahrungen verarbeiten: Wir haben hier also in erster Linie die bundesrepublikanische Situation vor Augen, ohne eine Übertragbarkeit auszuschließen.

Konzepten politischer Beteiligung würde auf seiten der Subjektivität die Basis entzogen, wenn statt autonomer konfliktfähiger Persönlichkeiten ein Sozialisationstyp in Erscheinung träte, der „über das Erlebnis von narzißtischen Gleichgewichtszuständen" Befriedigung sucht und sich schlichtweg verweigert, um nicht durch die Konfrontation mit der Realität narzißtische Kränkungen zu riskieren.[4]

Die Struktur kapitalistischer Vergesellschaftung, der die Entgegensetzung von Individuum und Gesellschaft eigentümlich ist, schließt solche Entwicklungsmöglichkeiten der Subjektivität zumindest nicht aus. Der gesellschaftliche Zusammenhang ist versachlicht in Ware, Geld und Kapital und tritt den Individuen als sachliche Beziehung gegenüber, ideell, psychisch repräsentiert in der Innerlichkeit des Privatmenschen, im Innenraum der Monade. Neben dem Recht soll die Sozialmoral des autonomen Subjekts, dessen Kontrolle sich dieser quasi Naturzusammenhang der Waren- und Kapitalzirkulation freilich entzieht, nach der subjektiven Seite, nämlich moralisch und politisch, die Aufrechterhaltung der gesellschaftlichen Ordnung und der gesellschaftlichen Reproduktion garantieren.

Wenn nun bei entsprechender historischer Konstellation der gesellschaftliche Zusammenhang innerhalb der psychischen Struktur des Ich seine Verbindlichkeit verlöre, so wären Erscheinungsformen des Sozialcharakters möglich, wie sie im narzißtischen Sozialisationstyp vermutet werden. Der Citoyen (Staatsbürger, politische Bürger – die Red.) wäre sozusagen ganz der Bourgeois-Natur geopfert. In einem neuen Sozialisationstyp, der gekennzeichnet wäre durch – so wörtlich oder sinngemäß die Zuschreibungen in den ersten Diskussionsbeiträgen zu diesem Thema – Abkehr von der Realität, Desinteresse, Willenlosigkeit, Orientierungsangst, geringe Unlusttoleranz, ziellose Aggression und blinde Aktion bei Störung des diffusen, als befriedigend empfundenen seelischen Gleichgewichtszustandes, wäre der Privategoismus des bürgerlichen Individuums verwandelt von einem aktivierenden Egoismus, der zur Eroberung treibt, zum gezielten Inbesitznehmen, in einen eskapistischen Egoismus.

Die Welt erscheint dem Individuum undurchsichtiger

Ich lasse dahingestellt, ob nicht auch diese zweite Form von Dissozialität (gestörter Entwicklung) in der bürgerlichen Gesellschaft immer schon da und dort bei bestimmten sozialen Gruppen vertreten war. Eine weitere Verbreitung könnte ein entsprechender Sozialcharakter in dem Maße finden, in dem der gesellschaftliche Zusammenhang, der in den Formen von Ware und Geld materialisiert ist, den Individuen nicht bloß (wie immer schon) selbstverständlich und selbständig, sondern auch so abstrakt erscheint, daß er nicht mehr ihr zweckgerichtetes Interesse und Engagement als Eigentümer beanspruchen kann, sondern nur noch pauschale Interessiertheit an der Marktteilhabe weckt. Dem Zwang zur privaten Engagiertheit, zur „Sorge"[5], ist das Individuum durch die Produktionsverhältnisse nach wie vor ausgesetzt, aber das Engagement ist gewissermaßen objektlos geworden.

Der gesellschaftliche Reichtum kann aufgrund seiner privaten Aneignung trotz der staatlichen Verteilungsfunktionen nicht zur Befriedigung elementarer Bedürfnisse wie Erhaltung der Umwelt, Teilnahme an der gesellschaftlichen Arbeit genutzt werden. Für Geld kann man fast alles erwerben und doch nicht den Schutz vor existenziellen Bedrohungen sichern. Diffuse Angst kann nicht nur mit Geschäftigkeit, mit permanentem Besorgen beantwortet werden, sondern u.U. auch mit Apathie.

Den Individuen dieser Gesellschaft (uns) erscheint, möchte ich meinen, die Welt komplexer, d.h. undurchsichtiger, zusammenhangloser und — bei aller Berechenbarkeit von Teilvorgängen im Alltagsleben — im ganzen unberechenbarer denn je zuvor. Sicher müssen Undurchschaubarkeit und Unplanbarkeit seit der Durchsetzung kapitalistischer Warenproduktion immer schon zur Erlebniswelt der Menschen gehört haben. Das Vertrauen in die ordnende Kraft der „invisible hand" des Marktes war immer gebrochen.

Heutzutage dürfte die Verunsicherung allerdings neue Dimensionen angenommen haben. Die naheliegende Reaktionsweise auf eine überkomplexe „Umwelt" hat Niklas Luhmann in eine beachtenswerte Sentenz mit wissenschaftlichem Anspruch übersetzt: „Unter sehr komplexen Bedingungen kann, wer genau weiß, was er will, auf die Dauer nicht rational handeln"[6]. „Rational" kann hier nicht im traditionellen Sinne von zweckrational verstanden werden, sondern muß übersetzt werden im Sinne von: den Bestand und damit die Entwicklungsfähigkeit des Systems erhaltend, und zwar entweder psychischer oder sozialer Systeme.

Für unseren Zusammenhang ist das auf psychische Systeme anzuwenden. Gemäß dieser Vorstellung ist es denkbar, daß die Leute sich in einem ‚Selbsterhaltungsdrang', der allerdings sich selbst hinterrücks ad absurdum führt, des Willens und der Vorstellung entschlagen. Bei den Jugendlichen müßten hierbei auch die wachsenden Schwierigkeiten genannt werden, ihre gesellschaftlich definierte biografische Aufgabe, den Entwurf einer eigenen Lebensgeschichte, angesichts drohender Arbeitslosigkeit einzulösen.

Das Individuum findet sich inmitten einer Welt von Waren vor, die es allseits zum Verbrauch aufrufen. Die Gebrauchswerteigenschaften der unermeßlichen Warenwelt, durch Produktdifferenzierung (unterschiedliche Verpackung etc.) und Werbung verstellt, entziehen sich weitgehend rationaler, d.h. zweckgerichteter Wahl. Ist dem Individuum in seinem „ökonomischen Charakter" als Käufer und Verbraucher „rationales" Verhalten nur schwer möglich, so sieht es sich als Verkäufer seiner Arbeitskraft auf dem Arbeitsmarkt einer Situation gegenüber, in der man in der Regel aufgrund der Vielfalt, Variation und Diffusität der Einstellungskriterien nur mit viel Flexibilität, mit Camouflage (Täuschung eigener Absichten) und Schein-Originalität konkurrieren kann.

Vom träumenden Konsumenten zum Dauerfestival der Befriedigung

Der Triebaufschub, früher bei den Arbeitern durch die materielle Not erzwungen, innerhalb der Kapitalistenklasse und bei den Mittelschichten späteren „höheren" Gewinns wegen anerzogen und verinnerlicht, mag heute, wo man die meisten der — gesellschaftlich vermittelten — Bedürfnisse unmittelbar befriedigen kann, unsinnig erscheinen. Selbst ehemalige Kleinbürger- und Arbeiterträume nach dem bescheidenen Besitztum, nach Eigenheim und dergleichen mögen verblassen hinter dem effektvoll veranstalteten Dauerfestival der Befriedigung, dem man sich überläßt.

Wenn man bei Erich Fromm im Rückblick auf den historischen Übergang zur bürgerlichen Gesellschaft und Lebensform liest — er sei hier nur als eine Stimme aus einem Chor gleichsinniger Feststellungen von Sozialwissenschaftlern verschiedener Disziplinen und Richtungen zitiert: „Lebensglück und Lebensgenuß ist für die bürgerliche Psyche nicht mehr selbstverständlich bejahter Zweck . . ."[7], so könnte man zunächst auf Anhieb denken, daß mit dem „neuen Sozialisationstypus" der Lebensgenuß wieder zu seinem Recht käme.

Doch dann stellt sich einem die Frage, ob man angesichts der geschilderten Verhaltensweisen überhaupt von „Genuß" reden kann. Denn das Prädikat „genießen" verweist immer auf ein bestimmtes Objekt (ein Ding, eine Situation usw.), das man genießt.

Folgt man aber der Situationsschilderung, die Herbert Stubenrauch gibt, und fügt assoziativ seine eigenen Erfahrungen mit Kindern und Jugendlichen hinzu, so drängt sich einem der Eindruck auf, daß es hier um ein zwar nicht objektloses, aber im Hinblick auf seine Objekte gleichgültiges Sich-Befriedigen geht. Man sucht sich im Zustand der ständigen Sättigung zu halten.

Verhaltensunterschiede zwischen den Generationen

Wenn ich Vergleiche ziehe zwischen meinem Vater, mir und heutigen Heranwachsenden, so erscheinen mir in etwa folgende Verhaltensunterschiede zwischen den Generationen auffällig.

Mein Vater dürfte, bevor er eine Kamera, ein Fahrrad oder ein Auto sein eigen nennen konnte, lange Zeit, oft jahrelang von diesen Dingen geträumt haben. Er sparte sich das Geld zur Anschaffung, wie man so sagte, „vom Munde ab", und wenn er seinen Wunschtraum endlich sich erfüllen konnte, so wurde das kostbare Ding in erster Linie gepflegt und gehütet, erst in zweiter Linie gebraucht. Freude und Stolz am Besitz hatten sich verselbständigt und den eigentlichen Gebrauchswert der Ware zurückgedrängt. Dieses Verhalten mag in einer Zeit, in der die Industrie den Massenbedarf trotz niedrig gehaltener Löhne gerade decken konnte — die Kapazitäten waren vor allem für die Rüstung ausgeschöpft — wirtschaftlich angemessen gewesen sein.

Wir lehnten uns dagegen auf, machten als Jugendliche daran Spießertum fest und wollten in Kamera, Radio, Auto vor allem Gebrauchsgegenstände des Alltags sehen. Wir mußten uns auch nicht mehr darauf beschränken, jahrelang davon nur zu träumen. Die Traumobjekte waren zu Gebrauchsgegenständen geworden. Auf die speziellen Gebrauchswerteigenschaften waren wir, jedenfalls unserem Selbstverständnis nach, vorwiegend bedacht.

Kinder und Jugendliche, mit denen ich heutzutage zu tun habe, wechseln vielfach ihre Wünsche und Bedürfnisse sprunghaft von einer Ware zur andern. Oft noch vor, eher meist nach dem Besitz, ist der gestern noch heftig verlangte Kassettenrecorder heute vom Plattenspieler und morgen dieser wieder von was-weiß-ich abgelöst. Dabei tritt — so hat man den Eindruck — in den Hintergrund, welchen Gebrauchswert die Dinge je für den Verbraucher haben.

Dieses Verhalten dürfte vielen Industriebranchen, deren Kapazitäten bei zunehmender Produktivitätssteigerung und Kapitalintensität kaum ausgelastet sind und deren Märkte sich auch durch die Steigerung des Exports nur begrenzt ausweiten lassen, zupaß kommen. Man darf dabei natürlich nicht der falschen Vorstellung erliegen, als würden solche Verhaltensweisen nach Plan von zentralen gesellschaftlichen Instanzen gesteuert. Solche Verhaltensweisen sind auch funktional widersprüchlich. Zumal in Zeiten der Krise treibt solche Bedürfnisweckung zu vom Kapital unerwünschten Lohnforderungen. Allerdings wird solch eine Verbraucherhaltung von Einzelkapitalen absichtlich geweckt. Auch wenn sich die Unternehmer bei solchen Konstellationen noch so sehr winden mögen, sie wirken daran beständig mit.

In anderer Hinsicht könnte man die Entwicklung so kennzeichnen, daß das „Haben" in seiner traditionell zentralen Bedeutung hinter das „Verbrauchen" zurückgetreten ist. Der neue Sozialisationstypus scheint gleich weit entfernt vom antiquierten Charakter des Schatzbildners, der auf seiner Schatztruhe sitzenbleibt, wie vom traditionellen bürgerlichen Eigentümer, der sein Kapital „arbeiten" läßt. Vielen Heranwachsenden eignet damit auch ein Zug scheinbarer Großzügigkeit, solange für sie die Befriedigung durch die Teilhabe an den Segnungen des Warenmarkts garantiert ist. Freilich fragen sie auch nicht mehr, um welchen Preis der Ausbeutung der Natur, der Verschwendung von Ressourcen usw., im gesellschaftlichen Maßstab betrachtet, ihre Befriedigungsmöglichkeiten auf Dauer gestellt sind.

Das sollte weniger moralisch verstanden werden, als es sich liest. Analytisch betrachtet, ist es m.E. eine radikale Konsequenz der Zerreißung des Zusammenhangs gesellschaftlicher Produktion und Reproduktion. Die Individuen nehmen die Gesellschaft oder Welt nur noch aus den Blickwinkeln ihrer „ökonomischen Charaktere" wahr, hier vorwiegend als Konsumenten.

Von den Grenzen kindlicher Lebenswelt

Im Blick auf die kindliche Lebenswelt scheint mir noch die heutige Begrenzung dieser Lebenswelt von Bedeutung. – Die Formen der Produktion oder der tätigen Aneignung (d.h. die Produktion von Mehrwert und dessen Aneignung durch Kapitalisten – die Red.) sind in der Zirkulation 'immer schon', nämlich von der Struktur dieser gesellschaftlichen Sphäre her, ,,ausgelöscht'', wie Marx sagt. Über die Form der Aneignung dessen, was in die Zirkulation als Ware oder Geld eingeht, gibt diese keinen Aufschluß. Von dieser strukturellen Eigenheit abgesehen, war aber und ist für die Individuen, soweit sie nicht nur konsumieren, sondern sowohl an der gesellschaftlichen Arbeit und ihrer Organisation wie auch am Warenverkehr teilnehmen, ein Zusammenhang zwischen Produktion und Zirkulation erfahrbar, auch wenn dieser Zusammenhang im normalen Alltagsbewußtsein auch der Lohnarbeiter ideologisch verstellt ist (Lohn als Preis für die Arbeit, nicht als Preis der Arbeitskraft).

Hingegen ist die Teilnahme von Kindern und Jugendlichen an der gesellschaftlichen Organisation der Arbeit heutzutage zeitlich sehr weit hinausgeschoben; ihre Lebenswelt ist von den Stätten der Produktion räumlich und institutionell mehr denn je abgeschieden. Deshalb ist für sie ein Zusammenhang zwischen Arbeiten und Konsumieren überhaupt nicht mehr herstellbar. Die sog. ,,Arbeitswelt'' tritt nur noch sehr vermittelt in ihren Erfahrungskreis. Die Eltern verlassen wochentags die Wohnung und fahren in ,,ihren Betrieb'', von dem sich die Kinder wahrscheinlich nur selten eine Vorstellung bilden können. Die meist spärlichen und fragmentarischen Erzählungen der Erwachsenen helfen wohl kaum dazu. Die Arbeit hat so in der Regel jede sinnliche Anschaulichkeit für die Kinder und Jugendlichen verloren.

Sie wachsen bis zum eigenen Eintritt in die Arbeitswelt – und das ist inzwischen in den meisten Fällen sehr spät – in der produktionsfernen Konsumsphäre auf, in materieller Hinsicht meist sorgenfrei, den tagtäglichen Appellen der Marktwerbung ausgesetzt, die ihnen ein popfarbiges Schlaraffenland suggeriert. Sie verspricht Macht, Anerkennung, Liebe, Glück allen, die ihren Anrufen folgen.

Dem Zustand der scheinbar totalen Versorgung steht dabei das dumpfe Bewußtsein der Bedrohung durch Umweltzerstörung, Arbeitslosigkeit usw. gegenüber, wenn man die beinahe schon verdrängte Gefahr des Atomtodes außer acht läßt. Wenn hierbei keine politische Perspektive mehr sichtbar wird oder sichtbar gemacht wird, in der politische Arbeit noch lohnend erscheint, so ist die Haltung völliger Apathie und Bewußtlosigkeit naheliegend.

Schadet der Narziß dem Kapital?

Ich wage nicht zu beurteilen, ob der in unseren Annahmen hervortretende ,,neue Sozialisationstypus'', sofern er unter den Heranwachsenden massenhaft Wirklichkeit sein oder werden sollte, für die kapitalistische Gesellschaft funktional wäre. Zunächst jedenfalls ist man versucht, folgendes zu schlußfolgern: Produzenten dieses Typus wären zwar flexibel, aber unzuverlässig, viel zu wenig verantwortungsbewußt vor allem für hochtechnisierte Arbeitsplätze.

Waren- und Geldbesitzer dieses Typus wären als Konsumenten und Käufer teilweise wohl günstig für die Absatzchancen der Monopole, aber sie hätten geringe Neigung, ihre Arbeitskraft noch auf dem Markt zur Verfügung zu stellen. Wenig geneigt und fähig, Befriedigung von Bedürfnissen zeitlich aufzuschieben, wären sie permanent in der Gefahr, ihre materiellen Mittel zu überziehen und auf staatliche Versorgungsapparate angewiesen zu werden, – also nicht die autonomen Subjekte, die ihre individuelle Reproduktion entsprechend der Verfaßtheit dieser Gesellschaft selbst regeln und verantworten, eher nach dem Muster des traditionellen „Asozialen" sozialisierte Durchschnittsbürger.

Staatsbürger dieses Typus erscheinen nur noch tauglich zur Akklamation für Slogans und „Persönlichkeiten" wechselnder Parteien je nach den versprochenen Gratifikationen. So gewiß dieser Typus demnach als eine radikale Verkörperung der für diese Gesellschaft wesentlichen Entgegensetzung von Individuum und Gesellschaft gelten kann, so gewiß wäre er doch auch für diese Gesellschaftsform auf Dauer und in massenhafter Erscheinung disfunktional. Freilich – das bedarf eigentlich keiner Erklärung – würde er auch kaum ein Potential darstellen für den Übergang zu einer künftigen sozialistischen Gesellschaftsordnung. Jeder Triumph über dieses Sozialisationsprodukt, pädagogisch ohnedies unangebracht, verbietet sich daher.

1   David Riesman: Die einsame Masse (englische Erstausgabe „The Lonely Crowd",
    1950) Reinbek bei Hamburg 1958 (= Rowohlts deutsche Enzyklopädie Nr. 72/73).
2   Georg Auernheimer: Mündigkeit und Allgemeinbildung als Erziehungsanforderungen
    der bürgerlichen Gesellschaft. Versuch einer Neubestimmung der Qualifikationsproblematik und des Erziehungssystems. In: Demokratische Erziehung. 1977, Seite 291-304.
    Georg Auernheimer: Zirkulationsqualifikation. Über Lohnabhängigkeit. Mündigkeit
    und die Aufgaben bürgerlicher Pädagogik. In: päd.extra 8/77, Seite 18-23.
    Die beiden Aufsätze könnten auch als Beiträge zum Thema „Sozialcharakter" gelesen
    werden.
3   Zu ähnlichen Ergebnissen kommt David Riesman in seinen phänomenologischen Betrachtungen der Lebensweise des amerikanischen Mittelstandes.
4   Vgl. H.J. Döpp
5   Karel Kosik: Die Dialektik des Konkreten. Eine Studie zur Problematik des Menschen
    in der Welt. Frankfurt/M. 1967.
6   Niklas Luhmann: Politische Planung. In: Jb. für Sozialwiss. 17 (1966).
7   Erich Fromm: Die psychoanalytische Charakerologie und ihre Bedeutung für die Sozialpsychologie (1932). In: Ders.: Analytische Sozialpsychologie und Gesellschaftstheorie. Frankfurt/M. 1971, Seite 61.

Klaus Horn
Was heißt hier oraler Flipper?
Narzißmus und gesellschaftliche Verhaltensanforderungen

Die Entstrukturierung des Über-Ich ist in den letzten Jahren ausführlich diskutiert worden (z.b. Mitscherlich 1963), ohne allerdings die Entstehung der historisch der Tendenz nach an ihre Stelle tretenden narzißtischen Struktur, die auffällig vom autoritären Charakter sich unterscheidet (Bockelmann 1971), eindeutig klären zu können. Gemessen an den Vorstellungen vom bürgerlichen Subjekt, dem heterogene Persönlichkeitsmomente in Form der Neurose, als Konflikt, zugeschrieben werden, handelt es sich bei diesem narzißtischen Typus um einen mit Strukturdefekten – bezogen, wie gesagt, auf bürgerliche Maßstäbe, die an der typisch bürgerlichen Form der Objektbeziehungen orientiert sind: die Konstituierung und Beherrschung der Welt aus der Arbeit und dem Interesse des je einzelnen, der sich mit seiner vergesellschafteten Arbeit selber noch nicht auf die radikale Weise erreicht hatte wie heute (vgl. dazu Horn 1978, Streetwork Horn 1979).

Stellt man die familiäre Vermittlung einer solchen Struktur, bezogen auf die psychoanalytische Entwicklungspsychologie, in den Mittelpunkt (vgl. Ziehe 1975), so haben sich die entscheidenden persönlichkeitsprägenden Auseinandersetzungen offenbar in die frühe Kindheit, ins Verhältnis zur Mutter verlagert – der ödipale Konflikt bleibt demgegenüber offen. Dieser Typus hat Symbiosewünsche und Allmachtsphantasien, dementsprechend sind Ich-Ideal und Über-Ich archaisch geblieben; Größen- und Omnipotenzvorstellungen wechseln notwendig mit tiefer Frustration (welche in diffuse, heftige Aggression oder Depression umschlagen kann), das primitive Über-Ich ist so grausam, daß man sich nicht mit ihm auseinandersetzen kann; Schuldgefühle werden verdrängt, weil sie unerträglich sind. So bleibt das Verhältnis zu den gesellschaftlichen Normen infantil; wenn man sich ihnen in Erfüllung eigener Wünsche entziehen kann, wird das relativ rücksichtslos gemacht. Rücksicht ist offenbar eine ödipale Tugend – bis zur Untugend freilich, wie wir wissen. Sogenannte reife Objektbeziehungen, in welche die Selbständigkeit anderer und die des eigenen Selbst eingehen, machen Schwierigkeiten, weil die Abgrenzungen zwischen Selbst und Objektwelt verschwommen sind. Befriedigung gewähren eher narzißtische Gleichgewichtszustände und Sicherheitsvorstellungen – in den „reifen" Objektbeziehungen steckt immer das Risiko der Frustration, insbesondere angesichts der unersättlichen infantilen Wünsche. Das ist in wenigen Worten die psychologische Seite des Erscheinungsbildes politischer Apathie gegenüber der zeitweiligen und wechselnden Begeisterung für Dogmen und Wahnsysteme. An anderer Stelle habe ich versucht, dieses Vermeiden von Objektbeziehungen als eine karikaturhafte Fortsetzung des bürgerlichen Konkurrenzprinzips bis in die Struktur der „Interaktionsformen" (Lorenzer 1976, 1977a) hinein zu interpretieren; karikaturhaft, weil unter den Bedingungen des „organisierten Kapitalismus" diese Art von Ich-Einschränkung mitsamt ihrer kognitiven Seite, dem „Alltagsbewußtsein"

---

* Für diesen Band leicht veränderter Beitrag aus K. Horn, Hrsg.: Kritik der Hochschuldidaktik. Zur politischen Psychologie universitärer Lernprozesse. Nachbemerkungen: Psychopathologisch – politisch – psychosozial. Steuerungsprobleme im organisierten Kapitalismus, Frankfurt/M. 1978, (Syndikat).

(Leithäuser 1976), als psychoökonomische Überlebensstrategie verstanden werden muß. Unter gesellschaftlichen Verhältnissen, in denen ein wichtiger Teil der Objektbeziehungen von höheren gesellschaftlichen Systemen den bloß „sinnverwendenden Systemen" Mensch vorgeschrieben wird, werden Ängste entwickelt, sich gleichsam in der Komplexität der Welt zu verströmen. Die heteronom organisierten Sinnzusammenhänge werden in aller Regel nur in der bereits angedeuteten Weise verkürzt realisiert, man bleibt also stets in irgendeiner Weise privatistisch orientiert.

In einer Arbeit über die Situation des „subjektiven Faktors" in unserer Gesellschaft, welche, ohne die Vermittlungsfrage zu stellen, die narzißtische Struktur als angepaßte darstellt, hieß es (Horn 1972a, S. 64-71)[1]:

Subjektive Anpassungsstrategien

„Ich möchte nun einen weiteren psychoanalytischen Begriff, den der ‚Ich-Einschränkung', aufnehmen, der helfen kann, die allgemeine Veränderung menschlicher (‚Interaktionsformen') . . . zu begreifen. Daran kann der historische Aspekt der psychoanalytischen Kategorie ‚Ich' (bzw. ‚Selbst') deutlich werden und zugleich das, was . . . als ‚Klinifizierung' der Psychoanalyse bezeichnet wird, . . . eine Erklärung finden: In der gesellschaftstheoretischen Verarmung psychoanalytischer Begriffe . . . spiegelt sich die Verarmung der Subjekte selber (Horn 1978b).

Anna Freud (1940 S. 107ff.) hat am Beispiel eines von ihr behandelten Jungen das Modell einer psychischen Abwehrstrategie demonstriert, welches über die für sie dort interessante diagnostisch-therapeutische Dimension hinaus sozialwissenschaftlich relevant ist. Sie berichtet von diesem Jungen, der alle Konkurrenz in jenen Betätigungen vermied, in denen er sich unterlegen wußte; er schaute dann nur zu: ‚Er schränkt seine Ich-Funktion ein, zieht sich, sehr zum Schaden seiner Entwicklung, von allen äußeren Situationen zurück, die ihm die am meisten gefürchtete Unlust präsentieren könnten. Nur im Verkehr mit sehr viel jüngeren Kindern kann er sich auch weiterhin uneingeschränkt und interessiert benehmen.' (S. 111) Aus der Arbeit geht hervor, daß die Ich-Einschränkung auf den Wunsch zurückgeht, Unlust bzw. Realangst − auf jeden Fall äußere, keine innere Gefahr − zu vermeiden: ‚(. . .) Ich-Einschränkung (. . .) wehrt aktuelle unlustvolle Außenwelteindrücke ab, die das Wiederaufleben vergangener unlustvoller Umwelteindrücke zur Folge hätte. (. . .) Die Ich-Einschränkung als Methode der Unlustvermeidung gehört ebenso wie die verschiedenen Formen der Leugnung nicht nur der Neurosenpsychologie, sondern dem normalen Prozeß der Ich-Entwicklung an.' (A. Freud, a.a.O., S. 119 f.)

‚Ich-Einschränkung' kann aber nicht nur einen individuellen Prozeß des Rückzugs kennzeichnen, sondern ebenso kollektive Prozesse, sie kann ‚das psychologische Elend der Masse' (Freud 1930, S. 475) signalisieren, wenn sie − als politische Apathie, als ‚Konsumismus' − epidemisch auftritt. In der Regel verhindert nur die Allgemeinheit des Phänomens, die vom Kulturzentrismus bestimmte Wahrnehmung den kritischen Blick darauf. Lassen wir uns den aber nicht verstellen, so entziffern wir die privatistische, konsumtive Existenzform, die ich oben zu beschreiben und in Ansätzen zu analysieren versuchte, als Korrelat des organisierten ‚Gehäuses der Hörigkeit', wie Herbert Marcuse (1965) in einer Kritik des formalen Vernunftbegriffs bei Max Weber (und zugleich auf ihn zurückgreifend) die spätkapitalistische Gesellschaft nannte. Ich-Einschränkung als epidemiologisch relevante Größe signalisiert gesellschaftlich vermittelte ‚Ich-Schwäche' . . .; sie ist, prophylaktisch gesehen, eher ein gesellschaftlich und politisch als ein (primär) psychisch relevantes Problem. Denn die Abwehr der Ich-Einschränkung wird, einmal erfolgreich erprobt, im lerntheoretischen Sinn

---

1 Der Text ist gekürzt (. . .) sowie überarbeitet und ergänzt (mit Klammern gekennzeichnet)

angeeignet und generell praktiziert. Es geht dabei, wie Anna Freud formuliert, um „Neurosenprophylaxe auf (. . .) eigene Gefahr" (a.a.O., S. 121); eine Neurosenprophylaxe allerdings, die eben nicht nur unmittelbare Folgen für jenen, der sie betreibt, hat. Außer der unmittelbaren Einschränkung des eigenen Handlungsbereichs und Erfahrungshorizontes wird auch die mittelbare Beeinträchtigung durch die Entfremdung eigener gesellschaftlicher Arbeit und deren Rückwirkung auf die weiteren Einschränkungen des Ich gar nicht überschätzt werden können. Die Integration in gesellschaftliche und für die eigene Reproduktion unausweichliche Verkehrsformen; die Hörigkeit gegenüber Unlust oder Realangst erzeugenden Verhältnissen; die (scheinbar) ausweglose Konfrontation mit objektiv vorgegebenen ich-einschränkenden Bedingungen zementiert soziofunktionale (psychosozial sich niederschlagende) Formen der Ich-Einschränkung und erlaubt in eben diesem Maße eine Festigung des Systems der Produkte entfremdeter Arbeit. Ich-Einschränkung kann zur Epidemie oder zur Norm werden; die Beurteilung hängt vom erkenntnisleitenden Interesse ab.

Interessant ist, daß Freud im Jahre 1911 (S. 109) eine ‚Verarmung des Ich' noch ausschließlich auf ‚den großen Verdrängungsaufwand, den die Kultur von jedem Individuum fordert', zurückgeführt hatte. . . . (Damals) wurde noch auf der Basis des Konfliktes argumentiert. Ein Defekt in der bereits beschriebenen Form, psychoanalytisch als Defekt der psychischen und soziologisch als Defekt der gesellschaftlichen (bürgerlichen) Struktur, war in dieser Weise noch nicht diagnostizierbar. Wer auf diese Defekte, fehlende Vermittlungen, die das Bewußtsein nicht zuläßt, eindringlich verweist, gilt vielleicht noch als ein achtbarer, moralischer Mensch; der Tendenz nach als ein Narr. Wer aber verzweifelt, solche Vermittlungen dem selbstzufriedenen Bewußtsein mit Gewalt aufdrängen will; wer die Gleichgültigkeit gegenüber dem Genocid in Vietnam nicht erträgt und ein Kaufhaus ansteckt, um aufzurütteln, der prallt ab, weil das nicht mehr als politisches Handeln begriffen werden kann. Gudrun Ensslin und Ulrike Meinhof sind kriminell geworden.

Freud (1930 S. 442 f.) hatte . . . bei der Erörterung der Schwierigkeit, in den immer komplexer werdenden Beziehungen der Menschen die Sinnbedürfnisse psychosexueller Art, libidinöse also, erfüllen zu können, darauf verwiesen, daß, ‚wie der vorsichtige Kaufmann es vermeidet, sein ganzes Kapital an einer Stelle festzulegen, (. . .) vielleicht auch die Lebensweisheit raten (wird), nicht alle Befriedigung von einer einzigen Bestrebung zu erwarten'. Wir können uns vorstellen, daß diese psychoökonomische Metapher sich derart abwandeln läßt: Libidinöse Investitionen auf ödipaler Ebene, im klassischen Sinn lieben und im selbst- und weltverändernden Sinn arbeiten zu können, ‚lohnen' sich nur in spezifischen historischen Situationen, die solcher Charaktere bedürfen: zur Zeit der ursprünglichen Akkumulation und der des Konkurrenzkapitalismus. Aus heutiger Sicht ergibt sich eher ein Überangebot an psychischen Investitionsmöglichkeiten, die jedoch in Wirklichkeit aus psychoökonomischen Gründen so wenig (selbstverständlich) entwicklungsfähig sind wie aufgrund der spezifischen gesellschaftlichen Dynamik. Die Reaktion der Subjekte darauf ist eine Art libidinöse Investitionssperre; libidinöse Objektbeziehungen werden abgewehrt. Die Eröffnung eines narzißtischen Kleinhandels, der der öffentlichen Belieferung . . . im konjunkturpolitisch-bonapartistischen Sinn relativ sicher sein kann, ermöglicht die Überbrückung der absurden Diskrepanz zwischen der verginglichten Macht, die die Gattung über die Natur errungen hat, und der Ohnmacht, die das Gattungssubjekt gegenüber dieser Macht empfindet und in Form von Verleugnung und Ich-Einschränkung -- jedenfalls der Tendenz und der bewußtlosen Intention der Subjekte nach -- abwehrt. Die Ich-Einschränkung bedeutet von vornherein, daß der eigene Einflußbereich als beschränkter akzeptiert wird. Das hat eine die Subjekte unmittelbar, zugleich aber auch gesellschaftlich vermittelt ent- und belastende Folge: Moralität wird in dieser Weise eingeschränkt, d.h. der Tendenz nach ausgelöscht. Man kümmert sich um die Verwaltung zugeteilter Rituale, was darüber hinausgeht, ist anders definiert. Die Sinn-, und das heißt: Herrschaftszusammenhänge, nach denen gehandelt wird, stehen fest oder entwickeln sich heteronom. Neue (Sinn- und Praxiszusammenhänge), solche, die sich etwa von Subjekten her konstituieren wollen oder nur nicht schon generalisiert sind, bedeuten eine Störung des etablierten Geschäftsablaufs sowohl im narzißtischen Kleinhandel als auch bei der Realisierung des Kapitals.

Das Bemühen der Subjekte, moralische, d.h. kommunikative gegen instrumentelle Beziehungen durchzusetzen, ist ein (unbequemes) Unterfangen. Darin liegt wohl auch die psychoökonomische Basis der Vorliebe für die Ideologie der Unmittelbarkeit, für das (positivistische) Faktendenken begründet[2]; wer hingegen ‚Fakten' als lediglich festgestellte Verhältnisgrößen sieht, die man, da sie *gemacht* sind, auch *verändern* will, wird sofort an die eigene Ohnmacht erinnert. So kann die gesellschaftlich akzeptierte Ideologie des Faktenfetischismus eine ähnliche Funktion für den zeitgenössischen psychischen Einzelhaushalt erfüllen, wie es zu Freuds Zeiten und in den Krisen seiner Patienten noch die Religion oder die utilitaristische Ethik getan hat. Man könnte diesen Gedanken weitertreiben und behaupten, daß — wenn die ‚Entkräftung der Religion' zu einer ‚Vermehrung der Neurosen' geführt hat (Freud 1911, a.a.O. S. 109) — jeder kritische Angriff auf instrumentelle, auf positivistische Positionen nicht nur objektive Probleme der gesellschaftlichen Struktur aufwirft, sondern auch letzten Endes moralische (bzw. psychische) für diejenigen, die solche Fakten-Positionen aufzugeben hätten; sie hätten die Verflüssigung des Faktendenkens emotional und kognitiv (und vor allen Dingen praktisch zu betreiben und) zu verarbeiten. Sie treiben angesichts der sich erhebenden Probleme lieber ‚Neurosenprophylaxe . . . auf eigene Gefahr', eine Prophylaxe allerdings, die sich als allgemeine Gefahr reproduziert. Offenbar ist die Aufforderung, moralische oder Werturteilsprobleme nicht als private der öffentlichen Diskussion zu entziehen, kein bloß theoretisches Infragestellen des bereits diskutierten Mißverhältnisses zwischen instrumentellem und kommunikativem Handeln überhaupt . . . (sondern wird als eine Aufforderung zu Sisyphusarbeit empfunden) . . . Die Erfindung des ‚Sachzwanges' wäre in diesem Sinn zu analysieren.

Wir können nun auch versuchen, einige Gedanken über den Zusammenhang zwischen aggressivem Verhalten und instrumentalem Denken zu formulieren. Mitscherlich (1950) (hatte) . . . den Kaspar-Hauser-Komplex beschrieben; Kaspar Hauser als den Prototyp eines Menschen, dessen menschliche Beziehungen von Anbeginn verarmt sind (er formuliert im Anschluß daran dreizehn Jahre später): ‚Die Welt selbst (. . .) wird (. . .) völlig unzugänglich und unberechenbar. Auf tückische Weise ändert sie fortwährend die Gestalt und produziert unheimliche Überraschungen. (. . .) es geht (. . .) um die absolut gewordene Unverläßlichkeit, Fremdheit, Bedrohlichkeit von Mensch und Ding.' (1963, S. 249 f.) . . . Allerdings wird außer der passiv-oralen Fügsamkeit in diesem Zusammenhang von Mitscherlich noch ein zweites Syndrom hervorgehoben; der parasitär, unproduktiv ‚rücksichtslose Aggressive', das aktive Pendant zur apathischen Abwehrstruktur. In beiden manifestiert sich die Penetranz des Tauschprinzips, die des Voranschreitens der Rationalisierung. Der Apathische hat resigniert und hält sich ans Zugeteilte; er ist nicht persönlich aggressiv, sondern erscheint in manchen Lebenslagen so, insofern ihm die Regeln ein solches Verhalten aufzwingen. Der Aggressive hingegen tritt aktiv in Kongruenz zum Verwertungszusammenhang der objektiven Seite der Entfremdung; er versucht, im Sinne der regierenden Prinzipien, selber eine Art Tochterfirma zu eröffnen. (Argelander, 1972, hat einen derartigen Fall beschrieben; die Instrumentalisierung anderer und die Selbstinstrumentalisierung führten zwar zum Krankheitsdruck, konnte aber vom Analytiker aufgrund der gesellschaftlichen Funktionalisierung dieser Interaktionsform nicht geheilt werden; (vgl. Horn 1976).

Angst, nach Freud (1917, S. 419), die allgemein gangbare Münze, gegen welche alle Affektregungen eingetauscht werden können, wenn der dazugehörige Vorstellungsinhalt der Verdrängung unterlegen ist', ist heute die generalisierte Form der Demütigung des Menschen durch die Resultate seiner Arbeit; Angst ist gleichsam das psychische Geld. Wie objektiv alle seine Wünsche zunächst auf den Tauschwert reduziert werden müssen, um dann womöglich noch einmal individuelle Gestalt gewinnen zu können, so wird sein Gefühlsleben wesentlich auf Angst, auf soziale Angst reduziert. Dementsprechend primitiv reagiert er: ‚Das Ich haßt, verabscheut, verfolgt mit Zerstörungsabsichten alle Objekte, die ihm zur Quelle von Unlust-

---

2   Schnädelbach (1969) hat den Positivismus als die zeitgenössische Ideologie im strengen Sinn charakterisiert und hervorgehoben, daß der Ideologiebegriff heute nicht mehr unabhängig von Erkenntnissen über den „subjektiven Faktor" diskutiert werden kann.

empfindungen werden, gleichgültig ob sie ihm eine Versagung sexueller Befriedigung oder der Befriedigung von Erhaltungsbedürfnissen bedeuten. Ja, man kann behaupten, daß die richtigen Vorbilder für die Haßrelation nicht aus dem Sexualleben, sondern aus dem Ringen des Ichs um seine Erhaltung und Behauptung stammen. (. . .) Der Haß ist als Relation zum Objekt älter als die Liebe, er entspringt der uranfänglichen Ablehnung der reizspendenden Außenwelt von Seiten des narzißtischen Ichs. Als Äußerung der durch Objekte hervorgerufenen Unlustreaktion bleibt er immer in inniger Beziehung zu den Trieben der Icherhaltung (. . .).' (Freud 1915, S. 230 f.) . . .

Gehen wir von unserer These aus, daß versorgungsoptimale Konjunkturpolitik die bonapartistische Machtergreifung historisch ablöst, dann kann uns anhand bereits bekannter und analysierter Extremsituationen demonstriert werden, was gelungene Konjunkturpolitik bedeutet. Es wäre allerdings unrealistisch, leugnen zu wollen, daß zwischen der Judenverfolgung durch den deutschen Faschismus und einem schichtspezifisch relativ versorgten Leben, in der BRD etwa, Differenzen bestehen; es wäre absurd, sie ausdrücklich zu erläutern. Diese Differenzen sind wesentlich, und wir wollen auch politisch daran wenigstens festhalten. Dennoch ist die Form der Menschenbehandlung in den Konzentrationslagern und Ghettos im Hinblick auf die Technik der Infantilisierung lehrreich für uns . . . In dem Tagebuch eines Warschauer Juden (Katsh 1965, explizit z.B. S. 343) wird diese Infantilisierung beschrieben, systematisch aber besonders von Bettelheim (1964, S. 144): ,Später, nachdem der Prozeß der Anpassung schon weiter fortgeschritten war, reagierten die Häftlinge (in den KZs) kaum mehr unterschiedlich auf leichtere und schwere Mißhandlungen. Inzwischen war aber auch der Zerfall der Persönlichkeit weitergegangen, und sie fühlten sich alle etwas wie unglückliche Kinder. Abgesehen von der Traumatisierung bediente sich die Gestapo in der Hauptsache dreier Methoden zur Zerstörung der Persönlichkeitsautonomie. Die erste habe ich eben genannt; sie bestand darin, die Häftlinge dazu zu zwingen, sich wie Kinder zu verhalten. Die zweite zielte darauf ab, daß die Häftlinge ihre Individualität aufgeben und sich in eine amorphe Masse eingliedern sollten. Die dritte bestand darin, jedwede Möglichkeit der Selbstbestimmung zu beseitigen, dem Häftling die Möglichkeit zu nehmen, die Zukunft vorherzusagen und sich auf sie vorzubereiten.' . . . Die Erörterung solcher Extremsituationen kann hier nicht weiter entwickelt werden; es ging hier in erster Linie darum, das Problem der Ich-Einschränkung aus einer weiteren Perspektive zu beleuchten. (Hier nur dieser Hinweis: Rammstedt (1975) hat die Einschränkung des Planungshorizontes der Einzelnen – weil die höheren gesellschaftlichen Systeme die wesentliche Planung übernommen haben – als eine wichtige Quelle der Apathisierung und Angst gekennzeichnet.)''

Der Stellenwert familialer Sozialisation

In dieser Darstellung stand die Anpassungsstrategie von subjektiver Seite, die nichts an den Verhältnissen des ,,organisierten'' Kapitalismus ändert, sondern sich selber darauf einzustellen versucht, im Vordergrund: Privatismus als Abwehrsyndrom. Die Frage der Vermittlung dieser Struktur – gegenüber der postulierten bürgerlichen – blieb ausgespart. Ich halte sie nach wie vor für ungeklärt und möchte darauf näher eingehen, weil die Frage des Entstehens einer solchen Struktur eine Reihe interessanter Probleme des Verhältnisses von Psychologie und Soziologie aufwirft, die nicht nur theoretischer Art sind, sondern vor allem auch die praktische Handhabung betreffen.

Wir wissen vom Alltag familiärer Sozialisation, die – wie man den narzißtischen Typ im Jargon heute nennt – einen ,,oralen Flipper'' hervorbringt, so gut wie nichts. Wir kennen zwar Behandlungsberichte (z.B. Calogeras/Schupper 1972), aus denen uns ein spezifisches Mißlingen von Sozialisation plausibler wird, und der jenes auffällig unstrukturierte Erscheinungsbild diffuser Unlust und

Aggressivität zeigen. Wir haben die psychoanalytische Entwicklungspsychologie, auf die wir zur Erklärung solcher Krankheitsbilder zurückgreifen können (Ziehe 1975).

In diesem Bezugsrahmen sieht es also ganz nach frühkindlicher Traumatisierung aus. Aber wir müssen nicht annehmen – wenn wir also davon ausgehen, daß jene Veränderungen im Sozialcharakter gesellschaftlich hervorgebracht und familiär vermittelt werden –, daß sich die Kinderrealität insgesamt – die Kindheit, und nicht die Kinder – auch in unauffällig bleibenden Fällen gegenüber der vor 30 oder 40 Jahren verändert hat, selbst wenn eine Mehrheit damit besser, unauffälliger fertig wird als jene „Kranken"? Womit und inwiefern besser fertig wird? Nach wie vor ist zwar plausibel, daß die familiäre Sozialisation ein wichtiges Element für die Strukturierung von Verhalten im Erwachsenenalter ist. Aber wie der historische Übergang von jenem autoritären „Scheißer" zum zeitgenössischen „Flipper" sich im sozialisatorischen Alltag vermittelt, ist eine offene Frage. Sowohl auf der Ebene beobachtbaren Verhaltens (und seien es in einem historischen Vergleich die Zeiteinheiten, in denen Eltern und Kinder etwas – was? – zusammen tun) als auch hinsichtlich der Frage, welche Bedeutung diese Realitätsebene für die Beteiligten gewinnt, wie die Menschen mit dieser Realität umgehen, sie „abwehren", sind unsere Kenntnisse minimal. Wir können natürlich von den psychoanalytisch untersuchten Fällen, also jenen, die aus einem persönlich empfundenen Krankheitsdruck her zum Therapeuten gingen, eine Behandlung bekamen und deren Krankheitsgeschichten veröffentlicht wurden, versuchen, auf den „Normalen" zu schließen, auf jene, die den aus Denkmodellen (etwa dem der psychoanalytischen Entwicklungspsychologie) hypothetisch erschlossenen, aber noch nicht bekannten historischen Veränderungen des familiären Klimas in ähnlicher Weise (natürlich schichtspezifisch usf.) ausgesetzt sind. Dieses Verfahren läßt jedoch keinen Schluß auf die Realität selber zu, sondern höchstens auf die Formen des persönlichen Umgangs damit unter gegebenen gesellschaftlichen Bedingungen.

Gewiß kann diese Art mittelbaren Blicks auf den Alltag Aufmerksamkeit strukturieren, interessante Vorinformationen geben – aber wir müssen sehr genau überlegen, was das Aufschließen eines Phänomens von solchen Erfahrungen her, von Fällen mißglückt empfundener Sozialisation, bedeutet. – Es liegen allerdings auch Fallberichte vor, in denen das Moment persönlichen Leids ganz im Hintergrund steht. Es gibt, wie der bereits erwähnte „Flieger" Argelanders (1972) zeigt, auch Bündnisse zwischen einer narzißtischen psychischen Struktur und gesellschaftlichen Verhaltensanforderungen, die mir nicht weniger problematisch erscheinen wollen als das auffällige persönliche und politische Elend, das wir heute z.B. für Schule und Universität annehmen müssen (Horn 1978). Denn selbst wenn narzißtische Allmachtphantasien – verbunden mit guten Ich-Fähigkeiten wie beim „Flieger" – derart in den Dienst des Managens und des Ausbeutens treten, derart sich mit der Forderung nach hemmungsloser Verwertung menschlicher Natur verbünden, daß ein persönliches Problem, um dessentwillen jener Manager zum Analytiker kam – daß er nicht psychisch lieben konnte –, schließlich nicht genügte, um das Bündnis zwischen sekundärem Narzißmus und Verwertungszwang zugunsten eines Anerkennenkönnens von Objekten therapeutisch zum Scheitern zu bringen; selbst wenn die persönliche Einschränkung, die der Behandelte rudimentär als Problem empfand, für ihn vielleicht verschmerzbar ist angesichts des großen sekundären Krankheitsgewinns (Horn 1976), so ist dieser Mann als getreuer Funktionär des Verwertungszwangs unter bestimmten Gesichtspunkten doch immerhin auch ein gesellschaftliches Problem. Wie dessen Genese bestimmen? Noch einmal: Der familiäre Alltag ist eine Form der Intimität, die bisher kaum erforscht wurde. Es gibt Hinweise, unter anderem aus der Fernsehforschung, daß sich dort Veränderungen ergeben, die mit der zunehmenden Abhängigkeit der Erwachsenen von gesellschaftlichen Diensten im weitesten Sinn im Zusammenhang stehen. Der Fernsehapparat wird als Babysitter verwendet, der innerfamiliäre Dialog wird von diesem bequemen Sich-unterhalten-Lassen deutlich zurückgedrängt. Vier Wochen Fernsehentzug können, wie sich gezeigt hat, große persönliche und Beziehungskrisen auslösen (Bauer/Bauer/Kungel 1976). Aber auch das sind nicht mehr als interessante Hinweise, denn wir können auch aus dieser Richtung nicht wirklich erschließen, wie die Mutter anders mit ihrem Kind umgeht als jene, die einen „autoritären Scheißer" oder seine unauffälligen Geschwister erzog.

Vor allem kommt es wohl auf den Stellenwert an, den man der familiären Sozialisation im Verhältnis zu anderen Momenten für die Genese von Verhalten zuweist. Selbst wenn wir mitdenken, daß die sozialisatorische Veränderung gesellschaftlich vermittelt ist, so berücksichtigt dieses Denkmodell noch nicht die Probleme, die sich beim Aufeinandertreffen der in der frühen Kindheit produzierten psychischen Struktur mit den gesellschaftlichen Verhaltensanforderungen ergeben. Mit diesem Argument rede ich nicht etwa der Annahme das Wort, die Primärsozialisation habe ausgespielt, und es komme nur noch auf die Massenmedien und die Arbeit als unmittelbar wirksame Sozialisationsfaktoren an; das wäre eine grobe Vereinfachung. Aber wenn man einerseits der Primärsozialisation eine Rolle zuschreiben und andererseits nicht in Gefahr geraten will, die strukturelle Gewalt der gesellschaftlichen Kräfte zu unterschätzen, welche infantil hervorgebrachte Strukturen ja auch zerstören oder auswählen können, müssen wir über das Verhältnis beider Momente nachdenken. Immerhin könnte es sein, daß der Alltag des erwachsen Werdenden ihn aus psychoökonomischen Gründen zu einer Regression bringt, die vielleicht an Schwachstellen der Sozialisation haltmacht, daß aber ohne diesen gesellschaftlichen Druck, den ich mit Hilfe des langen Zitates aus meinem Gruppendynamikbuch in seiner psychologischen und politpsychologischen Dimension plausibel machen wollte, eine solche narzißtische Struktur nicht oder nicht so auffällig zum Vorschein käme. Das sind schwierige methodische Fragen; wie wir sehen werden, nicht ohne Konsequenz für die Praxis.

Wir tappen in diesem Bereich noch ziemlich im Dunkeln. Diese letzte Bemerkung hinsichtlich der Praxis gilt es mit einem kurzen Hinweis zu konkretisieren. Es gibt viele plausible Anzeichen dafür, daß der „orale Flipper", gemessen an seinem möglichen historischen Vorgänger, einen Strukturmangel aufweist, der sich in fehlendem Triebaufschubvermögen, in einer Tendenz äußert, alles im Hier und Jetzt haben und machen zu wollen — oder er wird böse und/oder depressiv. Konsequent in dieses Bild paßt der „Mangel an Planungsbereitschaft", der charakteristisch für diesen Typ ist; langfristige Perspektiven, die mit systematischer Arbeit verbunden sind, liegen ihm gar nicht. Dieser „Mangel an Planungsbereitschaft" wird in einem entwicklungspsychologischen Denkmodell auf Probleme der frühen Sozialisation bezogen — obwohl man die, wie gesagt, nur anhand von Denkmodellen, nicht empirisch nachweisen kann. Ein solches persönliches Defizit wird in aller Regel einer Therapie, d.h. einer Korrektur am Individuum zur Behebung anvertraut. Nun gibt es aber auch eine plausible soziologische Erklärung für diese mangelnde Planungsbereitschaft — in diesem Kontext würde man allerdings eher von mangelnder Planungsmöglichkeit zu sprechen haben. Das von Rammstedt (1975) erörterte Problem sieht, höchst vereinfacht, so aus: In unserer Gesellschaft ist die Planungsebene von den einzelnen (im liberalen Modell: patriarchalischen Unternehmern) weggenommen und auf übergreifende gesellschaftliche Strukturen übergegangen, sei das der Staat oder seien das große, bürokratisch gelenkte Wirtschaftsunternehmen. (Daß ein langfristig zu planendes Studium als persönliche und finanzielle Investition mit der Perspektive einer Anstellung beim Staat heute keine Versicherung gegen Arbeitslosigkeit mehr ist, erfahren zur Zeit ja insbesondere die Lehrer und die Juristen.) Etwas schematisch: Wäre die narzißtische Struktur kein eigentliches Sozialisationsdefizit, d.h. „Krankheit", sondern eine regressive Antwort des Erwachsenen auf gesellschaftlichen Druck, bedürfte es nicht so sehr therapeutischer als vielmehr politischer Anstrengungen, um die entsprechenden Probleme zu bearbeiten. Dann könnte an dieser Stelle eine Subjektivierung gesellschaftlicher Probleme im sozial- und psychotechnischen Sinn vermieden werden (Horn 1979). Ich hatte bereits angedeutet, daß es eine Vielfalt von Amalgamierungen zwischen Innen und Außen, zwischen Psyche und Sozietät — auch im Fall des Narzißmus — gibt. Wir sollten uns einerseits durch die gesellschaftliche Definition dessen, was als krank bezeichnet wird, und durch die Fälle unerträglich gewordenen persönlichen Elends, die in Behandlung gingen und auf diese Weise publik wurden — und beides muß sich ja überhaupt nicht decken! —, nicht den Blick trüben lassen für das, was wir gleichsam die Normalität solcher Fälle nennen können — ohne daß dieser Normalität, indem man sie so nennt, eine positive Bedeutung als Stufe des Selbsthervorbringens des Menschen verliehen wäre. Das heißt aber auch: die Schwere eines Falles, die Frage nach der Möglichkeit oder Unmöglichkeit, ob ein solcher Narziß oder ein narzißtisch gekränktes Kollektiv diese oder jene therapeutische oder/und politische Formen von Veränderungsprozessen durchmachen kann, läßt sich nur in der Praxis der verschiedenen Arten des Umgangs damit entscheiden. Mit dieser theoretischen Vorentscheidung über die Art der Praxis werden allerdings politische Weichen gestellt.

Literatur

Argelander, Hermann (1972): Der Flieger. Eine psychoanalytische Charakterstudie. Frankfurt/Main (Suhrkamp)
Bauer, Wolf, Elke Bauer, Bernd Kungel (1976): Vier Wochen ohne Fernsehen. Berlin (Volker Spiess)
Bettelheim, Bruno (1960): Aufstand gegen die Masse. Die Chance des Individuums in der modernen Gesellschaft. München (Szeszny) 1964
Bockelmann, Frank (1971): Die schlechte Aufhebung der autoritären Persönlichkeit. München
Calogeras, Roy C. und Fabian X. Schupper (1972): „Verschiebung" der Abwehrformen und einige ihrer Konsequenzen für die analytische Arbeit. In: K. Horn (Hrsg.): Gruppendynamik und der „subjektive Faktor". Repressive Entsublimierung oder politisierende Praxis. Frankfurt/Main (Suhrkamp) 1972^2, S. 312-348
Freud, Anna (1946): Das Ich und seine Abwehrmechanismen. München 1964

Freud, Sigmund (1911): Die zukünftigen Chancen der psychoanalytischen Therapie. In: Ges. Werke. London-Frankfurt/Main (imago-Fischer) ab 1940. Bd. VIII, S. 103-115
— — (1915): Triebe und Triebschicksale. GW Bd. X, S. 209-232
— — (1917): Vorlesungen zur Einführung in die Psychoanalyse. GW Bd. XI S. 419
— — (1930): Das Unbehagen in der Kultur. GW Bd. XIV, S. 419-506
Horn, Klaus (1972): Bemerkungen zur Situation des „subjektiven Faktors" in der hochindustrialisierten Gesellschaft kapitalistischer Struktur. Als Einleitung zu Horn (Hrsg.): Gruppendynamik und der subjektive Faktor. Repressive Entsublimierung oder politisierende Praxis? Frankfurt/Main (Suhrkamp) 1973^2, S. 17-116
— — (1976): Psychoanalyse und gesellschaftliche Widersprüche. In: Psyche XXX, 1976, Heft 1, S. 26-49
— — (1978): Nachbemerkungen. In: ders. (Hrsg.) Kritik der Hochschuldidaktik. Zur politischen Psychologie universitärer Lernprozesse. Frankfurt/Main (Syndikat) 1978, S. 358-397
— — (1978b): Wer überliefert Psychoanalyse wozu – politische Fragen. In: Provokation und Toleranz. Alexander Mitscherlich zum 70. Geburtstag. Hrsg. v. S. Drews u.a. im Namen des Sigmund-Freud-Inst. Frankfurt/Main (Suhrkamp) 1978, S. 341-360
— — (1979) Zur gesellschaftlichen Funktion politischer Psychologie, Subjektivierung gesellschaftlicher Widersprüche. In: Moser, Helmut (Hrsg.): Politischer Psychologie (Arbeitstitel). Weinheim (Beltz) 1979 in Druck
Katsh, Abraham I., Hrsg. (1965): Buch der Agonie. Das Warschauer Tagebuch des Chaim A. Kaplan. Frankfurt/Main (Fischer)
Leithäuser, Thomas (1976): Formen des Alltagsbewußtseins. Frankfurt/Main-New York (Campus)
Lorenzer, Alfred (1976): Zur Dialektik von Individuum und Gesellschaft. In: Leithäuser/Heinz (Hrsg.), Produktion, Arbeit, Sozialisation Frankfurt/Main (Suhrkamp), S. 13-47
— — (1977): Sprachspiel und Interaktionsformen. Vorträge und Aufsätze zur Psychoanalyse, Sprache und Praxis. Frankfurt/Main (Suhrkamp)
Marcuse, Herbert (1965): Industrialisierung und Kapitalismus. In: Otto Stammer (Hrsg.): Max Weber und die Soziologie heute. Verhandlungen des 15. Deutschen Soziologentages. Tübingen. S. 161-180
Mitscherlich, Alexander (1950): Oedipus und Kaspar Hauser. In: Der Monat 3, 1950, S. 11 ff
— — (1963): Auf dem Wege zur vaterlosen Gesellschaft. Ideen zur Sozialpsychologie. München (Piper)
Rammstedt, Otthein (1975): Alltagsbewußtsein von Zeit, in: Kölner Zeitschrift für Soziologie und Sozialpsychologie 27, 1975 (März) S. 47-63
Schnädelbach, Herbert (1969): Was ist Ideologie? Versuch einer Begriffsklärung. In: Das Argument, Nr. 50, Sonderband zum 10. Jahrgang, 1969, S. 71-92
Ziehe, Thomas (1975): Pubertät und Narzißmus. Frankfurt/Main-Köln (EVA)

Hans Georg Trescher
Anpassung an den autoritären Charakter?

Klinisch-psychoanalytische, wie mehr sozialpsychologisch orientierte Arbeiten zeigen in neuerer Zeit weitreichende Einigkeit in der Diagnostizierung sich verändernder Subjekt-Strukturen[1]. Nicht mehr vom „autoritären Charakter" ist die Rede, sondern von einem „neuen Sozialisationstyp" oder vom „narzißtischen Alltags- bzw. Sozialcharakter".

Ich werde zunächst kurz Kennzeichen dieser sich verändernden Charakterstrukturen umreißen, um sodann einige Bedingungen der Entfaltung beschädigter Subjektivität zu benennen. Ziel der Ausführungen ist nicht zuletzt, eine Einschätzung dieses ‚neuen'[2] Typs zu versuchen.

Bei aller unterschiedichen Kennzeichnung von Genese und Symptomatik dieses neuen Typs stimmen doch die Befunde in zumindest einem Punkt überein: der unzureichend vollzogenen Trennung von Selbst und Nicht-Selbst und, damit einhergehend, eine brüchige und bei affektiver Belastung unzuverlässige Unterscheidungsfähigkeit im Wahrnehmen und Erleben der alltäglichen Interaktionen.

Narzißtische Störungen dieser Art sind vorwiegend durch Strukturdefizite gekennzeichnet[3], dies im Gegensatz zu neurotischen Struktur als Folge der im weitesten Sinne ödipalen Traumatisierung. Das Hauptkennzeichnen narzißtischer Störung ist daher eine mangelhafte[4] und defizitäre Ausbildung von Ich und Selbst. Der Entwicklungsverlauf einer solchermaßen beschädigten Charakterstruktur ist in der Regel bereits schon in den frühesten Interaktionsprozessen zwischen Mutter und Kind angelegt.

War für Freud und die orthodoxe Psychoanalyse die Bezugsachse neurotischer Störungen immer ihre Stellung zur ödipalen Konfliktsituation (Mutter-Kind-Vater), so wurzelt die beschädigende Herstellung der Subjektivität beim „neuen Sozialisationstyp" in der frühen Dyade von Mutter und Kind.

Entsprechend der primärnarzißtischen Herkunft bestimmen weitgehend präödipale Erfahrungs- und Wahrnehmungsformen das Erleben. Das Streben nach Befriedigung zielt mehr auf diffus erlebte Objekte und Zustände, als daß es sich innerhalb konturierter Objektbeziehungen ereignet. Orale Gier und die Sucht nach homöostatischen Erlebnissen, Verschmelzungs- und Omnipotenzphantasien treten in den Vordergrund. Eine hohe Kränkbarkeit des Selbstwertgefühls, exhibitionistische Strebungen und Scham, sowie Ohnmacht und reaktive narzißtische Wut sind weitere Kennzeichen dieses neuen Sozialisationstyps.

Hierzu ein Beispiel, das einige der o.g. Charakteristika an einem alltäglichen Ereignis, dem Umgang mit Musik, verdeutlichen soll. Lienhard Wawrzyn referiert in seinem Aufsatz „Szenen aus der ‚scene' "[5] die Schilderung einer 20jährigen Studentin, in der sie ihr Musikerleben beschreibt: „Musik is' sowieso alles, wa. Wenn ich allein bin und mach' Radio an oder irgend 'n Lied, hab' ich sofort 'n bestimmtes feeling mit dem Lied oder der Musik. Det is' ja allet gekoppelt und irgendwo automatisch. Und det is' ja och der Rhythmus, den de in Dir hast."[6]

Im Erleben der Musik lösen sich die (Körper-) Grenzen auf: „Musik is' sowieso alles". Augenblicklich stellt sich das „feeling . . . mit der Musik" ein, alles ist „irgendwo automatisch", Reflex.

„Und det is' ja och der Rhythmus, den de in Dir hast." Innen ist Außen und Außen ist Innen; der Körper verliert sich in der Musik.

Wichtig ist wohl nicht die Musik, sie scheint relativ beliebig (,,mach' Radio an oder irgend 'n Lied"), sondern ihre Funktion: die Musik nimmt auf und trägt, gibt ,,sofort 'n bestimmtes feeling", zeigt, daß man lebendig ist. ,,Das ist das beste", sagt sie an anderer Stelle[7], ,,wenn die Aussage, die Du auch gerade in Dir hast, wenn Du dich damit voll identifizieren kannst und so richtig darin aufgehst. Also, wenn Du die Stones richtig verstehst, was die für 'ne Power in sich haben – und Du hast det och gerade, und Du kannst so richtig uff Stones abfahren. Du kannst da allet rinlegen, wat von Dir och is' und det Lied, det turnt Dich so an, ja."

Das beste ist, wenn sich die Grenzen harmonisch, d.h. unbedrohlich auflösen, man mit der Musik, der Power verschmelzen kann. ,,Du kannst da allet reinlegen, . . . det turnt Dich so an, ja."

Zudem ist ,die' Musik absolut verfügbar, sie gibt ,, 'n bestimmtes feeling", verlangt aber nichts. Man kann in/mit ihr zerfließen – oder sie entfernen. Sie steht vollkommen unter der eigenen Kontrolle. Ganz deutlich wird hier die archaische Imago der guten Dual-Einheit[8] von Mutter und Kind wiederbelebt; wie das sehr kleine Kind fühlt man sich getragen und sicher in den ,,harmonischen Weiten" (Balint) des ,,ozeanischen Gefühls" (Freud). Hier gewinnt das Phantasma Realität, wird erneut das Zentrum des damals als allmächtig erlebten Mutter-Kind-Systems[9]. Diese primärnarzißtische Qualität ist das Kennzeichen der Verschmelzungs- ,,Power", wenn man 'so richtig auf . . . abfährt'; das turnt an, das ist ,,wowieso alles". Aber was ist das, alles? Dieses unkonkret-abstrakte ,,Alles" ist auch nichts (Konkretes, Greifbares, Wirkliches).

Herstellung von Subjektivität

Ich habe nicht die Absicht, Formen wie das oben beschriebene Musikerleben zu denunzieren. Gleichwohl wird in Wawrzyns Arbeit deutlich, daß die möglich scheinenden ,neuen' Dimensionen der Interaktion eher Rückzugscharakter haben. ,,Die Egozentrik, mit der man sich der Musik und dem Tanz überläßt, (setzt sich) fort im Sozialverhalten des Stammpublikums (der Diskothek, der Ref.) und sabotiert alternative Formen, miteinander umzugehen. Die Arbeit der Umgestaltung bleibt stecken in der Sprachlosigkeit und den Schwierigkeiten, sich anders als auf oberflächlicher Ebene zu einigen."[10]

Sprachlos – das scheint mir entscheidend – sind diese Formen der Reproduktion früher Erfahrungen, da sie lebensgeschichtlich vor der Einführung in Sprache liegen und später niemals in die Sprache eingeholt wurden. Das Musikerleben ist alles, aber was alles ist, ist sprachlich kaum fassbar. ,Körper'-Erlebnisse sind hier im Spiel, die aus einer Zeit der Lebensgeschichte stammen, in der es eine Scheidung von innen und außen, aktiv und passiv, belebt und unbelebt (noch) nicht gibt. Psyche und Soma sind nicht getrennt, körperliches Empfinden ist ein unmittelbar seelisches. Das sehr kleine Kind verfügt über keinerlei Orientierungsmöglichkeiten in räumlichen, zeitlichen und kausalen Dimensionen. Das begründet – neben dem körperlichen Angewiesensein auf die Pflegeleistungen der Umwelt – seine ungeheure Abhängigkeit von der Mutter, der es sich nicht entziehen kann. Das Fehlen festgefügter Orientierungspunkte ermöglicht es dem sehr kleinen Kind ja gerade nicht, Spannungszustände, die die affektiv entlastenden Halluzinationen durchbrechen, in irgendeiner Weise ohne traumatische Reaktionen zu ertragen.

Wenn der Säugling z.b. Hunger hat und nicht gefüttert wird, weil die Mutter kurzfristig nicht verfügbar ist, und dauert diese Zeitspanne zu lange, hat er keine Möglichkeit, die zukünftige Bedürfnisbefriedigung zu antizipieren. Da er über keine zeitliche Orientierungsmöglichkeit verfügt, erlebt der Säugling die unmittelbare Bedürfnisspannung aktuell als zeitlose, d.h. als ewige und unendliche[11].

Mit der sukzessiv fortschreitenden und schmerzhaften Trennung aus der Symbiose mit der Mutter konstituieren sich erst allmählich die räumlichen, zeitlichen und kausalen Erfahrungsfelder und damit die Polarisierung von Selbst und Objekt, die eigentlich erst mit dem „Untergang des Ödipuskomplexes" (Freud) zu einem vorläufigen konstanten Abschluß gelangt.

Nun realisiert sich der frühe Verlauf der familiären Interaktion durchaus nicht im Schonraum einer „glücklichen Kindheit"[12]. Vielmehr deutet nicht zuletzt die Diskussion um den neuen Sozialisationstyp deutlich auch auf das Scheitern frühester sozialisatorischer Interaktion. Gleichzeitig zur Herstellung von Subjektivität fließt ihre Beschädigung mit ein.

Lorenzer hat ein Modell der primären Sozialisationsverläufe entwickelt[13], das der angesprochenen Dimension der Beschädigung Rechnung tragen kann. Wie er mehrfach gezeigt hat, konstituieren sich Subjekt-Strukturen, d.h. alle Grundfiguren des Erlebens sowie die Elemente und die individuelle Organisation von Denken und Handeln, in den jeweils konkreten sozialisatorischen Interaktionsverläufen, deren Niederschlag sie sind.

Zentral steht dabei der Prozeß der Einigung auf bestimmte Befriedigungs- und Versagungsmodalitäten, die sich aus dem Wechselspiel von kindlicher und (zunächst) mütterlicher Lebenspraxis herauskristallisieren. Produkt der sich wiederholenden, Verständigung intendierenden Einigungsschritte sind bestimmte Interaktionsformen, die erste Elemente der Subjekt-Struktur des Kindes bilden.

In gelingenden Interaktionsverläufen werden bestimmte Interaktionsformen im Zuge der Spracheinführung benannt, das heißt, mit Sprache verbunden. Mit Hilfe der nunmehr symbolischen Interaktionsformen wird Erleben damit potentiell verfügbar, Denken als Probehandeln, als Vorwegnahme zukünftiger Handlungssequenzen wird möglich. Da sich jedoch jede Form der Einigung zwangsläufig nur unter dem Primat der erwachsenen Interaktionspartner realisiert, ist „Einigung" notwendig ein kritischer Begriff. Was sich unter der konkreten Herrschaft der Eltern (die selbstredend auch Schutz und Fürsorge ist) wirklich in Szene setzt, sind in aller Regel verschiedene Grade der Nicht-Einigung; im günstigen Falle also eine maximale Annäherung an den idealtypisch gedachten gelingenden Sozialisationsschritt.

Daß „Einigung" nur in kritischer Wendung verstanden werden darf, macht auch folgende, diesem Prozeß inhärente Dimension deutlich. Eine Einigung zwischen Mutter und Kind auf konkrete Formen der Befriedigung und Versagung ist nur dann möglich, wenn es dem Kind gelingt, sich mit dem Verlust bestimmter, jeweils phasenspezifischer Phantasien über die Wirklichkeit seiner Existenz zu versöhnen[14]. Z.B. in den frühen Entwicklungsverläufen muß das kleine Kind aufgrund der Versagungserlebnisse erkennen, daß etwas Mächtiges außer ihm existiert, unabhängig von seiner Allmachtsphantasie, alleiniger „Beweger und Bewirker"[15] der Welt zu sein. Erst in dem Maße, wie es seinen Anspruch auf Omnipotenz aufzugeben in der Lage ist, schreitet der Aufbau von Subjekt-Strukturen als Entfaltung zunehmend konturierter Selbst- und Objektrepräsentanzen voran.

Zeigt der Prozeß der Versöhnung den Verzicht auf frühe Illusionen, so gelingt dem Kind aus dem direkt körperlich erfahrbaren Machtgefälle heraus dieser Schritt jedoch nur über das von den Eltern in gelingenden Sozialisationsverläufen vermittelte Versprechen, einmal so groß und mächtig zu werden wie sie[16], also seiner realen Ohnmacht zu entwachsen.

Können frühe Sozialisationsverläufe so unter dem Aspekt der Desillusionierung verstanden werden, fällt auf, daß dies nur dadurch möglich wird, daß dem Kind neuerliche Illusionen vermittelt werden. In der frühesten Entwicklungsphase ist es die Vorstellung, über die Mutter verfügen zu können, wenn sie gebraucht wird, in der analen die respektierter Autonomie und in der ödipalen die, als vollwertiger und gleichgeltender Partner respektiert zu werden. Es bedarf kaum des Nachweises, daß diese neuerlichen Illusionen wenig Realität haben.

Damit wird deutlich, selbst in gelingenden Sozialisationsverläufen fließt Herrschaft notwendig ein. Und wie sich zeigen läßt, tragen die Menschen hier und heute diese uneingelösten Versprechen gleichsam vor sich her, ohne sie umfassend realisieren zu können. Die Kultur- und Konsumindustrie nutzen die Phantasmen durch ihre Ankopplung an die Erscheinungsform der Waren und die damit einhergehende, weitreichende Erschließung des ‚inneren' Marktes, der Vermarktung innerer Natur. Über den ,,schönen Schein der Waren"[17] wird ein ‚Gebrauchswert'-Versprechen vermittelt, das diese frühen Illusionen in vielfältiger Weise evoziert und an die Welt der Waren bindet. Damit tritt diese Welt als Surrogat wirklicher Erfahrung zwischen die (verborgen) präsentierten Wünsche und ihre Erfüllung. In weitaus größerem Umfang gilt dies natürlich für die Phantasmen gescheiterter Sozialisationsschritte.

Aber noch ein weiterer Gesichtspunkt ist hier von Bedeutung. Die vollständige Realisierungsmöglichkeit symbolischer Interaktionsformen verweist zwangsläufig auf erwachsene Lebenspraxis.

Beschädigende Herstellung von Subjektivität

Störungen im Aufbau subjektiver Struktur realisieren sich nun zunächst entsprechend dem psychoanalytischen Konfliktmodell im Bereich der inzestuösen ödipalen Objektbindungen. Gerade dort, wo das Kind das Triebbedürfnis eindeutig zeigt, setzen die Sanktionen der Eltern ein und erzwingen die Abwehr der verpönten Triebregung. Das Kind ist genötigt, die konfliktträchtigen Anteile der Interaktionsszene zu verdrängen.

Die Folge dieser ,,Desymbolisierung" (Lorenzer) sind punktuelle, auf die konflikthafte Szene begrenzte Störungen der Symbolisierungsfähigkeit, die gleichsam bestimmte Interaktionsformen aus dem System symbolischer Interaktionsformen ausstanzen. Diese desymbolisierten Interaktionsformen sind, obwohl unbewußt handlungsdominant, dem Bewußtsein nicht mehr zugänglich. Beschädigende Herstellung von Subjektivität meint also innerhalb neurotischer Bildungsverläufe das Nebeneinander von Aufbau und Zerstörung von Subjekt-Strukturen.

Ein wesentlich anderes Bild bietet sich jedoch bei Störungen, deren Kennzeichen keineswegs die ödipale Bezugsachse darstellt, sondern die frühen Entwicklungsverläufe in der Mutter-Kind-Dyade. In dieser Phase ist die Qualität des Erlebens überwiegend gekennzeichnet von der noch nicht vollzogenen Trennung zwischen Selbst und den Objekten. Dies hat weitreichende Konsequenzen nicht nur für die Affekte, die die befriedigenden Interaktionen begleiten („ozeanisches Gefühl"), sondern ebensosehr für bedrohliche Situationen. In diesem Erlebnisfeld kreisen aufgrund der fehlenden oder unzureichenden Unterscheidungsfähigkeit zwischen innen und außen, aktiv und passiv, die vorherrschenden Ängste nicht z.B. um Strafängste oder um Angst vor Liebesverlust. Diese eher ödipalen Erfahrungen setzen ja bereits die Wahrnehmung von Selbst und Nicht-Selbst voraus; erst auf dieser Entwicklungsstufe kann das Kind antizipieren, was es bedeutet, wenn sich die primären Bezugspersonen von ihm abwendeten.

Ganz anders die frühen Angstformen, die entsprechend ihrer primärnarzißtischen Qualität die gesamte Existenz des Kindes umfassen. Der Angstinhalt kreist hier um die drohende Vernichtung des rudimentär ausgebildeten Selbst. Diese „unaussprechliche Angst" (Winnicott) ist daher von tendenziell psychotischer Intensität und Qualität. Mahler[18] verweist in diesem Diskussionszusammenhang darauf, daß die den archaischen Abwehrformen (wie Spaltung, Projektion, Verschmelzung) unterliegenden Ängste unter dem Primat der Erhaltung des rudimentär ausgebildeten Selbst stehen. Konsequenterweise spricht sie auch von Erhaltungsmechanismen in Abgrenzung gegen die Abwehrmechanismen, die eine relativ reife Ich-Struktur implizieren.

Ein plötzliches Durchbrechen der kindlichen Illusion von Allmacht seitens der Pflegeperson führt nun zu mangelhaften Versöhnungsleistungen. Um dem bodenlosen Sturz in die reale Ohnmacht zu entgehen, muß sich das Kind um so mehr an das Phantasma seiner Omnipotenz klammern, je hilfloser es den gewaltförmigen und/oder willkürlichen Interaktionen ausgesetzt ist[19]. Diese Form der Fixierung an frühe Erfahrungs- und Reaktionsmuster archaischer Undifferenziertheit und Intensität verhindert eine strukturbildende Loslösung, die aus der diffus-unspezifischen Wahrnehmungs- und Erlebnisverarbeitung der Mutter-Kind-Dyade herausführen könnte.

Innerhalb dieser fehlgehenden Entwicklung wird die Symbolisierungsfähigkeit – im Unterschied zu neurotischen Verlaufsformen – basal geschädigt. Die Entfaltung von Ich und Selbst bleibt defizitär. Balint spricht, um diese umfassende Schädigung zu beschreiben, von „Grundstörungen"[20]. Unter dem Aspekt der beschädigenden Herstellung bedeutet dies, daß hier die Entfaltung von Subjektivität nicht nur partiell (wie beim neurotischen Bildungsverlauf), sondern basal gestört wird.

Der einzelne bleibt den frühen Erfahrungsmustern weitgehend verhaftet, der Anspruch auf Grandiosität, Allmacht und magische Kontrolle dient nunmehr unmittelbar der Erhaltung und Stabilisierung des Selbst.

Dies verweist auf einen kaum aufzulösenden Widerspruch, denn das lebensnotwendige Phantasma eigener Omnipotenz muß zwangsläufig mit den Begrenzungen der Realität kollidieren. Dies erklärt teilweise die leichte und hohe Kränkbarkeit narzißtisch Gestörter. Auch der scheinbar geringfügige Anlaß, der die Grandiosität und Einzigartigkeit in Frage stellt, bedroht unmittelbar die Kohärenz des Selbst. Die partiell gescheiterte Versöhnung, die auch als gewaltförmig erzwungene Einigung beschrieben werden kann, führt so entlang der Lebensgeschichte zur unablässigen Suche nach Objekten oder Dingen, die das notwendige Phantasma abstützen helfen.

Die Frage nach dem Motor der skizzierten Veränderung von Charaktermerk-

malen läßt sich in begrenzten Rahmen dieses Aufsatzes nur bruchstückhaft beantworten. Deutlich zeichnet sich jedoch in allen Lebensbereichen ein zunehmender objektiver Infantilisierungs- und Regressionsdruck auf relativ entfaltete
Subjekt-Strukturen ab[21]. Dieser Prozeß der Entstrukturierung historisch erreich-
ter Subjektivitätspotentiale auf dem Hintergrund der realen Subsumtion der Arbeitskraft unters Kapital und der damit einhergehenden ‚Begleitumstände', wie
der sukzessiven Auflösung bislang festgefügter und eindeutiger Sinnsysteme, entbindet — auf erwachsene Individuen bezogen — eine zunehmende Destruktion
reifer und entfalteter Interaktionsformen. Volmerg[22] hat diesen Umstand innerhalb repetitiver Arbeitsprozesse nachgewiesen, ebenso wie dies Fromm[23] am Beispiel drohender „chronischer Langeweile" im Freizeitbereich in Ansätzen gezeigt
hat.

Von besonderer Bedeutung bei dieser Diskussion um die Erosion tradierter
Sinnsysteme scheint mir der Umstand zu sein, daß ihre gesellschaftlich betriebe-
ne Auflösung auf die Bedeutung sekundärer Sozialisationsprozesse, beispielsweise am Arbeitsplatz, hinweist. Auf die individuelle Struktur bezogen, kann dem
theoretisch nur Rechnung getragen werden, wenn auch die Produkte gelingender
Sozialisationsschritte (symbolische Interaktionsformen) zunächst nur als Potenz,
als Entwürfe lebensgeschichtlich-konkreter Utopie begriffen werden, die notwendig schon in der primären Sozialisation verankert sein müssen, und die immer
auch auf ihre Realisierbarkeit in erwachsener Lebenspraxis bezogen bleiben. Unter dem Dikat des objektiven Infantilisierungsdrucks kann diese ‚utopische' Dimension jedoch nicht eingelöst werden. Begreift man so symbolische Interaktionsformen als dynamische Kategorie, können Veränderungen in der Struktur
des Sozialcharakters gleichsam unter zwei Ansatzpunkten aufgezeigt werden: Die
Entstrukturierung entfalteter Subjekt-Strukturen innerhalb sekundärer Sozialisationsprozesse entspricht (über die Eltern vermittelt) dem vorab beschädigenden
Aufbau von Subjektivität des Kindes in den frühen Sozialisationsverläufen.

Die Fragestellung, warum die Eltern teilweise schon so reagierten als gehörten
sie bereits dem neuen Sozialisationstyp an[24], verliert damit an Schärfe, weil mit
Hilfe der Lorenzerschen Begrifflichkeit deutlich gemacht werden kann, daß symbolische Interaktionsformen nur unter der Bedingung Realität besitzen, daß sie
in alltäglichen Interaktionen realitätsgerecht und situationsadäquat bleiben.

Der autoritäre Charakter im Gewand des neuen Sozialisationstyps

Ich hoffe, in meinen bisherigen Ausführungen ist in zureichendem Maße klargeworden, daß narzißtische Störungen durch eine mangelhafte und defizitäre Ausbildung von Ich und Selbst gekennzeichnet sind.

Das hervorragende Merkmal hierbei ist die basale Schädigung des Symbolisie-
rungsvermögens, gestört ist also die Fähigkeit der Aneignung und realitätsgerech-
ten Verarbeitung der Wirklichkeit. Gerade die einschränkenden Dimensionen der
Realität dürfen ja in ihren entscheidenden, dem Anspruch auf Grandiosität widersprechenden, Gehalten wegen der damit verbundenen Kränkung nicht wahrgenommen werden.

Anstelle der Auseinandersetzung mit Konflikten tritt passive Verweigerung
und eine gleichsam zukunftslose, weil perspektivlose halluzinatorische Wunsch-
erfüllung, d.h. Realitätsverleugnung[25]. Innerhalb dieser Erlebnisdimension fehlt

die Kraft, individuelles, Leiden mit objektiven Zwangsmomenten zu verbinden, diese aktiv anzugehen und produktiv aufzulösen.

Die Qualität der tendenziell primärnarzißtisch bestimmten Realitätsbewältigung und Wirklichkeitsverarbeitung gibt m.e. kaum zu Hoffnungen Anlaß, daß der neue Sozialisationstyp in der Lage wäre, Widersprüche auszuhalten und diese produktiv für „neue Lebensformen" zu nutzen, die sich nicht in der bloßen (tendenziell autistischen) Verweigerung und Apathie sowie der halluzinatorischen Veränderung der Lebensumstände erschöpfen.

Eine Einschätzung des neuen Sozialisationstyps zeichnet sich damit deutlich ab: Er ist in hohem Maße anfällig für Zwangsverhältnisse, und es handelt sich nach meinem Dafürhalten um eine modifizierte, man kann auch sagen neue, Formgebung des autoritären Charakters. Um diese Einschätzung näher zu begründen, werde ich mich im folgenden an der Arbeit von Thomas Ziehe „Pubertät und Narzißmus" orientieren, nicht zuletzt deshalb, weil diese Studie in der gegenwärtigen Diskussion zu Recht[26] eine wichtige Stelle einnimmt.

Ziehe schätzt die emanzipatorischen Potenzen des neuen Sozialisationstyps sehr hoch ein und ist überzeugt, daß er „sich qualitativ in einer Weise vom ,klassischen' unterscheidet, die definitiv positiv bewertet werden kann."[27] Dies ist umso erstaunlicher, als er die defizitäre Entfaltung der Subjekt-Struktur deutlich aufzeigt[28], und darüber hinaus eine von Mahler mitgeteilte Falldarstellung eines jugendlichen Borderline-Patienten referiert[29], dessen frühe Defektlagen er „als exemplarisch, wenn auch extrem,"[30] ansieht.

Zur besseren Entfaltung der Diskussion will ich kurz Ziehes Begründungszusammenhang wiedergeben.

Nachdem er als wesentliche Kennzeichen des neuen Sozialisationstyps u.a. eine „Konservierung" der archaischen Mutterrepräsentanzen", das Streben nach „narzißtischen Gleichgewichtszuständen", „ein diffus ins kosmische erweitertes . . . Ich-Ideal", ein strenges und archaisches Über-Ich mit entsprechenden Schuldgefühlen, „ein dem Realitätsrisiko narzißtischer Kränkungen aus dem Weg gehendes Verweigerungsverhalten, das vorwiegend der Abstützung des äußerst verletzlichen Selbstwertgefühls dient"[31], diagnostiziert und diskutiert, wechselt er zur Einschätzung des neuen Sozialisationstyps den kategorialen Bezugsrahmen: Ziehe wendet sich nun der Lorenzerschen Theorie der Symbolbildung zu.

Dieser Schritt ist einsichtig, offenbart er doch ein wesentliches Dilemma beim Versuch der positiven Einschätzung des neuen Sozialisationstyps. Innerhalb der Freudschen Begrifflichkeit gelangt man bei der Beschreibung narzißtischer Strukturen und Zustände notgedrungen zur Bestimmung eines Defizits, gemessen an einer schon entfalteten ödipalen Struktur (Es, Ich, Über-Ich). Im Festhalten der Freudschen Begrifflichkeit können narzißtische Konfigurationen daher nur negativ, als Strukturdefizit beschrieben werden.

Das Über-Ich/ Ich-Ideal-System z.B. bezeichnet eine entfaltete Instanz, die eine relativ festgefügte Scheidung von Selbst und Nicht-Selbst voraussetzt und die als solche in den frühen Entwicklungsverläufen noch nicht existiert. Ebenso sind die „archaischen Mutterrepräsentanzen", von denen Ziehe spricht, real keine Repräsentanzen der Mutter. Vielmehr handelt es sich hier um eine Imago der frühen Interaktion zwischen Mutter und Kind[32]. Narzißtische Dimensionen entfalten gerade dann eine neue Qualität, wenn sie in die Subjekt-Struktur integriert werden[33]. Spricht man also (auf Jugendliche und Erwachsene bezogen) z.B. von einer „Konservierung" von Über-Ich-Vorläufern, ist damit immer schon ein Defekt, d.h. nicht entfaltete Subjektivität impliziert, die eine positive Einschätzung im Freudschen Bezugssystem vorab untersagt. Dessen scheint sich Ziehe sehr wohl bewußt zu sein. Wie erwähnt, wendet er sich der Lorenzerschen Theorie der Symbolbildung und Sozialisationstheorie zu, um dem aufgezeigten Problem zu entgehen. Er rekuriert dabei auf die Vorformen symbolischer Interaktionsformen (also gelungener Bildungsverläufe), die Lorenzer als „Protosymbole" beschrieben hat[34] und unterstellt, daß der neue Sozialisationstyp dadurch gekennzeichnet ist, daß er partiell auf dieser vorsymbolischen Entwicklungsstufe verharrt: Das Phantasma der nutritiven (nutritiv: nährend, auf Lustgewinn gerichtete Energie (C.G. Jung)) Einheit mit dem primär-narzißtischen Mutterobjekt", das der neue Sozialisationstyp zur Stabilisierung seines Selbstwertgefühls immer wieder benötigt, „kann nun dadurch beibehalten werden, daß die primär-narzißtische Mutter-Kind-Interaktion nicht symbolisiert wird, sondern in ihrer Symbolvorform verbleibt: d.h. die Repräsentanz der Mutter-Kind-Symbiose behält ihren Status als Protosymbol. Die homöostatische Erlebnisqualität der vorsprachlichen Interaktionsform wird somit weiteren (symbolischen) Veränderungsprozessen entzogen und gewissermaßen protosymbolisch „festgehalten".

Fortan ist auch der narzißtische Symbiose-Wunsch von der weiteren Sprachentwicklung abgekoppelt und wird nicht mehr in die sprachliche Bedürfnisartikulation mit einbezogen."[35]

Da die Protosymbole nicht in Sprache eingeholt werden, sind sie jedoch der individuellen Verfügung entzogen und deshalb auch „Reflexionshindernis und bedürfen daher der bewußtmachenden Symbolisierung"[36].

Und nun der Angelpunkt von Ziehes positiver Einschätzung der emanzipativen Potentiale des neuen Sozialisationstyps: „Andererseits ist in ihnen (den Protosymbolen, der Ref.) gerade auch ein positiv-affektives Moment der Mutter-Kind-Beziehung aufbewahrt, dem durchaus ein real-utopischer Gehalt zugesprochen werden kann"[37]. Und: „Zunächst kann man feststellen, daß dieser Gehalt in seiner protosymbolischen Verhüllung – und gerade durch sie – sich der Verdinglichung der empirisch angebotenen gesellschaftlichen Wirklichkeit entzogen hat."[38]

Dieser Begründungszusammenhang, der schließlich zur positiven Einschätzung führt, ist nicht haltbar. Dies gilt zum einen für den „real-utopischen Gehalt" der Mutter-Kind-Dyade, mehr jedoch noch für die These von den „Protosymbole(n) als Ferment neuer Verkehrsformen"[39]. Die Lösung des Problems, die Ziehe über die Beachtung der Vorformen symbolischer Interaktionsformen anstrebt, erweist sich bei näherer Betrachtung als Mißverständnis. In den Arbeiten Lorenzers, die Ziehe benutzt[40], ist die Dimension der gescheiterten frühen Entwicklungsverläufe, wenn überhaupt, doch so nur am Rande berücksichtigt. Protosymbole sind die Produkte gelingender, Sozialisationsschritte, nicht das Ergebnis gescheiterter oder erzwungener Einigungsschritte. Nun verweist gerade die Symptomatik des neuen Sozialisationstyps, die Ziehe herausarbeitet, auf das Mißlingen dieser frühen Entwicklungsschritte. Um deren Niederschlag in individueller Struktur zu untersuchen, ist der Begriff „Protosymbol" deshalb untauglich. Indem Ziehe nun diesem Mißverständnis aufsitzt, ersetzt er umstandslos im Begriff die Produkte gescheiterter Entfaltung durch die Vorläufer von symbolischen Interaktionsformen. Gerade die auch von Ziehe diagnostizierte Schwäche der Symbolbildung des neuen Sozialisationstyps[41] ist ja das Ergebnis der gewaltförmigen und herrschaftsstiftenden Interaktion in der Mutter-Kind-Dyade. Eben weil das

94

leidvolle Erleben so furchtbar ist, darf es nicht bewußt und kann es nicht symbolisiert werden. In anderen Worten: Hätte die unendliche Ohnmacht, Kränkung und Wut Bewußtseinsqualität, könnte sich das Kind an keiner Stelle dem unsagbaren Schmerz und seinen archaischen, in Stärke und Intensität kaum unterschätzbaren Reaktionen entziehen.

Was das Kind (und später den Erwachsenen) dazu zwingt, an den frühen Phantasmen festzuhalten, sind ja keinesfalls gelungene Sozialisationsschritte, die es ermöglichen würden, sich mit dem sukzessiven Verlust der Illusion von Allmacht und Grandiosität zu versöhnen, und deren Niederschlag in subjektiver Struktur als Protosymbol bezeichnet werden könnte, sondern ihr Scheitern.

Der angesprochene ‚Mangel' der Lorenzerschen Theorie, die bisherige Ausgrenzung der neueren Narzißmusdiskussion und insbesondere der Auswirkung früher Störungen der Interaktion auf die Entfaltung subjektiver Struktur, kann also nicht umstandslos eine positive Einschätzung des neuen Sozialisationstyps begründen. Finger[42] hat die Folgen der gewaltförmig erzwungenen Einigungsschritte untersucht. Sie spricht von „Pseudo-Einigungen", die „zu Repräsentanzen eines „falschen" Selbst und „falscher" Objekte (führen), wobei durch die spezifische Qualität der Behinderung eben diese von der Qualität ihrer Entstehung nicht mehr unterschieden werden können."[43]

Das Produkt der frühen Störungen ist somit eine „Struktur verhinderter Subjektivität"[44]. Eben diese „Struktur verhinderter Subjektivität" ist das hervorragende Merkmal des neuen Sozialisationstyps.

Das bezeichnete Mißverständnis Ziehes wird auch an anderen Stellen seiner Arbeit deutlich. Immer dann, wenn er Realisierungsmöglichkeiten neuer Verkehrsformen diskutiert, beschreibt er diese in direkter Analogie zu therapeutischen Prozessen. Obwohl er diesen Umstand in einer Fußnote relativiert[45], orientiert er sich umstandslos z. B. an Kohuts Beschreibung der „Behandlung narzißtischer Persönlichkeitsstörungen"[46], um so mögliche Lernprozesse in „Laiengruppen" darzustellen.

Abgesehen davon, daß Ziehe vernachlässigt, daß Gruppenprozesse und die therapeutische Arbeit mit Gruppen teilweise anderen Prinzipien und Voraussetzungen unterliegt[47] als das klassisch analytische Setting, auf das sich Kohuts Ausführungen beziehen, und die somit nicht einfach gleichzusetzen sind, gesteht Ziehe mit diesen Analogieschlüssen zur therapeutischen Situation gerade die Defektlagen des neuen Sozialisationstyps ein. Aus eigener Kraft ist der neue Sozialisationstyp nicht in der Lage, sich neue Verkehrsformen zu erschließen. Das Wagnis des möglichen Neuen kann er aufgrund seiner hohen Kränkbarkeit und des damit verbundenen Risikos für das Selbstwertgefühl nicht eingehen.

Auch die von Ziehe postulierte Dimension des real-utopischen Gehaltes, der sich „in seiner protosymbolischen Verhüllung . . . der Verdinglichung der empirisch angebotenen gesellschaftlichen Interaktionsmuster entzogen hat"[48], verdient noch näher betrachtet werden.

Es ist sicher zutreffend, daß sich in der gelingenden Mutter-Kind-Beziehung Nähe, affektive Entlastung, Geborgenheit und Sinnlichkeit entfalten können. Inwieweit diese Dimension — bleibt sie in der „proto-symbolischen Verhüllung" stecken — jedoch „real-utopisch" ist, bleibt unklar, eben weil sie einer voridentischen und vorrationalen, (potentiell: noch) nicht-subjektiven Sinnlichkeit zugehört. Erst die symbolischen Interaktionsformen fassen ja im Begriff das, was Ziehe den Vorformen zuordnet: real-utopische Gehalte.

Die Nicht-Einführung des Erlebens in Sprache deutet viel eher auf ein symptomatisches Geschehen, als auf Entwicklungspotenzen. Die Entsprachlichung der Sprache und die Verhinderung der Einführung in Sprache zielen beide in eine Richtung, der Ablösung des Reflexionsvermögens durch Reflexe. Beides sind Symptome der Entstrukturierung von Subjektivität bzw. ihrer beschädigenden Herstellung.

Damit wird deutlich, daß diese frühen Erlebnisgehalte kaum dem gesellschaftlichen Zugriff entzogen bleiben. Nicht zuletzt der Kulturindustrie gelingt die Nutzung dieser frühen Illusionen in großem Umfang. Hierzu ein Beispiel: Leber beschreibt die primärnarzißtischen Illusionen des sehr kleinen Kindes in der gelingenden Mutter-Kind-Dyade so: „In harmonischer Einheit mit der Mutter erlebt sich das Kind „getragen", groß, stark und mächtig. Es erlebt sich im Mittelpunkt eines allmächtigen Systems und hat die Illusion dessen Beweger und Bewirker zu sein."[49] Z. B. in sehr vielen Science Fiction-Romanen[50] findet sich ein vergleichbares Bild. Der Kommandant eines „Raumkreuzers" sitzt in der Zentrale, dem Mittelpunkt eines mächtigen technischen Systems, über das er verfügt. Mittels Knopfdruck löst er Planeten auf, verschwindet in einem anderen Raum-Zeit-Kontinuum und vieles andere mehr. Mit Hilfe der technischen Apparatur ist er „groß, stark und mächtig" und gebietet gleichsam über die ‚Welt'.

Unterzieht man solche und ähnliche Produkte der Kulturindustrie einer näheren Betrachtung, wird deutlich, daß sich in der kommerzialisierten Wiederbelebung der primären Erfahrungen eine merkwürdige Verbindung von frühen Erfahrungsgehalten und reduziert-zeichenhaften Interaktionsformen manifestiert, die sich keinesfalls Verdinglichungsprozessen entzogen haben. Vielmehr zeigt sich in der Reduktion von schöpferischer Phantasie auf technische Phantastik eine verstümmelte Herstellung ‚symbolischer' Interaktionsformen, die vorab Erfahrungsfähigkeit und Spontaneität auf verdinglichte Interaktionsstrukturen eingrenzt. Die absurde Forderung „ganz spontan" mit der Realität umzugehen, zeigt das Unvermögen, Spontaneität zu verwirklichen.

Ich habe oben bereits ausgeführt, daß die gescheiterten Versöhnungsschritte in der Lebensgeschichte des neuen Sozialisationstyps notwendig zur unablässigen Suche nach Objekten führt, die die Phantasmen primärer Erfahrung abstützen. Die Funktion dieser Objekte ist es, „Ersatz für fehlende Segmente der psychischen Struktur" zu bieten. Sie werden „benötigt, um die Funktionen eines Segments des seelischen Apparats zu übernehmen, das sich in der Kindheit nicht ausbilden konnte."[51] Entsprechend der primärnarzißtischen Herkunft des Defekts von Ich und Selbst handelt es sich um die Suche nach diffus-omnipotenten Objekten, die die Kohärenz des labilen Selbst abstützen sollen und damit im Dienste der Abwehr der „unaussprechlichen Angst" (Winnicott) stehen, die um die drohende Vernichtung des defekt ausgebildeten Selbst zentriert sind.

Die Unterwerfung unter als allmächtig erlebte Objekte garantiert hingegen — sofern sie die Sicherheit des „ozeanischen Gefühls" (Freud) versprechen — relative Angstfreiheit. Angstabwehr und Unterwerfungsbereitschaft gehen zusammen. Diese psychodynamische Funktion der Unterwerfung ist konstitutiv für die Anfälligkeit der neuen Form des autoritären Charakters[52] für Zwangsverhältnisse. Die unmittelbar verhaltenssteuernden sozialen Ängste sind von elementarer Qualität und Intensität, da sie direkt an die Erhaltung des Selbst gekoppelt sind.

Die häufig vorgetragene These vom ‚Veralten' des autoritären Charakters verschleiert also eher den Blick auf die Herrschaftsstrukturen, innerhalb derer er sich hier und heute erneut konstituiert.

Narzißtisch bestimmte Erlebnisweisen der Realitätsbewältigung und Wirklichkeitsverarbeitung stehen keineswegs im Widerspruch zu einem autoritären Charakter, da es sehr wohl eine Unterwerfungsbereitschaft gibt, die „narzißtisch" genannt werden kann. Dies ist die beschriebene Erlebnisfigur: Bedingungslose Unterwerfung unter als archaisch-omnipotent erlebte Objekte, sofern sie nur Schutz vor den willkürlichen Einbrüchen in das labile narzißtische Gleichgewicht versprechen.

Auch der neue Typus des autoritären Charakters scheint, narzißtisch motiviert, somit zu bedingungslosem Machtglauben und einem kollektivistischen Führerideal zu tendieren.

Und nicht zuletzt ist der neue Sozialisationstyp anfällig für dieses Zwangsverhältnis, wie Ziehe bestätigt: „Der zu intensiv werdende Kontakt mit menschlich konturierten Objekten löst Angstsignale aus, die einer Wiederholung der frühen traumatischen Erfahrung vorbeugen sollen, daß diese Objekte kein gleichbleibendes „ozeanisches" Wohlbefinden gewährleisten können. In ihrer Vergänglichkeit sind menschliche Objekte bedrohlich, während demgegenüber diffus-kosmisch wahrgenommene Objekte ewiges Gleichgewichtserleben versprechen."[53]

1   Z. B. Roy C. Calogeras und Fabian X. Schupper: ,Verschiebung' der Abwehrformen und einige ihrer Konsequenzen für die analytische Arbeit, in Klaus Horn (Hsg.): Gruppendynamik und der ,subjektive Faktor'. Frankfurt 1972
    Klaus Strzyz: Sozialisation und Narzißmus. Wiesbaden 1978
    Hans-Georg Trescher: Sozialisation und beschädigte Subjektivität. Frankfurt 1979
    Thomas Ziehe: Pubertät und Narzißmus. Frankfurt 1975
2   Wie Klaus Theweleit zumindest für die faschistischen Freikorpsführer gezeigt hat, ist dieser Typ keinesfalls neu in dem Sinne, daß es eine vergleichbare Form narzißtischer Störungen bislang nicht gegeben hätte. Vgl. Männerphantasien Bd. 1 und 2. Frankfurt 1977 und 1978
3   Vgl. z. B. Hermann Argelander: Ein Versuch zur Neuformulierung des primären Narzißmus, in: Psyche Bd. 25. Stuttgart 1971
    Urte Dörte Finger: Narzißmus und Gruppe. Frankfurt 1977
    Heinz Kohut: Narzißmus. Frankfurt 1973
4   Diese Aussage bezieht sich selbstredend auf einen fiktiven Entwicklungsverlauf nichtbeschädigter Produktion von Subjektivität, die durch eine negative Bestimmung wie diese immer schon vorausgesetzt ist
5   In: Ästhetik und Kommunikation Heft 31. Berlin 1978
6   Wawrzyn a. a. O., S. 4
7   Wawrzyn a. a. O., S. 9
8   Finger (a. a. O., bes. Kap. 3-5) weist nach, daß es sich hier nicht um die Imago allein der guten Mutter handelt, sondern um die Imago der Einheit von Mutter und Kind. Sie spricht in diesem Zusammenhang vom „coenästhetischen Dual-Selbst".
9   Vgl. Aloys Leber: Rückzug oder Rache, in: Jahrbuch der Psychoanalyse Bd. IX. Bern, Stuttgart, Wien 1976
10 Wawrzyn a. a. O., S. 12
11 Vgl. Hans W. Loewald: Das Zeiterleben, in: Psyche Bd. 27. Stuttgart 1974
12 Vgl. Peter Brückner: Zur Sozialpsychologie des Kapitalismus. Frankfurt 1972
13 Vgl. Sprachzerstörung und Rekonstruktion. Frankfurt 1970
    Kritik des psychoanalytischen Symbolbegriffs. Frankfurt 1970
    Zur Begründung einer materialistischen Sozialisationstheorie. Frankfurt 1972
    Die Wahrheit der psychoanalytischen Erkenntnis. Frankfurt 1974
    Sprachspiel und Interaktionsformen. Frankfurt 1977
14 Vgl. Trescher a. a. O., Kap. V

15 Leber a. a. O., S. 126
16 Dies hat Freud oft hervorgehoben. Vgl. z. B. Jenseits des Lustprinzips, S. 14 f, in: Ges. Werke Bd. XIII. Frankfurt 1969
17 Wolfgang Fritz Haug: Kritik der Warenästhetik. Frankfurt 1971
18 Margret S. Mahler: Symbiose und Individuation, Bd. 1. Stuttgart 1972
19 Vgl. Leber a. a. O., S. 127
20 Michael Balint: Therapeutische Aspekte der Regression. Reinbek 1973
21 Vgl. Strzyz a. a. O., Trescher a. a. O., Birgit Volmerg: Die Vergesellschaftung psychopathologischer Strukturen im Produktionsprozeß, in: Thomas Leithäuser und Walter R. Heinz (Hg): Produktion, Arbeit, Sozialisation. Frankfurt 1976
22 Ute Volmerg: Zum Verhältnis von Produktion und Sozialisation am Beispiel industrieller Lohnarbeit, in: Leithäuser/Heinz a. a. O.
23 Erich Fromm: Anatomie der menschlichen Destruktivität. Stuttgart 1974, bes. S. 220 f
24 Ziehe (a. a. O.) verweist beispielsweise auf die Schwäche der Eltern; so diagnostiziert er ein narzißtisches Vermeidungsverhalten des Vaters und eine reaktive Dominanz der Mutter, die aus narzißtischer Trennungsangst erwächst (vgl. bes. S. 106ff und S. 118ff)
25 Dieser ,spontane' Umgang mit der Realität verweist reflexartig auf die wirkliche Ohnmacht der isolierten Individuen
26 Ich möchte darauf hinweisen, daß ich Ziehes Arbeit für einen wichtigen Diskussionsbeitrag zur Problemstellung des neuen Sozialisationstyps halte. Meine Kritik richtet sich im wesentlichen gegen seine positive Einschätzung dieses Typs.
27 Ziehe a. a. O., S. 242
28 Vgl. z. B. die Zusammenfassung Ziehe a. a. O., S. 163f
29 Vgl. Mahler a. a. O., S. 33ff und Ziehe a. a. O., S. 164f
30 Ziehe a. a. O., S. 164
31 Vgl. Ziehe a. a. O., S. 163ff
32 Vgl. Finger a. a. O.
33 Vgl. Heinz Kohut: Formen und Umformungen des Narzißmus, in: Psyche Bd. 20. Stuttgart 1966, sowie Kohut a. a. O.
34 Vgl.z. B. Lorenzer 1972 a. a. O., S. 118: „Symbole müssen im Vermittlungsprozeß stets „hergestellt" werden in einer Bildungsprozedur, die allemal über die Stufe von Vor-formen, d. h. Protosymbolen, läuft." (Vgl. auch Ziehe a. a. O., S. 235f)
35 Ziehe a. a. O., S. 237
36 Ziehe a. a. O., S. 328
37 Ziehe a. a. O., S. 238
38 Ziehe a. a. O., S. 240
39 Ziehe a. a. O., S. 229
40 Diejenigen bis einschließlich 1972 vgl. auch Lorenzer a. a. O.
41 Vgl. Ziehe a. a. O., z. B. S. 236
42 Urte Dörte Finger: Gruppenprozesse und subjektive Strukturbildung, in: Gruppenpsychotherapie und Gruppendynamik 13,2. Göttingen 1978, sowie Finger 1977, a. a. O.
43 Finger 1977, a. a. O., S. 155
44 Finger 1977, a. a. O., S. 156
45 Ziehe a. a. O., S. 224
46 Heinz Kohut: Die psychoanalytische Behandlung narzißtischer Persönlichkeitsstörungen, in: Psyche Bd. 23. Stuttgart 1969, sowie Ziehe a. a. O., S. 224f
47 Vgl. z. B. Herrmann Argelander: Gruppenprozesse. Reinbek 1972, sowie Finger 1977 und 1978 a. a. O.
48 Ziehe a. a. O.
49 Leber a. a. O., S. 126
50 Ein Beispiel für viele ist John W. Campbell: Der unglaubliche Planet. München 1971. Vergleichbare Inhalte finden sich auch in der Perry-Rhodan-Serie (Auflage über 300 Mio.) Die verdinglichte Inszenierung früher Erlebnisgehalte zeigen sich jedoch nicht nur in der SF-Literatur. Ein anderes modellhaftes Beispiel sind die sog. „Comics der Superhelden". Vgl. Jürgen Trabant: Superman – Das Image eines Comic-Helden, in:

D. Hoffmann und S. Rauch (Hg): Comics. Frankfurt 1975 sowie Hans-Georg Trescher: Archaische Seelentätigkeit und die Comics der Superhelden. Manuskript. (Erscheint in: Kindheit Bd. 1, Heft 1. Wiesbaden 1979)

51 Kohut 1969 a. a. O., S. 324, zit. n. Ziehe a. a. O., S. 223

52 Das vielbeschworene bürgerliche (d. h. männliche) Subjekt, nach dessen Maßgabe das Freudsche Strukturmodell modeliert wurde, war nie ein „Sozialcharakter". Das zeigen auch die „Studien zum autoritären Charakter". Sie weisen eine Vielzahl primärnarzißtisch motivierter Verhaltens- und Erlebnisweisen auf. Vgl. Theodor W. Adorno et al.: Studien zum autoritären Charakter. Frankfurt 1973. Vgl. auch Theweleits Analyse der Freikorpsliteratur (a. a. O.), die deutlich auf vergleichbare Zusammenhänge hinweist.

53 Ziehe a. a. O., S. 177

Gisela Dischner
Ein Gegenbild zum 'eindimensionalen Menschen'

„Orpheus und Narziß stehen für eine sehr andere Wirklichkeit . . . Sie wurden niemals die Kulturheroen der westlichen Welt: Ihre Imago ist die der Freude und der Erfüllung, ist die Stimme, die nicht befiehlt, sondern sagt; die Tat, die Friede ist und das Ende der Mühsal der Eroberung . . . Sie rufen die Erinnerung an eine Welt wach, die nicht bemeistert und beherrscht, sondern befreit werden sollte — eine Freiheit, die die Kräfte des Eros entbinden würde, die jetzt noch in den unterdrückten und versteinerten Formen des Menschen und der Natur gefesselt sind.", (Marcuse: S. 160 ff). Der orphische Narziß nun wäre jener, der nicht mehr gebannt ist vom eigenen Spiegel, sondern ihn durchschreitet, sich den toten, versteinerten Dingen liebend zuwendet, dem Hades, in welchem die zu überlebenden Marionetten reduzierten Menschen unerlöst sich im Kreise drehen; er holt hier Eurydike zurück, die t o t e L i e b e, er wagt den Weg über die Grenzen, die tödlich sein können.

Was hat all dies mit dem 'neuen Sozialisationstyp' zu tun? Mehr als es scheinen mag. Was Marcuse beschreibt, ist der Traum eines besseren Zustandes jenseits des Leistungsprinzips, und ihn träumen die Jugendlichen konkreter denn je. Aber dieser Traum, konfrontiert mit Leistungsansprüchen, die rigider denn je sind, zerbricht an der Wirklichkeit einer immer perfekteren Technokratie, die den Menschen immer totaler in den Griff nimmt. Und so 'hängen' sie denn 'herum', diese Jugendlichen, haben 'Arbeitsschwierigkeiten', sind 'motivationslos' und 'ichschwach'. Aber bevor wir die Jugendlichen in dieser Weise stigmatisieren, betrachten wir doch zunächst die gesellschaftliche Wirklichkeit, die sie und uns umgibt. Sie ist gekennzeichnet von einer noch nie dagewesenen Schärfe der Arbeitsteilung von Kopf- und Handarbeit, von einer Stupidität des Arbeitsprozesses, von einer verschärften „Verstandesdressur in der Schulerziehung" (Lippe: 11) und einer „Taylorisierung des Unterrichts" (Klaus J. Bruder), in der die 'Chancengleichheit' in bezug auf den Verlust jedes phantasievollen Potentials dauernd steigt. Sie ist gekennzeichnet von einer Mechanisierung des Lebens bis hinein in den privaten Bereich, von einer „Technokratie der Sinnlichkeit", gegen welche „Unfähigkeit", so meine ich, den positiven Charakter von Verweigerung erhält.

Dringen wir zur Genesis dieser Entwicklung vor, so helfen uns die Theorien von Alfred Sohn-Rethel in der weitergehenden Betrachtung.

I

Die Theorien von Alfred Sohn-Rethel, vor allem über das A priori der Setzung im Tauschakt (wo Zeit stillstehen muß, um ihn zu ermöglichen) und über die Bedeutung der zunehmenden Trennung von Kopf- und Handarbeit sind in ihren Konsequenzen für a l l e Lebensbereiche noch längt nicht überdacht worden. Sohn-Rethel hat nachgewiesen, daß das ganze abendländische Denken, samt seinen Auswirkungen auf die Naturwissenschaften und den gegenwärtigen Stand der Technologie von der A b s t r a k t i o n d u r c h d e n T a u s c h bestimmt ist (in welchem Qualitatives, Verschiedenes, Eigentümliches auf Quantitatives, Gleiches und Vergleichbares reduziert wird). Diese Abstraktion wird auf allen

Gebieten affirmiert als Fortschritt, als 'Fähigkeit zur Abstraktion'.

In der „Unfähigkeit zur Abstraktion", in der Unfähigkeit und Unwilligkeit zu 'Lernprozessen', kurzum in der 'oralen Regression' der Jugendlichen heute sehe ich a u c h die radikale Verweigerung (wie verzerrt sie sich ausdrücken mag) gegenüber diesem Selbstverständnis, das sich (wenn überhaupt) immer noch mit dem Hinweis auf den Fortschritt rechtfertig und alles andere als „Irrationalismus" liquidiert. In dieser Welt, wo alles für ein anderes steht, analog dem T a u s c h, bis hinein in die Repräsentationsfunktion der anerkannten Kunst, entsteht gegenwärtig eine Form der unbewußten Revolte dagegen, die sich als neue Charakterstruktur zu realisieren beginnt.

Sind die Jugendlichen wirklich in einer 'Identitätskrise'? Oder ist nicht vielleicht die Identität in einer Krise? Die 'Identität' wird, wenn auch vorbewußt, immer mehr als eine des 'Besitzindividualismus' (Macpherson) durchschaut; im Warenaustausch ist jeder Eigentümer seiner selbst und Sklave des Fortschritts, auch der Herrschende, so wird „Vertretbarkeit das Vehikel des Fortschritts und zugleich der Repression . . . Die Oberen erfahren das Dasein, mit dem sie nicht mehr umzugehen brauchen, nur noch als Substrat und erstarren ganz zum kommandierenden Selbst" (Adorno/Horkheimer: S. 49).

Aber nicht nur wird dabei lebende zur toten Arbeit, auch das Denken wird vom 'kommandierenden Selbst' erfaßt und über das Leben gestülpt, das darunter erstickt.

Im begrifflichen Denken werden auch die lebenden Dinge (Menschen) so genommen, als seien sie tot, das begriffliche Denken geht sezierend vor, wie der Mediziner am Kadaver.

Sohn-Rethel hat darauf hingewiesen, daß es zwischen dem Apriori der Philosophie und der Tauschhandlung eine Analogie gibt: In beiden Fällen handelt es sich nicht um Leben, Natur, Vorgefundenes, sondern um Synthetisches, Gesetztes, Vereinbartes. Um Waren miteinander auszutauschen, müssen sie statisch, unbewegt, unverändert in Raum und Zeit sein − die Tauschhandlung, der Tauschakt, so Sohn-Rethel, setzt diese Unveränderbarkeit, Verwandlungslosigkeit voraus, anders wäre er nicht möglich, er setzt also den T o d der Dinge voraus. Die Ware ist das wahre nature morte, das Stilleben, in dem alles Leben still geworden ist, angeblich 'Stil' hat, das heißt aufgehört hat. Radikal weitergedacht: d e r T o d a l s S e t z u n g i s t d i e V o r a u s s e t z u n g f ü r d i e T a u s c h - g e s e l l s c h a f t i m D e n k e n u n d T u n. Es geht ja nicht nur um die Beherrschung der Dinge, die sich erst als t o t e ganz objektiv beherrschen lassen, das wußte schon Hegel: die Natur der Dinge trägt den Keim ihres Verschwindens in sich, sagt Hegel, die Stunde der Geburt ist zugleich die ihres Todes, aber Hegel sagt dies affirmativ. Der Medusenblick hinter dem lockenden Blick der Warengesellschaft versteinert die sich in ihr Bewegenden. Die durchaus nicht scherzhafte Frage „Gibt es ein Leben vor dem Tode" (so der Buchtitel einer Gedankenreihe in dieser Richtung) zielt darauf ab. In der Tauschgesellschaft, die Sohn-Rethel zu Recht dort ansetzt, wo der Tausch (der schon bei Primitiven mit der Außengruppe stattfindet) ins Innere der Gesellschaft sich verlängert, wird dieser Tauschakt immer mehr zum Taufakt aller als Gesellschaftsmitglieder Anerkannten (der Erwachsenen), immer mehr zum Initiationsritus, der mehr oder weniger freiwilligen Selbstkastration alles dessen, was sich an einem nicht beherrschbar bewegt, der immer größeren „Entfernung von der eigenen Körperlichkeit" (Lippe: S. 96), kurzum aller unbeherrschten N a t u r.

Die Natur — die eigene Triebnatur und die Natur außer uns — ist das Lebendige, angeblich 'Chaotische', das in den Griff genommen, begrenzt werden muß auf allen Ebenen: als be-greifendes „systematisches" Denken („Wissen ist Macht") nicht weniger denn als alles um-greifende Sozialisationsinstanz, die alle lebendigen 'Regungen' kontrolliert und jeden er-greift, der sich außerhalb der Kontrolle bewegt. Die inneren Greifkommandos der Massenmedien werden, so die Massen sich nicht genügend im Gleichschritt bewegen, von äußeren Greifkommandos ergänzt, deren Computer inzwischen — als immer totaler erweiterte Weltpolizei — alles griffbereit gespeichert haben. Daß wir nun endlich „begreifen, was uns ergreift".

Der Mensch, dessen Bewegungen im Arbeitsprozeß, wo er „Teil einer Teilmaschine" wird (am Reißbrett inzwischen nicht weniger als am Fließband), nicht nur kontrolliert sind, sondern seit Taylor, dessen Wichtigkeit für diesen Prozeß Sohn-Rethel immer wieder betont, auch genormt sind, nämlich zur Arbeitszeitnorm, wird auch in der Freizeit immer mehr Teil einer Teilmaschine. Der „Konsumismus" als „neue Form des Totalitarismus" (Pasolini: S. 63) ergreift alle Bereiche. Bis hinein in den 'privatesten' Bereich, die Liebe, ist die Trennung von Kopf und Hand fortgeschritten: die Fixierung an die 'Partialtriebe', die Trennung nicht nur in Körper-Sexualität und Seelenschwärmerei, sondern auch die Zerstückelung des Körpers selbst in einzelne Partien, Funktionen, Schönheitsfetischteile, aber auch die Versteinerung der Geliebten zur schönen Puppe Olympia, die nur Echo sein darf, inzwischen schon nicht mehr des Mannes, sondern dessen fremdbestimmtes Reklamebild, dies alles wird mehr und mehr beherrscht von den „konsumistischen und permissiven Mächten" (Pasolini: S. 65).

Der Tauschakt setzt das zu Tauschende als Unveränderliches voraus, anders kann er nicht realisiert werden. Dieser Vorgang, wenn er, wie erwähnt, symptomatisch wird für das Leben in der Gesellschaft, tötet das Lebendige, das Subjekt, macht es zum Toten, zum Objekt, zum Ding. Die Ver-Dinglichung des Lebens, der dauernde schleichende Selbstmord (der durch Alkohol, Zigaretten etc. beschleunigt wird, da man sonst das verdinglichte Überleben nicht aushält) hat aber an der Liebe, auch in ihren entfremdetsten Formen als genitalem Leistungssport, als unverbindlichem „seid nett zueinander, aber laßt euch nicht ein", ihren härtesten Widerstand, denn in ihr 'regt' sich der Trieb, die Natur doch immer noch am unkontrolliertesten. Die verzerrte Form dieser Regung ist das sadomasochistische Verhalten (die Aggression gegen den anderen oder gegen sich), aber auch dies nicht so eindeutig kontrollierbar wie das Kinopublikum vor den Sex- and Crime-Filmen.

In der Liebe regt sich der 'Trieb', aber auch, mit ihm, all die Sehnsucht nach einem Leben außerhalb der Kontrolle und Selbstkontrolle, nach einem Leben in Freiheit (und sei sie als aggressives Austoben zunächst phantasiert), nach einem Leben jenseits des Funktionieren-Müssens, nach einem Leben ohne Naturunterdrückung.

In der Liebe, wie in der Kunst, sind die letzten Frei-Räume enthalten, wo tendenziell Geist und Sinnlichkeit, Seele und Körper, Denken und Fühlen, Kopf- und Handarbeit, Natur und Technik, Passivität als Hingebung, Aktivität als Umfassung noch verbunden werden könnten. Es sind also die beiden subversivsten Momente der Gesellschaft, weil sie trotz aller Anstrengungen sich nie ganz dem Verwertungsprinzip subsumieren lassen, sondern immer wieder 'aus der Kontrolle geraten' können. Um die Dinge zu beherrschen, müssen sie eigentlich von allen

Lebendigen abgeschnitten werden, sie sind dann 'fungibel' für den Tauschakt, sie können dann reibungslos' auf Quantitäten zum Zwecke des Tauschs reduziert werden. Deshalb muß dieser tödliche Zugriff, der Dinge und Menschen beherrschbar, be-greifbar, austauschbar macht, auch auf die Liebe und die Kunst angewandt werden. Das ist schwierig, denn damit werden beide ausgelöscht, in ihrem innersten Wesen zerstört. Weil aber ohne Liebe und Kunst alles stirbt (das Überleben als 'nacktes' Überleben kaum mehr möglich wäre), muß beides dosiert zugelassen werden, filtriert, zensiert, beschnitten, beherrscht. Es ist ein 'tödlicher' Balanceakt zwischen Teilzerstörung und Totalzerstörung; die gegenwärtige suizide Stimmung angesichts der drohenden Synthese, die man als tendenziellen ,,Genosuizid" bezeichnen könnte, veranschaulicht dies recht deutlich. Gibt es ein Leben vor dem Tode? Manche Murrenden wollen sich das nicht mehr von den Herrschenden beantworten lassen. Herrschen, Herrschende, Herrschen- Ende der Herrschaft.

Diskutiert wird das Recht auf Leben, nicht mehr das Recht auf Arbeit. Im Gegenteil: die beiden Fragen schließen sich angesichts des gegenwärtigen Arbeitsprozesses eher aus. 'Abschaffung der Arbeit' und 'Recht auf Leben' lauten die von der Gewerkschaft schon nicht mehr kanalisierbaren Forderungen.

Silvano Custoza macht aufmerksam auf die ,,Fabrikflucht, die typisch ist für die neue Generation von Arbeitern" und die ,,in dem Phänomen der Jugendarbeitslosigkeit enthaltene Komponente der Verweigerung der produktiven beständigen Arbeit" (Custoza/Piperno: S. 69).

Gewiß ist dieses Phänomen nicht nur zu erklären mit der fortschreitenden Automation, mit den veränderten Bedingungen in der Geschichte der industriellen Verhältnisse, mit der Höhe der öffentlichen Ausgaben für Schule, Gesundheitswesen etc., auch nicht nur mit der Möglichkeit der Teilzeit- und Schwarzarbeit, obwohl dies alles verstärkend wirkt, verstärkend aber gerade deshalb, weil wir es auch mit einer neuen, noch schwer faßbaren Charakterstruktur zu tun haben, die den 'analen' Charakter ablöst. Dieser half durch die protestantischen Tugenden von Fleiß, Sparsamkeit etc. dem Kapitalismus, sich auf allen Ebenen zu etablieren, auch und besonders in der Triebstruktur der von ihm geformten, d.h. deformierten Individuen. Die nicht mehr überall hoch im Kurs stehenden Tugenden eines Leistungsprinzips, das sich in der 'Kampfphase' der bürgerlichen Gesellschaft gegen den feudalen Müßiggang, die feudale Wollust, kurz das fürstliche Parasitentum durchsetzte, hat schließlich einer Technokratie Vorschub geleistet, deren Fortschritt inzwischen mehr als fragwürdig erscheint.

Immer weniger sind jugendliche Arbeitslose, aber auch die Jugendlichen, auf die ein meist trostloser Job zukommt, bereit, sich im vorgeschriebenen Überleben einzurichten, immer mehr wird ihnen diese ganze sich im Kreise der 'Zirkulation' drehende Tauschgesellschaft fragwürdig und mit ihr die Tugenden des Leistungsprinzips. Einerseits zwar sind diese Jugendlichen extrem konsumorientiert (aber ihre Schränke sind eher voll Schallplatten als voller Garderobe). Andererseits wollen sie diesen Konsum nicht mit einer total normierten Arbeitszeit ,,erkaufen". Es entsteht dadurch der Drang zu einer Subkultur jenseits des vorgeschriebenen 'Konsumismus', in welcher sie sich aus dem Überschuß, aus dem 'Abfall' der Gesellschaft selbst etwas bauen.

Vielleicht ist dieses Verhalten der Jungarbeiter sogar einflußreich für die Gesamtsituation, für die ,,Verlangsamung der Arbeitsleistung im Betrieb, Wahrnehmung flexiblerer Arbeitsmöglichkeiten, die das Kapitel in der erweiterten Produktion bereitstellen muß" (Custoza: S. 69)? Anders ausgedrückt: viele Jungarbeiter kämpfen heute weniger um das 'Recht auf Arbeit', um höhere Löhne, um Fortbildungsmöglichkeiten und Altersversorgung, als vielmehr, wie erwähnt, gegen die Verdinglichung durch den Arbeitsprozeß, also tendenziell überhaupt gegen die entfremdete Arbeit. Jedenfalls hat sich „das Gesellschaftsbild des Arbeiters" (so eine Studie von Popitz) seit 1957, also seit zwei Jahrzehnten, entscheidend geändert. Es war damals bestimmt von der Einsicht in den Zusammenhang der Ausbeutung bei gleichzeitiger Resignation.

Unter der Fülle der Einflüsse ist die sich verändernde Charakterstruktur, wie wir sie bei Jungarbeitern heute finden, durchaus beachtenswert. Ob nun die vielzitierte Konsumgesellschaft diesen 'Charakter' geschaffen hat (und der anale Charakter als der Konsument, der sich in der permanenten Überproduktionskrise dauernd neue Produkte aufschwatzen lassen soll, immer ungeeigneter wird) oder ob der direkte Eingriff der Massenmedien ins Individuum bei Ausschaltung der Familie zu dieser neuen Charakterstruktur führt, kann hier nicht erörtert werden. Jedenfalls ist dieser neue Charakter n i c h t der „eindimensionale Mensch", wie ihn Marcuse beschreibt oder der „außengeleitete Typ" David Riesmans, diese lassen sich aus der Konsumgesellschaft und dem Eingriff der Massenmedien noch sehr 'natürlich' erklären.

In seinen 'aktuellen' Definitionen zum 'Gebrauchswert' hat Silvano Custoza indirekt über diesen Charakter gesprochen und die Erfahrungen von 1968 dabei nicht vergessen:

„Gebrauchswert ist der Wissensdurst, der über die Schule hinausgeht und die 'sanfte Starrköpfigkeit', mit der die Jugendlichen das ganze Schulsystem boykottieren, die 'Alma Mater', die keuchend ihre letzten Atemzüge tut; denn sie ist ihrem Wesen nach unfähig, zu geben, das Bedürfnis nach einem Wissen zu erfüllen, das nicht in die Reihen des Lohnarbeiterheers führt . . ." (Custoza: S. 72f).

Wenn Custoza 'Gebrauchswert' u.a. definiert als „die hartnäckige Suche nach neuen zwischenmenschlichen Beziehungen, nach 'transversalen' Arten der Kommunikation und der Selbstentfaltung" (S. 73), so verweist er auf etwas jenseits „neuer Formen des Arbeitskampfes", auf Menschen, die sich weder gewerkschaftlich verwalten noch vom nie eingelösten „Gebrauchswertversprechen" der Werbung und Politik 'abspeisen' lassen. Er verweist auf Menschen, die eher auf den Kampf der LIP-Arbeiter als Vorbild sehen, denn auf die 'Geschichte der Arbeiterbewegung'; eher auf Möglichkeiten der Befreiung vom Instrumentellen als auf menschlichere Bedingungen innerhalb der Kontrolle; eher auf Möglichkeiten eines wie auch immer fluchthaften Ausbruchs aus der Isolation der gegeneinander konkurrierenden Individuen als auf parteilich und gewerkschaftlich organisierte Formen des 'Kampfes gegen das Kapital', die sich aber doch der universellen Verwertungstendenz innerhalb der Tauschgesellschaft nicht entziehen können.

'Gebrauchswert' wäre also die Sehnsucht und Forderung des Menschen, sich endlich als 'Gattungswesen' zu verwirklichen, wäre die 'Selbsterzeugung des Menschen', von der der frühe Marx emphatisch im utopischen Konjunktiv spricht. Diese Tendenz wendet sich immer deutlicher gegen j e d e Form des Staatsinteresses (auch wo es sich in den Ritzen 'kritischer' Parteilichkeit, die gegen den Staat gerichtet scheint, verbirgt), und gegen jede Integration des 'Staatsbürgers', der diesem Staatsinteresse auch noch im Ehebett dienen soll. Je perfekter der Kontrollturm des Staats ausgebaut und zum allsichtigen Roboter erweitert wird, desto deutlicher wird die Tendenz, sich unter der sichtbaren Oberfläche (unterhalb auch der Direktkonfrontation) aufzuhalten, im Denken und Handeln subtil-aggressiv, aber auch spielerisch-listig und lustig zu sein, damit dem direkten Zugriff sich entziehend. Es entwickelt sich hier sozusagen ein Moment von Undomestizierbarkeit innerhalb eines Rahmens, in welchem der Mensch immer mehr sich selbst domestiziert, sich selbst Gewalt antut und sich wie die tote Reklamefigur bewegt, die ihm von den Plakaten erfolgreich, heiter, glücksversprechend den Duft der großen weiten Welt herüberlächelt.

Alle staatlichen Versuche der 'Widerspenstigen Zähmung' führen zwar zur Destruktion mancher 'Widerspenstigen' (das ließe sich am besten an einer 'Geschichte der Psychokratie' in den gegenwärtigen Psychiatrien belegen), führen aber andererseits zur Verstärkung eines Bewußtseins g e g e n j e d e F o r m d e r V e r w a l t u n g d e s M e n s c h e n. Mehr noch: das Erwachsensein wird radikal infrage gestellt, ja selbst die bürgerliche Identität, in der einst auch die Chance einer, über „bürgerliche Freiheit" hinausgehenden, Emanzipation angelegt war, wird nachträglich als Illusion durchschaut. Radikal genommen wäre 'die Selbstbestimmung des Menschen', die innerhalb der Gesellschaft von Kant gedacht worden war, ein Moment gewesen, die Gesellschaft zu sprengen, zumindest jene, die sich auf die bürgerlichen Eigentumsrechte berief. So aber bleibt sie weiterhin als uneingelöster Anspruch virulent in den „Träumen vom aufrechten Gang" (Bloch). Die aber träumen, sind die Abweichler, die das Bestehende latent gefährden, denn sie träumen von einer anderen möglichen Wirklichkeit und vielleicht auch davon, daß 'sie sich hier und jetzt realisieren ließe wider alle Vernunft', die das Gegenteil behauptet. Doch wurde dies Träumen als Unvernunft gebrandmarkt:

„Von jeher hat sich die heute herrschende Form der Vernunft gegen jedes ihr widersprechende Prinzip gewandt. Sie hat alle Formen der Unvernunft und des Widerspruchs diffamiert und ausgeschlossen. Und sie hat den Ausgeschlossenen dennoch immer wieder die Hand gereicht: Arbeit macht frei! Werdet so vernünftig, wie es der Rest der Menschheit schon ist! Kolonisation ist Kulturarbeit! . . . One World, die Welt der eindimensionalen Vernunft, die sich von aller Unvernunft, von jedem grundsätzlich widersprechenden Prinzip befreit hat, ist die Fabrikgesellschaft, in der Werkhallen und Disneyland, Büros und Naturparks, Universitäten und Kindergärten, Live-Sendungen und das Leben selbst kaum noch zu unterscheiden sind" (Nitzschke: S. 13f).

Bernd Nitzschke nennt die Generation der Studentenbewegung „eine Generation der Ausgeschlossenen, von Anfang an" — die ausgeschlossen wurde aus dem Konsens von Verdrängung und Friedhofsruhe, weil sie sich mit den Ausgeschlossenen identifizierte:

„Man bemühte sich um die Kriminellen in den Haftanstalten, um die Psychiatrisierten, um soziale Randgruppen, . . . um Kinder in Heimen und Gastarbeiter" (Nitzschke: S. 15).

Damit kamen die verdrängten Randgruppen ins Gesichtsfeld, und mit ihnen die unbewältigte faschistische Vergangenheit, welche diese Randgruppen brutal liquidiert hatte.

Wenn im Sommer 1967 eine gewiß rührend tierliebe Hausfrau beim Anblick einer blutenden zusammengeschlagenen Studentin sagen konnte: Für dieses Dreckspack telefoniere sie keinen Arzt an, so ist hier nicht nur die faschistoide Mentalität bemerkenswert (die sich nicht änderte), sondern dazu das gute Gewissen, mit dem man paradoxerweise das schlechte Gewissen verdrängte. Im Unterschied zur jetzigen Generation bemühte man sich trotz der brutalen Reaktionen um Vermittlung (auch theoretische), um Öffentlichkeit, um Diskussion mit der Vätergeneration, deren 'Unfähigkeit zu trauern' als Schuld auf den Kindern lastete. Die Sackgasse in den Terrorismus wurde (von wenigen) erst betreten, als man die Diskussion auf der Seite der Herrschenden nicht nur verweigerte, sondern die anderen zensierte, die den Dialog wollten. Man ahnte die Dimensionen des entfalteten Lebens, aber sah sich nur 'überlebend'. Der Kurzschluß der Gewalt will erzwingen, was er tötet: Leben. Er ist „der mangelnde Sinn dafür, daß das Leben der anderen heilig ist, und das Fehlen jeden Gefühls im eigenen Leben" (Pasolini: S. 66)

Die neue Generation sieht eigentlich nur den Scherbenhaufen und die Aussichtslosigkeit, mit den Herrschenden einen Dialog zu führen, und zieht ihre Konsequenzen, d.h. zieht sich zurück, entweder in Privatheit oder in ein subkulturelles Milieu, jenseits der „politischen Sphäre", in der man nur niedergeschlagen oder integriert wird. Es wäre ein Irrtum zu glauben, daß diese Formen des „Rückzugs" nicht *auch* ein Protestpotential enthielten, das unterhalb offener (tödlicher) Konfrontation gegen die Zerstörung der Natur (der inneren und der äußeren) aufbegehrt in Versuchen alternativer Formen des Lebens und Umgangs. Ich halte es für schlimm und gefährlich, wenn wir uns diesen Versuchen nur ideologiekritisch und klinifizierend nähern, denn das bedeutet, daß „eine Generation der Ausgeschlossenen" die nächste ausschlösse. So tun wir unbewußt den anderen an, was uns einst angetan wurde? Und hätte Freud auch hier wieder recht mit seiner Idee vom Wiederholungszwang? Nur das präziseste Erinnern kann uns davor bewahren.

II

Was an der neuen Charakterstruktur (im Unterschied zu jener der 'Protestbewegung') auffällt, ist eine gewisse *Distanzlosigkeit,* die äußerlich als Tendenz zur Gruppenidentität erscheint. Das Erwachsen sein wird auch als Vereinzelung gefürchtet. Die verlängerte Pubertät, alle Formen von 'peer groups' sind Ausdruck der Angst vor dem Kleinbürgerdasein des Erwachsenen mit seiner rigiden Rollenzuweisung (als Familienvater, als Angestellter, Arbeiter, als Mann, als funktionierendes Mitglied) und gleichzeitig gruppenhafte Verweigerung dieser Rollenzuweisung. Daneben finden wir aber auch eine Tendenz des Sich-Festlegens. Auch sie, so gegensätzlich es scheinen mag, entspringt derselben Angst, verantwortlich zu sein, 'festgeschrieben' zu werden auf die Daten der carte d'identite als „Erwachsener". Nur, die Reaktion ist umgekehrt: man schlüpft vorschnell in eine Rolle, dann muß man sich nicht mehr mit ihr auseinandersetzen, man schlüpft aber auch hinein, weil die Gruppe nicht mehr 'trägt' – aus Angst vor wirklicher Vereinzelung, Isolation. Die Trennungsängste sind die Kehrseite des hektischen Partnerwechsels –

„die rastlose Suche nach Partnern, deren phantasierte Potentialität befriedigender wirkt als qualitative Kontinuitätserfahrung, wo jedoch Momente des Alleinseins als Mangel an Bildern, als narzißtische Leere, als bohrende Depressivität erlebt werden" (Ziehe: „Ich werde jetzt gleich unheimlich aggressiv", in diesem Band).

Früher konnte man existentialistisch schwelgen in der Einmaligkeit seines Schicksals (sei es leid- oder freuderfüllt), irgendwie konnte man, positiv oder negativ, *heldisch* sein. Helden sind immer einsam, das gehört zu ihrer Größe. Heute teilt man das Schicksal mit vielen anderen, das ist ein 'Trost' (man ist nicht allein mit seinem Leiden). Es ist aber auch das Gegenteil, man fühlt sich sogar noch im Leiden nivelliert, austauschbar in dieser Tauschgesellschaft, man ist mit seinem Leiden kein Besonderer, weder ein Held noch ein Antiheld. Die neuere Literatur, soweit sie existentialistisch gefärbt ist, verdankt ihren Erfolg einer Tendenz, etwas von dieser Einmaligkeit des 'Selbst' zurückzuholen (der ganze späte Handke beispielsweise). Auch die 'neue Innerlichkeit' ist Reaktionsbildung gegen die 'Entpersönlichung', deren positive Seite – Auflösung der 'Identität' des 'vereinzelten Einzelnen' in den porösen „gelöst oszillierenden Charakter", wie ihn der französische Situationist Lallement 1968 erträumte und tendenziell realisiert sah – gerade in politisch reaktionären Zeiten kaum mehr empfunden wird. 1968, einen geschichtlichen Augenblick lang, schien die positive Auflösung der alten Identität möglich als Weg „vom Aufbrechen der Fiktion zum Aufbruch in eine Gegenwirklichkeit des Möglichen, die spielerisch vorgestellt wird, alternativ zur ideologie-verkleisterten Wirklichkeit des Bestehenden" (Dischner: S. 83). In diesem Augenblick fielen auch die 'Klassenschranken', jedenfalls im Pariser Mai.

Der Arbeiter hatte mit seinem Leiden noch nie die Chance, sich heldisch allein zu fühlen; der Individualismus ist ein bürgerliches Phänomen, immer schon gewesen, auch wenn die 'Arbeiterliteratur' großenteils diesen Unterschied leugnet und, analog zur Arbeiterbewegung, positive Helden aufstellt. Das *Antiheldische* des neuen Charakters ist also klassenspezifisch auch verschieden zu werten. Die Arbeiterjugend hat ihre Identifikationsmodelle an Idolen, die sie äußerlich nachahmt (aber gruppenweise!), während Schüler und Studenten doch auch daran leiden, daß ihre 'Identitätsbildung' 'gestört' ist, auch, *weil* der neue Charakter noch wenig gesellschaftliche Anerkennung findet; so sehen wir eine starke Tendenz zur Abgrenzung gerade bei denen, deren Identität latent offen ist für die Aufnahme der Welt, der anderen, des anderen.

Die Angst, die carte d'identite nicht zu erhalten (die Verweigerung der gesellschaftlichen Anerkennung), ist das gefährlichste Moment innerhalb dieses Umwandlungsprozesses. Der neue, vom Standpunkt der alten Identität aus gesehen „identitätsschwache", „identitätsdiffuse" Charakter wird von außen so negativ definiert, daß er selbst diesem Druck kaum standhält. Das Affiziertsein von jeder Art 'Heilsbotschaften' zeigt die Reaktion aus dieser Angst: *die Unterwerfungsgeste vor einer Autorität*, die verspricht, das 'Bestehende' (das man nicht mehr will und von dessen Anerkennung man sich dennoch nicht lösen kann) gemeinsam zu überschreiten. Und so blüht jede Art von Sektenwesen, und die Soziologen, die es analysieren sollen, schütteln verwundert die Köpfe.

Immerhin merken sie ein Gemeinsames: verschiedene Bewegungen, städtische Subkultur, Landkommunen, Sektenwesen, Drogenkultur, zeichnen sich dadurch aus, daß sie sich nicht mehr reformfreudig mit der Gesellschaft auseinandersetzen (wie man es zu Beginn der Studentenbewegung tat), sondern von außerhalb der Gesellschaft agieren. Je konformer, eindimensionaler, transzendenzloser die Technokratie die Menschen zurichtet, desto empfänglicher werden jene, die sich nicht anpassen können oder wollen, für alle Heilsversprechen, die ihre Transzendierungssehnsucht zu stillen vorgeben. In der strammen Ideologiekritik der Linken über mehr als ein Jahrzehnt wurde (wieder einmal) die Legitimität der Sehnsüchte über das Bestehende hinaus ignoriert, als 'privatistisch' denunziert oder politisch integriert (für die Revolution am Tag X, danach wird alles zugelassen). Die Werbung nahm sich dieser versteckten Sehnsüchte an, aber die Linke entlarvte nur 'Warenästhetik' und 'Warenhunger', statt auch im 'entfremdetsten' Warenhunger die Sehnsucht nach Transzendierung des Bestehenden zu entdecken und deren politisches Potential zu begreifen. Der 'konsumorientierte' Jugendliche kauft zwar oft nicht mehr die Waren, die seine eigentlich unnennbare Sehnsucht zu befriedigen versprechen, aber er unterwirft sich dem Guru, der ihm die mystischen reichen Welten jenseits des technokratischen Marionettendaseins angeblich eröffnet, und dies hat traurigerweise etwas mit der Verinnerlichung des „totalitären Konsumismus" (Pasolini) zu tun.

Wir sind an dem Punkt, wo das Gebrauchswertversprechen der Werbung nicht mehr erfolgreich genug ist (dies läßt sich sogar statistisch messen), und wo die unerfüllten Sehnsüchte und die versteckten Ängste sich eher jenen Gebrauchswerten zuwenden, die, wie erwähnt, Silvano Custoza als sichtbar jenseits der Werbung definiert. Es wäre also an der Zeit, die Versuche der Jugendlichen, der Technokratiefalle zu entgehen, ernstzunehmen, und sich nicht nur arrogant ideologiekritisch zu verhalten, indem man von 'Realitätsflucht' redet, vom 'mysto trip', von der 'Kornfresserfraktion', von 'Religionsersatz' etc. Denn eigentlich ist dies eine rationalistische Haltung, wie sie der frühsozialistische Philosoph Pierre Leroux schon den „Linkshegelianern" vorwarf, gegen die er Schelling verteidigte: Mit dem Verzicht auf Transzendenz dementiere eine revolutionäre Bewegung den Glauben an ihre eigene Zukunft und komme zu einer affirmativen Identifikation des Bestehenden mit dem Ideal. Ähnliches hat Ernst Bloch zu Recht Lukacs in der 'Expressionismusdebatte' vorgeworfen, und noch Marcuse sieht die Notwendigkeit, gegen Mißinterpretationen (im 'Eindimensionalen Menschen') die „Transzendenz" als ein geschichtlich mögliches Morgen zu definieren. Gerade die aber, die die „Transzendierungswünsche" als mystische abtun, fordern eine Aufschub-Ideologie angesichts der Forderung nach Bedürfnisbefriedigung. Dagegen fordern die Jugendlichen: Hier und jetzt soll die Sehnsucht gestillt werden, nicht in einem Jenseits oder einem Tag X nach dem „revolutionären Kampf". Die „revolutionäre Ungeduld", das Nicht-Aushalten-Können von Widersprüchen, führt, wenn die Jugendlichen damit allein gelassen werden, in die Sackgassen der direkten Aktion oder des mystischen Heilsversprechens oder (wie vor 200 Jahren) 'zurück zur Natur', von der nicht mehr viel übrig ist. Es geht aber darum, die Widersprüche einerseits zuzulassen, zu ertragen, und dennoch die Glücksforderung für das Hier und Jetzt zu stellen — also weder vorschnell scheinhaft zu harmonisieren (wieviel haben Sekten von der Werbung gelernt?), noch idealistisch einer ständigen Lustverschiebung das Wort zu reden. Die *Aufschub'-Ideologie* der Parteien ist eine der vielen Rechtfertigungen ihrer disziplinarischen Unterdrückungsmaschinerie, und der christliche Opfergeist erscheint in vielen „emanzipatorischen" Verkleidungen bis hin zum inflationären Mißbrauch des Wortes „Solidarität". Die freilich falschen Rufe nach 'Unmittelbarkeit' entstehen auch in dem Vakuum, wo nichts mehr vermittelt wird. Es gäbe aber auch eine andere Form der Unmittelbarkeit: Als Schelling die 'intellektuelle Anschauung' als eine unmittelbare definierte, wurde er als Mystiker beschimpft, und sprach aber von Augenblicken intensiven Erlebens, die dann mit Erkenntnis identisch werden. Die Antwort auf den Vorwurf des 'mysto trips' und auf jede Art von Aufschub-Ideologie ist sehr oft „narzißtischer Rückzug". 'Narzißtisch' — ich habe das Wort möglichst lange vermieden, denn es hat sich inzwischen mit einer Assoziationskette aus Vorurteilen aufgeladen, die eine fatale Mischung aus psychoanalytischem Dilettantismus (wie er sich fast in allen Gruppendiskussionen der 'Linken' findet) und altbürgerlicher Moralität darstellen.

Und genau aus dieser Mischung wird auch der neue Charakter erklärt. Er ist narzißtisch! Das sieht man doch schon, wenn man, längst gewöhnt daran, unseren Körper „als 'bloße Arbeitskraft' oder als beweglichen Untersatz für den Kopf" (Lippe: S. 95) oder als Lockobjekt im vorgeschriebenen Takt von Tanzbewegungen zu betrachten, diese jungen Menschen tanzen sieht. Jeder ist dabei für sich, in sich selbst verliebt, mit dem eigenen Körper beschäftigt, ohne jedes Eingehen auf den anderen, genau wie in den Diskussionen. 'Narzißtisch' das ist ein klassifizierendes Wort. Inzwischen, verbunden mit 'oralregressiv' ergibt es das Bild eines Menschen, der sich aus Verantwortungslosigkeit, Unfähigkeit zum Leiden, aus Selbstbezogenheit und einer kindlichen Versorgungshaltung einfach weigert, erwachsen zu werden. Will man ihn aber verstehen, so muß man sich auf die Zeichensprache des Körpers einlassen, auf die Sprache von Gesten, Kleidern, Haaren, wie es beispielsweise Pasolini tut in dem Aufsatz „Die 'Sprache' der Haare" (Pasolini: S. 19) oder wie es Rudolf zur Lippe tut mit seinem Buch „Am eigenen Leibe" und Norman O. Brown, wenn auch mystifiziert, mit „Love's Body". Nicht zufällig ist das Medium Film (neben der Musik) wichtiger geworden für diese Zusammenhänge, so beispielsweise der Film „Padre Padrone" von den Brüdern Taviani, der voll ist von „Körpersprache" oder die Filme von Werner Herzog.

III

Fast in allen Studien (und sie mehren sich nicht zufällig) über Narzißmus hören wir *den Erwachsenen* sprechen, und zwar mit einem erhobenen *moralischen Zeigefinger* oder mit dem besorgten diagnostizierenden Blick des Analytikers, der dem Patienten zur 'Identitätsfindung' verhelfen will. Was mir auffällt – es wird von linker Seite die Welt des Erwachsenen kritisiert, in ihr könne der Mensch sich nicht wirklich entfalten, er werde reduziert zum Arbeitstier auf allen Ebenen, ein Knecht der quantifizierenden Zeit (Herrscher *und* Beherrschter), er müsse sich dauernd anpassen, an neue Berufsperspektiven (die immer mieser werden), an immer mehr Umweltschmutz, an immer neue Krankheiten, an die Hektik des „Konsumismus", die dieser hervorbringt, an ein Überleben, das immer menschenunwürdiger wird. Aber auch wieder: die Schmerzen des Erwachsenwerdens werden dem Jugendlichen nicht erspart, nimmt er sie nicht auf sich, ist er verantwortungslos, narzißtisch, wird moralisch getadelt oder zum Fall erklärt, und so wird er denn oft ein Fall, denn wir sehen uns meist mit dem 'fremden Blick' der anderen. Diese Form der 'Entfremdung' sieht schon Rousseau als typisch für den „zivilisierten Menschen". „Weit öfter", schreibt Rahel Varnhagen, „halten sich die Leute untereinander für das, was sie sein möchten und vorstellen wollen, als für das, was sie wirklich sind" (Varnhagen: S. 207). So richten sie sich oft nach dem Blick der anderen, wie Laing festgestellt hat („Interpersonelle Wahrnehmung") und werden ihrem Wesen immer mehr entfremdet.
    'Narzißmus' könnte auch der Versuch sein, sich *selbst* im Spiegel (auch des anderen) zu sehen ohne den fremden Blick (wie sieht mich *der andere).* –
    Kaum je wird in der psychoanalytischen Diskussion die Fragwürdigkeit des Rahmens, in welchem gesprochen wird, mitdiskutiert. Wie könnte sonst der 'Autoerotismus' des 'narzißtisch Gestörten' diskutiert werden, ohne daß darauf hingewiesen wird, *wie* sehr wir beim Erwachsenwerden von unserem Körper

getrennt werden, daß dieser uns fast so entfremdet ist wie unser 'Selbst', wie unsere ganze reiche unbewußte Phantasieproduktion? Könnte der 'Autoerotismus' nicht der Versuch der Rückkehr in den eigenen Körper sein, der Versuch, der Kastration (die ist kein Komplex, die findet auf allen Ebenen statt, falls wir mal von der Fülle unserer Möglichkeiten ausgehen!) zu entgehen? Freilich würde es die Arbeit des Analytikers erschweren, dies alles immer mitzuüberlegen, statt, wie der klassische Narzißmus-Interpret Heinz Kohut es vorschlägt, „sich hauptsächlich auf das traumatische Ereignis (zu) konzentrieren, das den Rückzug ausgelöst hat" (Kohut: S. 163).

In der Antipsychiatrie-Diskussion wird genau dieser Rahmen in Frage gestellt, aber sie wird wiederum in der Narzißmus-Diskussion kaum berücksichtigt. Dagegen wird ein Autor wie Kohut auch von 'links' kaum angegriffen. Manche seiner Fußnoten zeigen, wie selbstverständlich der Rahmen (nachdem er vorher 'wissenschaftlich' 'abgesteckt' und abgegrenzt wird von Nachbargebieten) von ihm gehandhabt wird. So weist Kohut darauf hin, daß in den verschiedenen in seinem Buch erwähnten Fällen nur einer „psychotisch" gewesen sei:

„Alle anderen waren aktive, sozial verhältnismäßig gut angepaßte und einigermaßen normal funktionierende Menschen, deren Persönlichkeitsstörung jedoch mehr oder weniger schwer ihre Fähigkeit, zu arbeiten und produktiv zu sein, ihr Glück und ihren inneren Frieden beeinträchtigte" (S. 17).

Man beachte neben den 'erwachsenen' Werten auch die Folge in der Aufzählung: Arbeit steht an erster Stelle (wer gut arbeitet, ist sozial integriert), produktiv sein (das ist etwas, das über den Arbeitsbereich hinausgeht) steht an zweiter Stelle, dann kommt das Glück und der innere Frieden. Das ist gesellschafts-logisch die richtige Folge: 'gut angepaßt' und 'formal funktionierend' sind die Attribute des gesunden Erwachsenen. Von hier aus gesehen ist ein Großteil der Jugendlichen (und sind fast alle Künstler) narzißtisch gestört.

Die Transzendierungssehnsucht der Jugendlichen, für die nicht zufällig die Musik das wichtigste Medium geworden ist, würde unter dem diagnostischen Blick als Gefahr der Mobilisierung archaischer Größenphantasien (eins mit der Welt zu sein) etc. gesehen und schleunigst in einer 'narzißtischen Übertragung' des Analytikers abgefangen. Die Rückgewinnung des Körpers im Tanz, die Entdeckung des eigenen Körperrhythmus wurde fraglos unter der Kategorie 'Fragmentierung des Selbst' und 'Regression in Autoerotik' diskutiert. Dabei könnte die Psychoanalyse, wäre sie nicht eingezwängt in den Verwertungsprozeß (Ziel: Anpassung an die Gesellschaft), selbst Teil der Identitätserweiterung werden, die sich in der Sehnsucht, das Bestehende (und den abgegrenzten, vorgeschriebenen Rahmen der Rollenidentität) zu überschreiten, äußert. Denn die Rekonstruktion der frühen und frühesten Eigen- und Umwelt könnte uns zum Potential unserer Phantasie, unserer Verwandlungsmöglichkeiten zurückführen, die Wunder des Eros eröffnen, der noch nicht getrennt wäre in „Sexualität" und „Sublimierung", sondern schöne Vielfalt des „Polymorph-Perversen" enthielte.

Der 'narzißtische Rückzug' erfolgt (und der 'gestörte' Erwachsene wiederholt diesen Mechanismus) nach Kohut, wenn das Kind mit den exhibitionistischen Äußerungen seiner Größenphantasien abgelehnt und sozusagen auf sich selbst zurückgeworfen wird. Bei elterlicher Anteilnahme kann es indessen diese aufgeben, sie werden dann durch ein „realistisches Selbstwertgefühl ersetzt" (Kohut: S. 131). Kohut schränkt diese Aussagen aber selbst ein:

„Ein fortdauernd aktives Größen-Selbst mit seinen wahnhaften Erwartungen kann ein durchschnittlich ausgestattetes Ich schwer beeinträchtigen. Das Ich eines begabten Menschen

kann jedoch durchaus zur Ausschöpfung seiner letzten Fähigkeiten und somit zu wirklich hervorragenden Leistungen durch die Forderungen der Größenphantasien eines fortdauernden kaum modifizierten Größen-Selbst getrieben werden. Churchill mag so ein Mensch gewesen sein ... Goethe mag ein anderes Beispiel sein ..." (Kohut: S. 133).
Was ist ein durchschnittlich ausgestattetes Ich? Und was ist und wie entsteht das „Ich eines begabten Menschen"? Danach wird nicht gefragt. Vielleicht handelt es sich ja um die durchschnittliche Ausstattung der Kleinfamilie, in welcher eine Begabung durch Förderung sich entfaltet oder − was der 'Normalfall' ist, durch Hinweis auf das Realitätsprinzip unterdrückt wird? Das Kind hat noch alle Möglichkeiten in sich, und seine „Größenphantasien" sind auch die Ahnung einer Welt, die es sich im Spiel erschafft. Dann wird ihm aber bald „ein realistisches Selbstwertgefühl" beigebracht, und es malt nicht mehr seine Träume, sondern die Häuser mit geraden Linien und einem ordentlichen Zaun, so lernt es „Rahmenbedingungen". Und was tun die Künstler? Rahel Varnhagen schreibt im Januar 1829:

„Der Kunst Bestreben ist, alle Bedingungen, unter welchen die Forderungen der menschlich-geistigen Natur befriedigt werden, zu erfüllen, vornehmlich durch Vorstellungen eines besseren Zustandes, als der ist, in welchem wir uns befinden können, − wenn auch nur durch solche Bilder gezeigt, die uns an dem Zustande, den wir ewig erstreben müssen, verhindern. Dies geschehe nun durch Bilder jeder Art, durch Vorstellungen, die sich auf leibliche Dasein oder auf das von unsern Gedanken hervorgebrachte beziehen. Kunst ist nichts als das Kinderspiel der Erwachsenen. Sie sind bemüht, sich ein Dasein vorzuspielen, welches sie nicht erreichen können, über welches sie keine Herrschaft haben. Dieser große Trieb, dies unabweisbare Bestreben, dieses Suchen nach einem Surrogat, dies Neubilden ist auch in Kindern höchst ehrwürdig, gar nicht scherzhaft, sondern tiefer Ernst." (Varnhagen: S. 356)

Diese „Vorstellungen eines besseren Zustandes" sind dem neuen Charakter näher und ferner (angesichts der Technokratie) als dem alten. Und im Verhalten ähnelt er mehr dem 'Künstler', ist weiter von dem entfernt, was als 'normal' vereinbart gilt. Das Spielerische mit 'tiefem Ernst' zu betreiben, verbindet ihn mit dem Kind und dem Künstler. Freud wies zu Recht darauf hin, daß das Gegenteil von Spiel nicht Ernst sei, sondern Wirklichkeit. Aber die Wirklichkeit der Tauschgesellschaft, das hat Sohn-Rethel deutlich gezeigt, ist bis ins Denken hinein ein Vereinbartes, also Fiktionales.

So setzt man das Spiel der möglichen Realität der Fiktion gegenwärtiger Realität entgegen. Wenn nach Schiller der Mensch nur dort ganz Mensch ist, wo er spielt, dann ist der neue Charakter menschlicher. Aber freilich versagt er in der Mathematikstunde, am Fließband, am Reißbrett, im Büro (in dem man sich nach moderner Arbeitsplatzbeschreibung wie eine Marionette bewegen soll: die 'Modern Times' sind überall durchgedrungen).

Die Leistungsanforderungen werden immer rigider (überall, am Arbeitsplatz, in der Schule, in der Universität) und treffen auf eine Struktur, die sich genau in entgegengesetzter Richtung entwickelt, und nun wundert man sich über psychische Katastrophen und andererseits Verweigerungsgestik. Wo ist die Grenze zur Pathologie? An der Leistung? Kommen „hervorragende (= anerkannte) Leistungen" dabei heraus, dann muß man das Größen-Selbst fördern, sonst muß man es unterdrücken, um auch das übliche „durchschnittlich ausgestattete" Umfeld des Ichs nicht durch Dysfunktionales, das die Leistungsgesellschaft stört, den reibungslosen Ablauf des Lebens, zu hemmen. Wir dressieren also die Menschen (die 'Gestörten', indem wir sie auf ihre normalen Grenzen zurückdrehen) fürs Überleben, und einige Ausnahmen sollen sich von ihrem Größen-Selbst zu hervorragenden Leistungen und zur Ausschöpfung ihrer „letzten Fähigkeiten" (Kohut: S. 133) antreiben lassen. Ein wahrhaft demokratisches Rezept. Die Grenze ist fließend, aber das hindert nicht, sie im Sinne der Anpassung an das Bestehende zu erziehen. Das Größen-Selbst jedenfalls ist ein Privileg, das der „durchschnittlich ausgestattete" Mensch nur ganz zensiert zulassen darf, will er nicht sein Gleichgewicht gefährden oder gar (schlimmste Todsünde der Leistungsgesellschaft) asozial wirken. Das Archaische, Dunkle, das ja auch Kern des Schöpferischen ist, wird beim „Normalen" als das „Verwahrloste" gekennzeichnet. Ist das „Verwahrloste" innerlich oder äußerlich zu dominant, so kommen die in dieser Weise Verwahrlosten in die psychokratischen Verwahrungsanstalten, in die Seelenzuchthäuser mit chemischer Zwangsjacke (den zu eklatanten Elektroschock schafft man nun doch langsam ab), wo sie bleiben, wenn sie sich nicht zurichten lassen. Daß in Italien die Irrenhäuser geschlossen werden, ist Indiz für eine radikale Bewegung, die unterhalb des Staates das Fundament seiner Kontrolltürme erschüttert hat. Es macht Hoffnung. In der BRD dagegen wird die Toleranzschwelle gegenüber Abweichung immer niedriger und der „Verknastungsprozeß der gesamten Gesellschaft" (Peter Paul Zahl) nimmt zu.

Statistisches Material erhärtet die These, daß in der Mittelschicht die Neurosen, in der Unterschicht die Psychosen häufiger auftreten. Wie hübsch, so kommen natürlicherweise die Privilegierten auf die Couch und erzählen ihre Leiden, und die Unterprivilegierten kommen in den Psychoknast, genannt Psychiatrie, und werden mit immer fortschrittlicheren Psychopharmaka behandelt (nicht etwa mit Massagen, Tanz und Musiktherapie, da bräuchte man zuviel Personal, und wovon sollte dann die Psychopharmaka-Industrie weiterhin ihre Hauptprofite machen?).

Werner Kofler beschreibt in „Ida H. Eine Krankheitsgeschichte" sehr gut den Mechanismus der Klinifizierung einer unterprivilegierten Frau, die sich nicht anpassen will. Das Stichwort 'Verwahrlosung' findet sich hier wieder, in den Gerichtsgutachten zur Entmündigung:

„Die mechanischen Zustandsbilder . . . gingen mit psychischer Enthemmung, Neigung zur Verwahrlosung und sexueller Enthemmung einher. Es kam zu massiver Verwahrlosung, Kritik- und Einsichtslosigkeit gegenüber der bestehenden Geisteskrankheit . . ." (Kofler: S. 82). Deshalb bedarf sie eines „Beistandes". Aber: „Der Rechtsanwalt, der Frau N . . . vertreten hatte, . . . erzählte, N. sei seiner Meinung nach durchaus 'normal' gewesen, sehr spontan, etwas sprunghaft vielleicht, sie habe nur einen, wenn man wolle, 'Tick' gehabt: sie sei ausschließlich – 'unheimlich' auf dunkelhäutige Männer geflogen, von Pakistani bis Singalesen – auf Wilde also . . ." (Kofler: S. 83).

Aber auch der privilegierte Analysand wird fürs Bestehende zugerichtet. Der Blick in die eigene innere Nacht des Unbewußten ist unter Führung des Analytikers überhaupt nur nötig, wenn von dort im Wiederholungszwang etwas hervorbrodelt, das störend wirkt. Die Lust an der Selbsterkenntnis, für die die Psychoanalyse ein Instrument sein könnte, wird sofort eingesetzt für die Anpassung, die entdeckten eigenen kreativen Möglichkeiten sofort der Verwertung unterworfen, sie dürfen keinesfalls *frei* fließen, sie werden filtriert zugelassen für Leistungen, und dies sind ja, wie Kohut nach Freud über die *Kunst* sagt, immer Leistungen der „Sublimation". Die „sublimierenden" künstlerischen Tätigkeiten werden niemals unter dem Aspekt gesehen, daß sie zur wesentlichen Bestimmung des Menschen gehören könnten, zu seiner „Selbsterzeugung als Mensch". Außer Marcuse hat sich kaum jemand mit diesem Aspekt beschäftigt – Schiller und Marx waren hier weiter. Dagegen beschäftigt man sich intensiver denn je mit Schnelltherapien gegen die Angst. – „Das Zeitalter der Angst", ein Titel des Dichters Auden, ist realer geworden als es zur Zeit des Atombombenschocks war.

„Ein gewisses schöpferisches Potential –", so philosophiert Kohut, „wie begrenzt dies auch immer sein mag – liegt im Erfahrungsbereich vieler Menschen, und die narzißtische Natur des schöpferischen Aktes (die Tatsache, daß der Gegenstand schöpferischen Interesses mit narzißtischer Libido besetzt ist) kann durch gewöhnliche Selbstbeobachtung und Einfühlung nachvollzogen werden" (Kohut: S. 355).

In seinem Aufsatz über „naive und sentimentalische Dichtung" definiert Schiller den modernen, „sentimentalischen" Dichter als den, der den Bezug zur Natur (auch zu seiner inneren) verloren hat, der die Natur ersehnt wie der Kranke die Gesundheit, der sich als Vereinzelter *ihr gegenüber* sieht. Den 'Naiven' bezeichnet Schiller (und er sieht als Vorbild Goethe, während er sich als „sentimentalisch" begreift) als einen Menschen, der selbst Teil der Natur ist, der den Bezug zu ihr noch nicht verloren hat. Er ist ein 'Gesunder', weil er sich im Einklang fühlt mit der Natur, weil er sich nicht als aus ihr ausgeschlossen empfindet.

Kunst ist u.a. der *reflektierte* Rückweg zu dieser Unmittelbarkeit des Gefühls, das Schelling in der blitzartigen Erleuchtung der „intellektuellen Anschauung" realisiert sieht.*

Kunst ist also *auch* eine Methode des Synthetisierens von Ich und Welt. In den Theorien über Narzißmus ist die Wertung verkehrt. Freud, der ein „*ozeanisches*" Lebensgefühl (auch Thomas Mann spricht im 'Tod in Venedig' vom Gefühl des Schwimmens", das typisch sei für die sensiblen Künstler des Fin de siecle) als „narzißtisch" definiert, ist auch für Interpreten wie Herman Argelander („Der Flieger") noch verbindlich. Den Narziß kennzeichnet „ein Gefühl der unauflösbaren Verbundenheit, der Zusammengehörigkeit mit dem Ganzen der Außenwelt" (Argelander: S. 23). Dies Gefühl sieht Kohut „in enger Beziehung zum archaischen Selbst" (Kohut: S. 19), zu einer Phase, in welcher Objekte („Selbst-Objekte") mit narzißtischer Libido besetzt werden und nicht mehr als getrennt und unabhängig vom Selbst erlebt werden. Die reflektierte und nicht mehr vom Trauma des Abbruchs (wie in der Mutter-Kind-Symbiose) bedrohte *Rückkehr* zu diesem Gefühl wird aber in der Analyse nur als Durchgangsstadium auf dem Weg zur 'Heilung' zugelassen. Als Geheilter fühlt man sich wieder normal, nämlich vereinzelt! Argelanders Patient, den er deshalb als 'Flieger' bezeichnet, beschreibt dies so:

„Selbständig- und Unabhängigsein bedeutet für mich fliegen, mich einer elementaren Macht anzuvertrauen, die mich trägt . . . Ich suche immer noch nach einem Objekt, mit dem ich diese einmalige Beziehung wieder eingehen kann, aber ich habe solche Angst vor einer erneuten Enttäuschung." (Argelander: S. 38)

In dieser Aussage ist viel von dem enthalten, was den 'neuen Charakter' ausmacht. Eigentlich ist es oft der Versuch, so etwas wie dieses Erlebnis (zu fliegen, zu schweben, unabgegrenzt gegenüber der Außenwelt geöffnet zu sein) zu realisieren, wenn Jugendliche zusammenkommen, um Musik zu hören, zu tanzen, einen „Joint" herumgehen zu lassen oder auch allein kosmische Phantasien zu entwickeln. Autoren wie Carlos Castaneda, der eine neue Wahrnehmung der

---

* In der 'intellektuellen Anschauung' Schellings ist der Schmerz der Trennung von Subjekt und Objekt, der für die Wahrnehmung konstitutiv ist, aufgehoben, und dennoch ist Erkenntnis möglich, ein Weg zurück, der utopische Ausblicke in eine mögliche Zukunft eröffnet.

Dinge darstellt, „eine andere Wirklichkeit", werden in diesem Kontext gruppenweise rezipiert. Von dieser Seite indessen werden solche Autoren, wie die Gruppe selbst, als 'Mystoflipper' abgetan, nicht als Versuch ernstgenommen, aus der Kausallogik des rationalistischen Denkens auszubrechen.*

Das Gefährliche ist, daß Gruppen, die sich symbiotisch verhalten, in der 'Aussenwelt' sehr verloren sind und das Gefühl haben, daß niemand sie versteht, der dies Gefühl der Einheit nicht erlebt hat. Die leistungsfordernde Außenwelt wird von solchen Gruppen nur noch als feindlich und bedrohlich erlebt, weil sie sich diesen Ansprüchen nicht gewachsen fühlt, oder sie nicht will. Durch das vorhandene Unverständnis werden diese Gruppen in die Isolation getrieben. Sie lassen sich nur noch 'treiben'. Viele junge Lehrer stehen vor dem Problem, daß gerade ihre begabtesten und sensibelsten Schüler „ausflippen" und schließlich nur noch in kleinen Haschgrüppchen zusammenhocken – sie sind nicht „drogensüchtig", sondern „symbiosesüchtig". Die Droge ist eine Hilfe für das symbiotische Einswerden.

Dieser *reflektierte* Ausweg aber wird als 'narzißtisch' stigmatisiert, für pathologisch gehalten oder bestenfalls als Übergangsstufe angesehen und zugelassen.

IV

Jene Jungarbeiter und jugendlichen Arbeitslosen, die es geschafft haben, zusammen so etwas wie ein subkulturelles Milieu aufzubauen, die erleben, daß sie, quasi unterhalb der Welt des Leistungsprinzips und mit Abfall-Überfluß als Bau-Material, sich selbst eine andere Welt bauen können, und diese nicht nur in Symbiose-Erlebnissen halluzinieren, haben vor der Welt „außen" keine Angst mehr (das ist es, was die Herrschenden am meisten beunruhigt). Sie kämpfen nicht offensiv gegen den Staat, sie ignorieren ihn einfach und nützen ihn aus, wo er ihnen 'Sozialleistungen' zur Verfügung stellt. Sie sind es, von denen Custoza in seinen schönen 'Gebrauchswert-Definitionen' schreibt:

„*Gebrauchswert* ist die 'nachdenkliche Heiterkeit' beim Aneignen nützlicher, begehrenswerter Gegenstände, also direktes, nicht geldvermitteltes Verhältnis zu den Sachen, aber auch Sehnsucht nach Reichtum, nach einem kostenfreien Leben, nach der Fülle der Konsumtion und des Genusses als latenter Möglichkeit der modernen Gesellschaft. Vielleicht ist das die Suche nach dem Paradies, aber nur insofern, als es Verachtung für überflüssige, weil lösbare Probleme und Haß gegen ein Purgatorium (Fegefeuer, nach kath. Glauben Läuterungsort der abgeschiedenen Seelen) ist, das mit seinen unwillkürlich in die Länge gezogenen ungerechtfertigten Entbehrungen und überflüssigen Leiden nicht mehr Vorbereitung und Wartezeit sein kann" (Custoza: S. 73).

Die Kommandogewalt des Staates nimmt indessen zu. Das Mißtrauen verbreitet sich bis in den privatesten Bereich hinein – wie lange wird eine Subkultur dem standhalten können? Fraglos breitet sich auch dort Resignation aus, wenn das System immer maschenfester wird. Gerade deshalb wäre offensive Diskussion und Kommunikation so wichtig.

Dieses Übermächtigwerden des Staates hat mit der automatischen Datenverarbeitung einen neuen Höhepunkt erreicht. Mit ihr ist dem „Körper der Polizei",

---

* Freilich wäre Castanedas 'Don Juan' ohne europäischen Einfluß weniger erfolgreich. Es ist ein stilisierter „edler Wilder", dessen indianische Einsichten gemischt sind mit christlichen Moral- und Hierarchievorstellungen. In einem Seminar über den „Edlen Wilden" versuche ich, mit Studenten Analogien zwischen der spätaufklärerischen Zivilisationskritik und der gegenwärtigen Technokratiekritik herauszuarbeiten.

so der BKA-Präsident Horst Herold, „ein vollständig neues Nervensystem mit vervielfachter Sensibilität und Reaktionsfähigkeit eingepflanzt" worden (zit. n. Brüggemann: S. 62). Die Einsichten des Staates „in abweichende Verhaltensweisen und in Strukturdefekte der Gesellschaft" werden damit erhöht, und so können wir uns der frohen Prognose Herolds anschließen, daß die Polizei „aus der bloßen Vollstreckerrolle" endlich befreit wird: „Die Polizei der Zukunft wird eine andere, höherstufige, eine mit einer gesellschaftssanitären Aufgabe sein" (a.a.O.).

Heinz Brüggemann bezeichnet diesen Vorgang zu Recht als den der *inneren Kolonisation".* Der „Traum von der vollkommen regierten Gesellschaft" (Brüggemann: S. 63) scheitert zwar vorerst noch am „subjektiven Faktor", aber die Technokratie wird sich auch hier weiterhin fortschreitend entwickeln: „Von den zu kolonisierenden Subjekten her gesehen allerdings bedeutet dieses Modell . . ., daß sie nur in Erscheinung treten als Objekte einer Information, Objekte des Wissens und Objekte der Kolonisation durch Zwangs- und Wertordnungen, niemals aber als Subjekte in einer Kommunikation" (Brüggemann: S. 63).

Daß die Menschen dies empfinden und sich im Staat nicht mehr „zuhause" fühlen, beklagen herrschende Politiker. Der Staat legt manchen eher die Assoziation von Kontrolltürmen und Gefängnissen nahe. Der seit sechs Jahren inhaftierte Schriftsteller Peter Paul Zahl sagte dazu in einem Interview: „Ein realistischer Roman, ein realistisches Gedicht über den Knast wird auf einer anderen Ebene eine Metapher für die Bundesrepublik Deutschland. Das ist ein Verknastungsprozeß der gesamten Gesellschaft, den man in anderen Ländern bei weitem nicht so entdeckt . . ." („Schreiben im Knast", F. R. 11. Nov. 1978).

Wir sehen diese Tendenz der Verknastung, Kolonisation, Klinifizierung. Aber sehen wir auch, wie sie schleichend von uns selbst Besitz ergreift, wie ‹‹ ‹ innere Selbstzensur, der äußeren entsprechend, einer Verdrängung des Verfolgungswahns korrespondiert, wie wir ergriffen werden von der Automation, dem Terror des Alltags, und kontrolliert, selbst mit einem kontrollierenden Blick in uns und außer uns blicken — auch auf die Jugendlichen?

Der Kontrollturm des Staates schließlich kann auf immer mehr kleine Kontrolltürme im Inneren der Individuen „bauen" — das ist die wörtlich zu nehmende Restauration — jeder wird, wie Lefebvre sagt, sein eigener und des anderen Polizist.

Was Wunder, daß jene Subkultur-Jugendlichen, die davon noch nicht ergriffen sind, lieber ganz aussteigen wollen, als sich „produktiv" auseinanderzusetzen mit der Gefahr, von diesem narkotisierenden Prozeß ergriffen zu werden? Die Tendenz zur Verwaltung des Menschen, zur Liquidation des Subjekts im Namen eines Allgemeinen (Staat, Kirche, Partei oder auch das Wahre-Schöne-Gute) reicht bei uns weit zurück — heute hat sie auch unseren Körper physisch erfaßt: „Die Fremdbestimmung, die sich in der technokratischen Verwaltung, in der Verstaatlichung unserer Existenz durchsetzt, wird in ungezählten Situationen und fast unbemerkt am eigenen Leibe vollzogen" (Lippe: S. 16)

Ebenso nahmen die Ausgrenzungstendenzen gegen jede Form der Abweichung zu. Wer sie kritisiert, macht sich selbst zum Außenseiter, Ausbürgerungsstrategien und Berufsverbote sollen die Kritiker „in Schach' halten, beziehungsweise schachmatt machen.

Unsere Schwäche liegt darin, daß wir, fixiert auf Vergangenes (das freilich auch unter neuem Vorzeichen noch wirksam ist), kaum imstande sind, die

Zeichensysteme der Macht, zu deuten, noch auch jene antitechnokratische und averbale Zeichensprache des „neuen Charakters", der sich in ihr gegenüber diesem System *verhält*, bewußt oder unbewußt ihm zu entrinnen versucht, allen reformfreudigen Eingemeindungsversuchen mißtrauend. Wir finden diese Gegenstrategien, zu denen, auf dem Höhepunkt seiner Entfremdung, die Wiederentdeckung des Körpers gehört und die Sehnsucht nach einer allumfassenden Erotik jenseits der permissiven Sexualität, zu denen die Idee eines herrschaftsfreien Umgangs mit Natur gehört, in der Frauenbewegung, in Bürgerinitiativen, in Versuchen von alternativen Lebensformen. Überall dort finden wir auch Jugendliche.

V

Es ist erstaunlich, daß die Diskussion um den „neuen Sozialisationstyp", um den 'oralfixierten' Narziß, nie im Zusammenhang gesehen wird mit der gesamtgesellschaftlichen Entwicklung. – Seveso oder Vietnam, was zum Teufel geht uns das an? Die kulturrevolutionäre Diskussion Ende der 60er Jahre (Recht auf Subjektivität gegen 'Objektivitäts'-Anspruch, Polemik gegen abstraktes, vom Leben getrenntes Denken, Verbindung von Leben und Kunst etc.) scheint bereits für viele vergessen zu sein. Doch ist offensichtlich, daß die Frauenbewegung ganz ähnliche Phänomene diskutiert, und daß dem 'neuen' Narziß alle möglichen Attribute zugesprochen werden, und zwar mit klassifizierendem und stigmatisierendem Tenor, aber nicht jene, die man als typisch für den klassischen 'Chauvi' sieht. Nein, im Gegenteil, in seiner androgynen Tendenz entspricht einiges den feministischen Idealen.

Interessant an der 'Narzißmus'-Diskussion ist außerdem die Tatsache, daß man kaum geschlechtsspezifische Unterscheidungen macht (obwohl beispielsweise das selbstgenügsam-autistische Moment am weiblichen Narzißmus hervorzuheben wäre), und daß Sexualität sozusagen ausgeklammert bleibt, außer, daß man polemisch bemerkt, der neue Typ komme mit seiner Geschlechtsrolle nicht zurecht. Was auffällt ist, daß auch bei den Jugendlichen selbst wenig über Sexualität diskutiert wird, ganz im Unterschied zur Studentenbewegung, wo dies eines der Hauptthemen war. Ist Sexualität kein Problem mehr? Das wohl nicht. Ganz sicher ergeben sich ganz neuartige Probleme, wenn Sexualität erlaubt ist, wenn die Pille alle Ängste vor den 'Folgen' nimmt, wenn kein Reiz da ist, Verbote zu übertreten. Eins läßt sich mit Sicherheit sagen: Der Leistungsdruck phallokratischer Liebesvorstellungen spielt kaum mehr eine Rolle. Der Trieb ist 'besänftigt', steht nicht mehr unter Überdruck und auch die 'entsublimierte' Sexualität der 'eindimensionalen' Gesellschaft (Marcuse) findet sich kaum bei diesen Jugendlichen, denen die Zerstückelung des Körpers bewußt ist und die sie aufzuhalten versuchen. Ob man innerhalb des „konsumistischen Hedonismus" (Pasolini: S. 63) zu Recht von „neurotisierender Frühreife" (a.a.O.) sprechen kann und davon, daß die Jugendlichen „in ihrem Geschlechtsleben jeglicher Spannung beraubt" (a.a.O.) sind, wage ich zu bezweifeln. Wir haben die Sexualität (da vorher unterdrückt) verabsolutiert im Emanzipationskampf. Sie gehört aber zum Ganzen des Lebens und des Eros als Lebenstrieb. Die fehlende Spannung ist wohl nicht das Problem, eher die fehlende Zeit, sie stressfrei zu entfalten. Die Arbeitszeitnorm ergreift auch von der Sexualität Besitz, und dagegen wehren sich die Jugendlichen.

Der Narziß entzieht sich der Berechenbarkeit. Er ist offen, auch 'geschlechts-spezifisch' nicht mehr eindeutig festgelegt: die Knaben werden schwächer, die Mädchen stärker, diese Tendenz kündigte sich mit der Studentenbewegung an. Die Jugendlichen wissen sehr wohl, wie kaputt sie der Arbeitsprozeß mit seiner immer zugespitzteren Trennung von Kopf- und Handarbeit macht, wie unfähig für die Entfaltung aller potentiellen Kreativität, auch in der Liebe. Dieser Arbeitsprozeß wird immer weiter vorverlegt, er beginnt heute in der Schule und ihrem mörderischen Konkurrenzsystem, wo quantifizierbare Leistung (im Kurssystem) das einzige ist, das zählt (noch dazu mit dem inzwischen zynischen Hinweis auf Chancengleichheit!). Lehrer und Schüler gehen dabei kaputt. Die Schüler, die sich verweigern, werden aber von den (ebenfalls leidenden) Interpreten als 'regressiv' begriffen, d.h. letztlich stigmatisiert. Gerd Wartenberg hat in seinem Beitrag (s.o.) darauf hingewiesen, daß die 'Narzißmus-Diskussion' vorwiegend negativ wertend verläuft, daß „das 'kreative Potential' des neuen Sozialisationstyps" fast kaum dargestellt wird. Das liegt freilich auch an der Fixierung auf das Medium der schriftlichen Darstellung, dessen 'narzißtische' Komponente die Kritiker des 'neuen Sozialisationstyps' kaum berücksichtigen, so wenig wie die Fragwürdigkeit eines Produktionsfetischismus, dem sich die neue Charakterstruktur stark entzieht.

Wenn wir aber die Tendenz der modernen Kunst betrachten, immer stärker im künstlerischen Produktionsprozeß aufzugehen, das Produkt als etwas Sekundäres zu betrachten (das Happening versuchte dies zu demonstrieren), so können wir in der neuen Charakterstruktur auch neue Wege der Kunst angelegt sehen. Das Neue muß sich durch die verkrustete Oberfläche kämpfen, es kommt auf Umwegen, es ist verzerrt, unkenntlich, unerkannt, verkannt wie das Potential einer neuen Sprache (Irigaray nennt sie weiblich) in Formen der Hysterie. Das Neue, das die Norm bricht, wird klinifiziert, es ist 'pathologisch', aber freilich nur in bezug auf das Alte. Es ist nicht nur verzerrt, es wird auch verzerrt vom stigmatisierenden Blick, gegen den es sich zur Wehr setzt. Viele, die es in sich spüren, zerbrechen an dieser Stigmatisierung, bevölkern Psychiatrien, wo sie durch die chemische „Zwangsjacke"zu Marionetten der Normalität reduziert werden, oder sie begehen Selbstmord oder überleben resigniert, mit einer unstillbaren Sehnsucht im Herzen.

Aber manche erkennen sich, sie sprechen in Gesten, Blicken, averbalen Zeichen miteinander, sehen sich in die Augen, lassen sich ein auf den anderen, lassen den anderen in sich ein, in Augen-Blicken und beginnen zu lieben; und gerade, indem sie selbstvergessen lieben, erkennen sie sich im Blick des anderen, in den sich verwandelnden Bildern, zu denen der andere wird. Der liebesfähige wäre der orphische Narziß, der, sein Spiegelbild (seine Selbstspiegelung) überwindend, sich wie Orpheus aus Liebe dem Totenreich zuwendet, um Eurydike, die tote Liebe, zurückzuholen ins Leben.

Aber Narziß ist noch festgebannt vom eigenen Spiegelbild, nur zu einer 'Spezialbeziehung' fähig, in welcher der andere Echo bleibt, nicht Subjekt wird. Der neue Charakter, umgeben von immer mehr Angst, Aggression, einem mörderischen und selbstmörderischen Klima, und der Gefahr, ausgegrenzt zu werden, träumt sich in eine Welt jenseits des Leistungsprinzips, er will nicht erwachsen werden, weil man als Erwachsener funktionieren muß. Die, die nicht mehr funktionieren wollen, erkennen sich an ihren Gesten; kein Außenstehender bemerkt, wie sie, kaum merklich, einander zuwinken. Sie sind schon ganz woan-

ders, an einem imaginären Ort der Begegnung, ,,auf der Reise", ,,abgefahren",
mit oder ohne Drogen. Die ,,Erwachsenen" werden von ihnen als ein exotisches
Volk betrachtet, das, eingekreist von der ,,inneren Kolonisation", ihnen gegenüber noch als Kolonialherr auftritt. Die Sprache der Erwachsenen lernen sie als
Mimikry, denn ihre Sprache ist eine andere, jenseits der Codes der Macht und des
herrschenden Denkens.

Die wortlose, vorverbale Sprache der Gestik, des Blicks, der Kleidung ist oft
bedeutungsvoller als die reduzierte Umgangssprache der Jugendlichen (es ist darin ein proletarisches Moment der Direktberührung, der Körpersprache und des
Körperkontakts). Halbbewußt steckt darin auch der Versuch, dem unentwegten
Gerede der Sprachtechnokratie zu entgehen, un-faßbar und unan-greifbar (weil
unbegriffen) zu bleiben, die eigene Phantasie und Sensibilität zu retten vor den
Integrationsversuchen und der ,,kulturellen Gleichschaltung" (Pasolini). Wir sollten sie nicht klinifizieren, sondern zu dechiffrieren versuchen.

Literatur
Adorno, Th. W., Horkheimer, Max: Dialektik der Aufklärung, Amsterdam 1968
Argelander, Hermann: Der Flieger. Eine charakteranalytische Fallstudie, Frankfurt a.M.
1972
Baudrillard, Jean: Kool Killer oder der Aufstand der Zeichen, Berlin 1978 (Merve 79)
Brüggemann, Heinz: Strategien der inneren Kolonisation in: Brüggemann u.a.: Über den
Mangel an politischer Kultur in Deutschland, Berlin 1978 (Politik 83)
Custoza, Silvano, Piperno, Franco: Gegen die Normen der abstrakten Arbeit, in: Jahrbuch
Politik 8, hrsg. von Barbara Herzbruch und Klaus Wagenbach, Berlin 1978
Dischner, Gisela: Sozialisationstheorie und materialistische Ästhetik, in: Bezzel u.a., Das Un-
vermögen der Realität, Beiträge zu einer anderen materialistischen Ästhetik, Berlin 1975
(Politik 55)
Kofler, Werner: Ida H. eine Krankengeschichte, Berlin 1978 (Quartheft 93)
Kohut, Heinz: Narzißmus. Eine Theorie der psychoanalytischen Behandlung narzißtischer
Persönlichkeitsstörungen, übers. von Lutz Rosenkötter, Frankfurt a.M. 1976 (stw 157)
zur Lippe, Rudolf: Am eigenen Leibe. Zur Ökonomie des Lebens, Frankfurt a.M. 1978
Marcuse, Herbert: Triebstruktur und Gesellschaft, Frankfurt a.M. 1966
Nitzschke, Bernd: Eine Generation der Ausgeschlossenen, von Anfang an, in: Konkursbuch
2, Zeitschrift für Vernunftkritik, Tübingen 1978
Pasolini, Pier Paolo: Freibeuterschriften. Aufsätze und Polemiken über die Zerstörung des
Einzelnen durch die Konsumgesellschaft, Berlin 1978
Sohn-Rethel, Alfred: Geistige und körperliche Arbeit, Frankfurt a.M. 1973
Varnhagen, Rahel: Briefwechsel mit August Varnhagen von Ense, Hrsg.: München 1967,
Friedhelm Kemp

Thomas Ziehe
Gegen eine soziologische Verkürzung der Diskussion um den neuen Sozialisationstyp
Nachgetragene Gesichtspunkte zur Narzißmus-Problematik

Mir scheint, es gibt in der Diskussion des Ansatzes vom neuen Sozialisationstyp eine Neigung, noch ehe die inhaltliche Diskussion eine fruchtbare Intensität gewonnen hat, bereits dezidierte B e w e r t u n g e n zu fordern oder selbst auszusprechen.

Ich denke vor allem an eine vorschnelle Übersetzung der Narzißmus-Problematik in politische Bewertungskategorien: Der denkbare Wahrheitsgehalt des Ansatzes wird völlig sekundär behandelt gegenüber der Diskussion um Mißbrauchs-Gefahren des Ansatzes. Weiter richtet sich die Diskussion darauf, inwieweit Theorien vermögen, politische Schuldvorwürfe bzw. sie untermauernde theoretische Kampfbegriffe zur Verfügung zu stellen. Das Befassen mit subjektiven Strukturen erscheint dann allemal als Ablenkung vom Kampf gegen institutionell verankerte Herrschaftsmechanismen, als politisch abträgliche Möglichkeit, daß diejenigen, die in uns von diesen Institutionen profitieren, entlastet werden könnten.

Die vorschnelle Funktionalisierung eines psychoanalytischen Theorems verstellt damit auch die prinzipiell denkbare Möglichkeit neuer Erkenntnisse. Wenn die Verursachungen von Sozialisationsbeschädigungen eh „schon klar" sind, geht es offenbar nur noch um die Aufbesserung bereits bestehender Erkenntnisse und politischer Positionen. Theorien und neue Ansätze werden unter dem ausschließlichen Gesichtspunkt ihrer politischen Verwertbarkeit abgeklopft. Daß das auf längere Sicht kein Gewinn für eine adäquate Analyse sein kann, liegt für mich allerdings auf der Hand.

Ich glaube, wir müssen den Mut haben, den Niederschlag von Herrschaftsstrukturen und gesellschaftlichen Widersprüchen i n subjektiven Strukturen zu erkennen, zu analysieren und auch auszusprechen. Die Widersprüche verlaufen auch durch uns hindurch, sind nicht bloß außer-subjektiv.

Ich habe in den vergangenen Monaten, insbesondere natürlich seit dem Erscheinen des ersten „Narziß"-Teils in päd.extra, eine Fülle von Vortrags- und Diskussionsveranstaltungen mitgemacht, die sich um die Frage des neuen Sozialisationstyps drehten.

Inwieweit die Motive, die zu diesem fast vehementen Rezipieren des Narzißmus-Ansatzes veranlassen mögen, mich nachdenklich gestimmt haben, habe ich in Ästhetik und Kommunikation, Heft 34, Dez. 1978 dargelegt („Warum sich mir die Feder sträubt").

Nachfolgend will ich einige Gesichtspunkte herausstellen, die nach meiner Erfahrung in der Diskussion regelmäßig verzerrt oder falsch rezipiert werden, weil − jedenfalls sehe ich es so − die Logik der P s y c h o a n a n y l s e, die dem Ansatz des neuen Sozialisationstyps zugrunde liegt, nicht bekannt ist oder nicht ernst genug genommen wird.

Der Text gibt von Inhalt und Form her theoretische Notizen wieder, die aus den Erfahrungen dieser Diskussionen entstanden sind.

Sozialisation ist mehr als Herstellung der Ware Arbeitskraft

Bei Diskussionsveranstaltungen habe ich in den vergangenen Monaten die Tendenz mitbekommen, daß mit moralischer Dringlichkeit eingeklagt wird, Jugendprobleme ausschließlich oder vorrangig unter den ökonomischen Aspekten der Ausbildungskrise und der Arbeitslosigkeit zu sehen. Ich bin mir nicht sicher, befürchte aber, daß damit ein theoretischer und politisch-pädagogischer Traditionalismus wieder an Boden gewinnt, dem die Dinge vermeintlich wieder klarer geworden sind. Liegt es denn wirklich so nahe, daß mit einer Verschlechterung der objektiven Lage der Jugend die Diskussion sich wieder auf das ökonomische Kernproblem zu beschränken hätte?

Hierbei werden Sozialisationsfragen teilweise theoretisch so verkürzt, wie dies im perfektioniertesten kapitalistischen Arbeitssystem real nicht sein könnte. Die Ausbildung und Zurichtung von Subjektivität wird ausschließlich gesehen aus der Perspektive des Kapitals: unter der Perspektive des später notwendigen Verkaufs der Ware Arbeitskraft. Ein proletarischer Jugendlicher wird so unter der Hand ausschließlich als späterer Arbeiter gesehen, eine Arbeiterexistenz reduziert sich auf Bandarbeit.

Als sei nicht das, was Marx „lebendiges Arbeitsvermögen" nennt, erheblich mehr als der Gebrauchswert der Ware Arbeitskraft, als sei nicht gerade dieser Gebrauchswert vor allem daran gebunden, daß die Subjekte im Verlauf ihrer Sozialisationsgeschichte eigene Lern- und Erfahrungsfähigkeit entwickeln. Arbeitsvermögen geht in Arbeitskraft nicht auf. Eben diese Differenz eskamotieren zu wollen, wäre politisch affirmativ. Darauf zu beharren, daß Menschen mehr sind als ihre Arbeitskraft, ist kein Luxus für Zeiten der Prosperität, sondern Parteinahme!

Der Rigorismus, der dieser ökonomistisch verkürzten Krisenorientiertheit theoretisch zu eigen ist, ist aber in seiner Substanz mitnichten radikal: Die Subjekte werden eben nicht erst über ihre Arbeitserfahrungen zu dem, was sie sind. Es gibt gerade unter kapitalistischen Bedingungen Vergesellschaftung der Städte, der Freizeit, der Sexualmoral, des Essens. Ja, selbst der A u f b a u eigener psychischer Strukturen erfolgt im Kontext kapitalistisch verursachter Widerspruchserfahrungen, innerhalb des Familiensystems.

Daß der Schrecken einer objektiven gesellschaftlichen Situation uns nicht von der Analyse des Schicksals der S u b j e k t i v i t ä t entbindet, zeigt die Diskussion um den Faschismus: daß Faschismus etwas mit spezifischen Öffentlichkeitsstrukturen, mit spezifischem Alltagserleben, mit Triebschicksal, mit Sexualität zu tun hat, ist gerade keine theoretische Verharmlosung, sondern umgekehrt − die ausschließliche Rückführung faschistischer Realität auf Verwertungsinteressen des Kapitals wäre es.

Die Logik des Funktionierens des kapitalistischen Verwertungssystems ist eine a n d e r e als die Logik der Konstituierung der gesellschaftlichen Subjekte. Denn auf was die Phantasien der Menschen sich richten, welche Wünsche und Träume sie zulassen, ihr Triebschicksal − all dies ist essentiell, um verstehen zu können, in welcher Weise sie ihre objektiven Lebensbedingungen und ihre Erfahrungen v e r a r b e i t e n. (Die Frage, worauf sich die Wünsche des von John Travolta dargestellten „Lohnarbeiters" richten, ist für das Verstehen seiner Alltagspraxis, seines Bewußtseins durchaus nicht zweitrangig. Ergibt sich die subjektive Bedeutung der Disco zureichend aus den Arbeitsplatzbedingungen des Tapetengeschäfts? Wäre es gar am politischsten, man würde mit ihm über das Geschäft sprechen?)

Vergesellschaftung von Subjektivität ist mehr als soziale „Prägung"

Eine andere, mir problematisch erscheinende Verkürzung der Sozialisationsvorstellung liegt dann vor, wenn gleichermaßen beschwörend der „gesellschaftliche Bezug", die Bedeutung „gesellschaftlichen Einflusses" gegen eine lebensgeschichtlich zentrierte Herangehensweise an Jugendprobleme gefordert wird.

Ich werde hierbei häufig den Eindruck nicht los, hier würde Sozialisation a l s P r ä g u n g aufgefaßt: das wäre in der Tat eine milieutheoretische Verflachung! Die subjektiven Strukturen, die da angeblich „geprägt" werden, sind ja in ihrer Konstituierung bereits gesellschaftlich hergestellte und nicht eine Art vor-gesellschaftliche Membrane, die auf „Einflüsse" reagiert.

Die Vergesellschaftung der Subjekt-Werdung schlägt sich nicht lediglich als Übernahme, als Internalisierung vorfindlicher Werte und Orientierungsmuster nieder, sie ist eh kein rezeptorisch zu verstehender Prozeß.

Psychische Struktur entsteht als elementare Erfahrung und Versagung und gesellschaftlich vermitteltem Zwang: Die innere Produktivität des kleines Kindes bestimmt sich aus der Brechung von Triebbedürfnissen in der elterlichen Praxis. Und solange diese elterliche Praxis sich gegen den Trieb durchsetzt, geht gesellschaftliche Widersprüchlichkeit i n d a s I n n e r s t e der Subjektivität mit ein.

Nicht schlicht die Polarität von Individuum und Umwelt gilt es deshalb theoretisch zu begreifen, sondern daß das werdende Subjekt innere Natur so bearbeiten muß, daß es s i c h s e l b s t teilweise unverständlich wird. „Gesellschaftlich" sind dann nicht nur Werte und Orientierungsmuster, sondern vor allem die Selbstverborgenheit des eigenen Wünschens und Verhaltens.

Verhalten ist so gesehen nicht unmittelbar aus den jeweiligen Verhaltensbedingungen heraus „verständlich", Verhalten ist bereits dem Inneren aufgezwungener, selbstverschwiegener Kompromiß.

Eine Typologie der Subjekte, die sich in sozialpsychologischem Interesse ausschließlich auf die Ebene der Einstellungen, der internalisierten Werte, der Orientierungen richtet, verfällt einer soziologistischen Illusion, wenn sie meint, damit bereits zureichend das erfaßt zu haben, was die Menschen treibt. Auf die durch elterliche Praxis vermittelten gesellschaftlichen Zwänge antwortet innere Natur; nicht Prägung, sondern Triebschicksal schafft die Grundstruktur des Inneren.

Es ist gerade das Spezifische der psychoanalytischen Sichtweise von Vergesellschaftung der Subjekte, daß sie nicht lediglich einen Widerspruch zwischen Individuum und Umwelt aufspürt, sondern gerade die hieraus resultierende i n n e r e Zerrissenheit der Subjekte analysiert. Der unbewußte Sinn libidinöser Strebungen ist mithilfe eigener, g e s e l l s c h a f t l i c h v e r m i t t e l t e r S i n n d e u t u n g e n nur b e g r e n z t abzudecken. Soziale Motivationen und primäre Triebziele kommen mitnichten zur Deckung! Libido ist nicht die energetische Untermauerung gesellschaftlich erwarteter Verhaltensweisen, sondern allzu häufig deren offener oder heimlicher Kontrahent. Über die sozialen Funktionen von Handlungen erschließt sich noch längst nicht deren lebensgeschichtliche Fundierung und deren unbewußter Sinn. So lassen sich, um ein Beispiel zu nehmen, Phänomene zunehmender Sucht aus aktueller psychischer und sozialer Misere erklären, oder als eine Folge eines bestimmten milieuspezifischen Konformitätsdrucks, oder als geschickt vorgehende Expansion des Drogen-Geschäfts – die Dramatik dessen, was man mit Drogen will, ersehnt, erträumt, ist mit diesen Erklärungsebenen längst nicht erreicht. Sie wird erst verstehbar, wenn die Ebene der psychostrukturell verfestigten, grenzenlosen inneren Sehnsucht erfaßt wird. Diese innere Sehnsucht bedarf s o z i a l e r R e - a l i s i e r u n g s - Versuche, die sozialpsychologisch und soziologisch verstehbar sein mögen: Der ,,Traum'', der sich durch Sucht ausdrückt, erschließt sich allerdings damit noch längst nicht.

Adorno hat in aller Eindringlichkeit davor gewarnt, es als materialistischen Fortschritt zu begreifen, wenn die Kategorien der Psychoanalyse umstandslos soziologisiert würden. Psychoanalyse und Soziologie sind nicht wechselseitig ineinander übersetzbar, weil die Verschiedenheit ihrer Kategorien auch a n g e - m e s s e n e r Ausdruck des B r u c h s zwischen innerer Natur und Vergesellschaftung ist.

,,Daß Freud den Mythos von der organischen Struktur der Psyche zerstört hat, zählt zu seinen größten Verdiensten. Er hat dadurch vom Wesen der gesellschaftlichen Verstümmelung mehr erkannt, als irgendein direkter Parallelismus von Charakter und sozialen Einflüssen es könnte.'' – ,,Die Vereinheitlichung von Psychologie und Gesellschaftslehre durch Verwendung der gleichen Begriffe auf verschiedenen Abstraktionsebenen läuft inhaltlich notwendig auf Harmonisierung hinaus.'' (Gesammelten Schriften 8, Suhrkampf 1972, S. 35 und S. 45.)

Selbstverständlich konstituiert sich das Individuum gesellschaftlich. Aber Sozialisation als Konfrontation innerer Natur mit Vergesellschaftungszumutungen spielt sich gerade ab als V e r s e l b s t ä n d i g u n g s v e r h ä l t n i s von innerer und äußerer Realität. Das ganze Freud'sche Konzept von Neurose und Psychose gewinnt sein gesellschaftstheoretisches Gewicht gerade dadurch, daß beide n i c h t lineare V e r l ä n g e r u n g e n äußerer Verhältnisse ins Innere sind, sondern den unversöhnlichen B r u c h zwischen Wünschen und Zumutungen (in entgegengesetzter Weise) repräsentieren.

Die Verrechnung der Äußerungen von Subjektivität mit den objektiven Bedingungen ginge von den Erkenntnismöglichkeiten her gesehen allemal gegen das Recht der Subjekte. Gerade das psychoanalytische Beharren auf der Differenz, auf der jeweiligen E i g e n l o g i k von Innen und Außen – mit entsprechend zu beachtenden methodologischen Konsequenzen – klagt die Beschädigung an, die Sozialisation in dieser Gesellschaft bedeutet. Psychische Struktur geht in Gegenwartssituationen nicht auf, das ,,Mehr'', das das Psychische darstellt, zeugt von geronnenen lebensgeschichtlichen Traumatisierungen, aber auch von innerer Produktivität, die nicht bruchlos subsumierbar ist.

Das E r l e b e n eigener Geschichte, das, was man für wahr halten muß, ist nun beileibe nicht zu reduzieren auf bestimmte ,,Einstellungsmuster'', sondern ist gespeist von der Dramatik der Affekte, verweist auf die Libidoquelle innerer Natur. Erleben ist keine Einstellung, sondern Folge von Triebschicksal, verweist auf gesellschaftlich nicht abzustellende somatische Quellen, ist e n e r g e - t i s c h und biografisch s i n n h a f t in einem.

Mir scheint ein methodisches Fortschreiten der jugendsoziologischen Ansätze zu solchen vom Typus der Lebensweltanalyse (z.B. der Projektgruppe Jugendbüro: Subkultur und Familie als Orientierungsmuster, Juventa 1977) ausgesprochen fruchtbar. Den Zusammenhang von alltäglicher Situationsd e u t u n g und Alltasp r a x i s und deren Vermittlung mit g e s a m t g e s e l l s c h a f t l i -

c h e n Strukturen zu untersuchen, führt meines Erachtens erheblich weiter als eine objektivistische Beschränkung auf Bedingungsanalysen.

Allerdings meine ich schon, daß hier noch unberücksichtigt bleibt, inwieweit selbstverborgene Motivationen des subjektiven Deutungen unterliegen, die in der Alltagspraxis nur vermittelt erscheinen und tiefenhermeneutisch entschlüsselt werden müssen. Subjektivität erscheint eben nicht nur im Selbstverständnis und im Handeln, sondern auch im Sich-selbst-nicht-verstehen und im Nicht-handeln-können; das Unbewußte ist nicht nur das phänomenologische Mit-Gemeinte, sondern Träger von Sinn mit einer ganz eigenen Gesetzlichkeit.

Psychoanalyse ist keine Beobachtungswissenschaft.
Sie bezieht sich nicht auf Verhaltens-Tatsachen, sondern auf Motivstrukturen

Psychische Struktur, als ein Verarbeitungsergebnis von konfliktreicher Lebensgeschichte, erlangt ein Eigengewicht, eine Eigenlogik – sie geht in der Summe der situationellen Lebensbedingungen nicht auf. Das Innere ist n i c h t das A b- b i l d des Äußeren!

Es ist daher streng zu unterscheiden zwischen einer quasi realhistorischen Untersuchung einer Sozialisationsbiografie, einer Dokumentierung von realen E r- e i g n i s zusammenhängen, einem ä t i o l o g i s c h e n Zugang zu biografischen U r s a c h e n - Ketten auf der einen Seite – und andererseits einem psychoanalytischen Zugang, nämlich der Rekonstruktion von E r l e b n i s - Linien, dem V e r s t e h e n der G e n e s e von B e d e u t u n g e n. Lorenzer unterscheidet in diesem Sinne konsequent zwischen Bedingungsanalyse und Strukturanalyse der Subjekte, die beide zueinander nicht in einem Ableitungsverhältnis stehen können. Für die Psychoanalyse im eigentlichen Sinne geht es um eine S t r u k t u r a n a l y s e der Subjekte.

Diese psychoanalytische Aufmerksamkeitsverschiebung – von den realen Sozialisationsereignissen als solchen hin zu der erlebnismäßigen V e r a r b e i- t u n g (bzw. Nicht-Verarbeitung) dieser Ereignisse – bedeutet, daß Psychoanalyse k e i n e B e o b a c h t u n g s w i s s e n s c h a f t i s t! Sie richtet sich auf die undurchschauten Sinnbezüge zwischen den ursprünglichen und den späteren Objekten, und nicht auf Tatsachen. Das Erleben hat einen biografischen S i n n: es verklammert Vergangenheit und Gegenwart; und es ist a f f e k t i v: es hat eine libidinös gespeiste Dramatik.

In dem Sinne, in dem Psychoanalyse keine Beobachtungswissenschaft ist, sich nicht auf Tatsachen richtet, sondern auf deren subjektive Verarbeitung, gilt auch für die Therapie: Nicht V e r h a l t e n soll umstandslos geändert werden, sondern zunächst einmal die S e l b s t v e r s t ä n d i g u n g des Subjekts.

Vielfach wird in der Auseinandersetzung mit der These vom neuen Sozialisationstyp nicht beachtet, daß es sich nicht um einen psychologischen, sondern um eine psychoanalytischen Ansatz handelt. Es werden nicht vorrangig V e r- h a l t e n s e i g e n s c h a f t e n konstatiert, sondern primär geht es erst einmal um narzißtische M o t i v s t r u k t u r e n, aus denen (sekundär!) die verschiedensten Formen des Verhaltens resultieren können:

Die Tiefendimension unbewußter narzißtischer Wünsche und Motive ist keine ,,zusätzliche", die man additiv einer ansonsten psychologisch verstandenen Verhaltenstypologie zuzählen könnte, sondern die Tiefendimension gibt die narzißtische Qualität der frühkindlich ausgebildeten psychischen G r u n d s t r u k t u r an, geht somit in die Gesamtheit der späteren Äußerungen von Subjektivität m i t e i n.

Auch eine sozialwissenschaftliche J u g e n d a n a l y s e, soweit sie psychoanalytisch ausgerichtet ist, richtet daher ihr Interesse nicht primär auf die Verhaltensakte Jugendlicher a l s s o l c h e, sondern auf die Ebene der M o t i v e, die diesem Verhalten einen biografischen Sinn geben. Im Gegensatz zur behavioristischen Psychologie erscheint das Verhalten nie als eigentlicher Beobachtungsgegenstand, sondern als Abgeleitetes, Sekundäres. Primär ist die Rekonstruktion von Motiven, die dem Verhalten zugrunde liegen.

So können zum Beispiel gesellschaftliche und psychische Veränderungen von Sexualität sicherlich nicht zureichend auf der Ebene von Verhaltensakten erfaßt werden — geschmust, masturbiert, miteinander geschlafen haben junge Leute, sicherlich mit verschobenem Zeitpunkt des „Beginns", schon immer. Aufschlußreich ist doch die Bedeutung solcher Daten erst vor dem Hintergrund historisch veränderter subjektiver V e r a r b e i t u n g s f o r m e n, also vor der Frage, was die einzelnen Verhaltensformen subjektiv b e d e u t e n, welche Selbstverständigungsmittel jeweils gesellschaftlich angeboten werden.

Der häufig zu hörende Hinweis, den neuen Sozialisationstyp hätte es doch „schon immer" gegeben, erklärt sich meines Erachtens teilweise dadurch, daß unmittelbar an Verhaltensakte gedacht wird, unter Absehung von historischen Veränderungen auf der Ebene subjektiver Bedeutungen und Motive.

Für die Psychoanalyse ist es essentiell, daß ein und dieselbe Motivstruktur (z.B. eine narzißtisch dominierte) verschiedene, ja entgegengesetzte Verhaltensakte zeitigen kann. (So kann sich ein hohes Maß an Aggressivität im feindlichen Verhalten gegenüber anderen Personen, aber auch in völlig zurückgenommener Depressivität, also als Aggressivität gegen das eigene Selbst, zeigen!)

Die Beschreibung des Narzißmus-Problems anhand von Verhaltensbeispielen ist daher mitunter mißverständlich. Diese Beispiele sollen auf dahinter stehende Motive verweisen, die jeweils beispielhaft bezeichneten Verhaltensweisen sind durchaus variabel. Die These vom neuen Sozialisationstyp ist keine, die primär Verhaltensweisen kategorisieren will, sondern sie will zunächst ein t h e o r e t i - s c h e s K o n s t r u k t sein, um einen historischen Wandel der M o t i v - s t r u k t u r der jungen Generation verstehbar zu machen.

So gesehen lege ich mich nicht darauf fest, die veränderte Motivstruktur ausschließlich in einer Jugendsubkultur (im emphatischen Sinne), bei Randgruppenjugendlichen oder anderen s o z i a l einigermaßen homogenen Populationen festzumachen. Motivstrukturen haben auf der Verhaltensebene, auf der Ebene ihres Erscheinens, divergente Formen. Gerade wo unterschiedliches Verhalten dennoch auf g e m e i n s a m e Motivstrukturen zurückweist, wäre die These vom neuen Sozialisationstyp fruchtbar. Also z.B. in der Frage, inwieweit sowohl Suchtphänomene, Jugendsekten und Rockerscene auf Omnipotenz-Strebungen rückschließen lassen.

Die Frage, ob es sich beim neuen Sozialisationstyp denn wirklich um ein „neues" Phänomen handelt, ist in diesem Sinne eine Frage, die sich auf Motivstrukturen richten sollte, nicht auf die Verhaltensformen als solche.

Das Repertoire an Verhaltensakten selbst ist eh begrenzt, so daß die Frage nach historischen Veränderungen subjektiver Struktur auf mögliche Veränderungen der Überformung und Zurichtung innerer Natur zielen sollte, also auf die

Ebene möglicher Veränderungen libidinöser Strebungen, Wünsche, Motive und Vernarbungen. Selbstverständlich ist uns Narzißmus auch von früheren Zeiten her (insbesondere literarisch vermittelt) bekannt. Die Frage nach der „Neuheit" des narzißtischen Problems muß doch weitergehen: Ist ein Bedeutungszuwachs narzißtischer Strukturen unter spätkapitalistischen Sozialsationsbedingungen zu einem Massenphänomen geworden; stellt ein solcher Bedeutungszuwachs zumindest eine Tendenz dar, die sich zukünftig massenhaft auszubreiten verspricht? Ist der Vergesellschaftsgrad bzw. die Vergesellschaftungsmöglichkeit dieser narzißtischen Strukturen in der Adoleszenz eine qualitativ andere geworden?

Die frühe Eltern-Kind-Beziehung
wird in gesellschaftliche Widersprüche miteinbezogen

Psychonalyse ist Vergesellschaftungstheorie in einem nicht-objektivistischen Sinne. Sie untersucht, wie sich aus bestimmten Interaktionsformen zwischen Kind und Mutter/Vater psychische Grundstrukturen der Erfahrungsverarbeitung herausbilden u n d in welcher Weise die Grundstrukturen im späteren Leben immer wieder aktualisiert werden.

Vergesellschaftung ist so gesehen nicht totalitäre Unterwerfung und Auslöschung subjektiver Struktur, sondern P o t e n z i e r u n g dessen, was als frühkindliche Struktur sich i m m e r s c h o n entwickelt hat. Die Vergesellschaftungstendenz kann nur auf dem aufbauen, was in den Subjekten besteht; die Subjekte können frühkindlich überformte und verfestigte Strebungen nur in Formen einbringen, die ihnen im späteren Lebens jeweils gesellschaftlich angeboten werden. Die konfliktträchtige Dialektik von psycho-struktureller Disposition und gesellschaftlich vorhandenen Aktualisierungsmöglichkeiten besteht ein Leben lang.

Nun ist allerdings diese allgemeine Aussage hinsichtlich der These vom neuen Sozialisationstyp noch einmal zu spezifizieren. Denn hier ist gemeint, daß nicht nur frühkindlich produzierte Disposition und lebensgeschichtlich später erlebte Vergesellschaftungsbedingungen aufeinandertreffen, sondern die strukturell v e r ä n d e r t e psychische Disposition wird s e l b s t als Ergebnis einer Vergesellschaftung gesehen − einer Vergesellschaftung die sich zwar in der veränderten Mutter-Situation äußert, in ihrer Bedeutung aber über die Mutter-Kind-Beziehung hinausreicht.

Dieser Gedankengang stößt häufig auf die Vermutung, die Aussage, narzißtische Psychostrukturen erklärten sich aus einem veränderten Mutter-Kind-Verhältnis, sei eigentlich eine monokausal aufgeblasene „familiensoziologische" Hypothese. Einleuchtend dürfte zunächst sein, daß „Gesellschaft" über die Interaktionsformen der Mutter an das Kind herantritt, ohne daß diese Mutter in ihrer gesellschaftlichen Funktion aufginge, sie repräsentiert natürlich ihrerseits psychische Struktur, Körperbedürfnisse, innere Natur.

Vergesellschaftung soll im Hinblick auf diese Mutter-Kind-Dyade nun bedeuten, daß gesellschaftlich produzierte, neue Widersprüche sich in spezifisch a m b i v a l e n t e r M o t i v a t i o n der Mutter dem Kind gegenüber niederschlagen (vgl. „Pubertät und Narzißmus", S. 119, 124f.). Gesellschaftliche Widersprüche zwischen gewachsenem subjektivem Anspruchsniveau der Mutter und dem leidvollen Erleben unzureichender Realisierungsmöglichkeiten sind – und das scheint mir in dieser massenhaften Form historisch neu zu sein! – aus der prä-ödipalen Mutter-Kind-Konstellation nicht mehr externalisierbar, sie schlagen voll bis in die primär-narzißtische Erlebnisphase des Kindes hinein durch.

Nun muß immer wieder betont werden: je früher vom Kind eine Traumatisierung erlebt wird, je mehr die Traumatisierung also eine bloß rudimentäre psychische Struktur trifft, um so umfassender schlägt sich die Verarbeitung dieser Traumatisierung in der n a c h f o l g e n d e n Ausdifferenzierung, in der n a c h f o l g e n d e n Strukturbildung nieder. Eine mit innerer Systematik auftretende, interaktionell verfestigte Versagung mag im Alter von drei Jahren für ein Kind durchaus verarbeitbar sein, in frühesten Erlebnisphasen hinterläßt eine solche Versagung Beschädigungsspuren, die die gesamte Subjektivität erfassen.

Traumatisierungen innerhalb der primär-narzißtischen Beziehungskonstellation haben also Folgen, die in die nachfolgende Strukturbildung a l s G a n z e s eingehen, also das sich bildende Selbst, das Ichideal und das Ich mit erfassen.

Die strukturelle Dominanz sehr archaischer, von der psychischen Reifung abgekoppelter, vor-sprachlich-narzißtischer Sub-Strukturen ist – soziologisch gesehen – natürlich überhaupt nicht „archaisch", sondern Ergebnis einer Vergesellschaftungstendenz, die erst im hochentfalteten Kapitalismus massenhaft wirksam werden kann. Erst die sozio-ökonomisch mögliche und sozio-ökonomisch verursachte immense Steigerung des subjektiven Anspruchsniveaus an das eigene Leben sowie die kapitalistische Zersetzung tradierter Orientierungsmuster und materieller Kommunikationsmöglichkeiten schafft kommunikative Neuerwartungen und kommunikative Zerstörungen, die sich (vermittelt) auch über solche ambivalenten Motivationen dem eigenen Kind gegenüber niederschlagen.

Das Paradoxe ist also: erst der h o h e Entwicklungsgrad einer kapitalistischen Vergesellschaftung vermag es, vermittelt über eine Veränderung der Mutter- und der Vatersituation, den lebensgeschichtlich f r ü h e n Erlebnisphasen des Kindes in Korrespondenz hierzu soviel Gewicht zu geben, daß sie eine spätere Strukturdominanz erlangen können. Die Vergesellschaftung entkleidet auch die frühe Eltern-Kind-Beziehung ihrer „natürlichen", ihrer traditionalen Form – vermittelt über die gesellschaftliche Überformung und neue Widersprüchlichkeit der Elternmotivationen wird auch frühe Kindheit h i s t o r i s i e r t , i n h a l t-l i c h in den historischen Veränderungsprozeß mithineingezogen.

Archaisch-narzißtische Bedürfnisse
werden inner-psychisch desintegriert, von psychischer Reifung abgekoppelt

Das Kind erlebt die ambivalente Motivation der Mutter als narzißtisch traumatisierend. Eben diese Traumatisierung erfolgt nun aber in einer Erlebnisphase, in der das Mutterobjekt noch gar kein ganzheitlich wahrgenommenes, personalisierbares ist.

Die traumatisierte Symbioseerfahrung wird durch Aufbau einer vorerst rudimentären psychischen Struktur s o „fortgesetzt", daß das Symbioseerleben „weniger verletzlich" sein kann, weniger verletzlich im Sinne einer geringeren narzißtischen Angewiesenheit auf das äußere, reale Mutterobjekt. Wie bei anderen Formen pathogener Versuche der Angstbewältigung auch, zieht sich das traumatisierte Kind auf die psychische Realität innerer Bilder zurück bzw. löst diese von den realen Objekten ab. Die I m a g o der Verschmolzenheit, Auflösungseuphorie und Allmacht gewährleistenden Mutter wird im Unbewußten „aufbewahrt".

Wichtig bleibt, hier festzuhalten, daß dies lediglich die Dimension der narzißtisch-archaischen Bedürfnisse betrifft. Weder findet eine Überschwemmung der Wahrnehmungsfunktionen durch die inneren Bilder statt wie in der Psychose, noch eine spezifische Form der Abschottung gegen angstmachende äußere Beziehungen wie beim Autismus. Auch die objektlibidinöse Entwicklung, die psycho-sexuelle phasenspezifische Sozialisation mit entsprechender triebhafter Auseinandersetzung mit dem Mutterobjekt findet statt (Argelander). Aber dennoch: folgenschwer für die weitere psychostrukturelle Entwicklung bleibt die narzißtische Fixierung an die unbewußte frühe Mutterimago insoweit, als die ganz narzißtische Dimension des Sich-wohlfühlen-Könnens, des eigenen Vollkommenheitsstrebens, der Zufriedenheit mit sich selbst von der weiteren psychischen Entwicklung abgekoppelt zu werden droht. Der Narzißmus wird „geschützt" gegen die traumatisierenden Erfahrungen der Realität, aber gerade als solcherart „geschützter" erweist er sich als rigide, archaisch, größenwahnsinnig.

Die unbewußten Szenen beinhalten immer auch ein narzißtisches Selbstbild

Es ist wichtig, sich die Komplexität zu verdeutlichen, in der ein psychoanalytischer Ansatz menschliche Beziehungen sieht: Libidinös besetzt — sei es triebhaftlibidinös oder narzißtisch-libidinös — wird nicht das Objekt (die andere Person), sondern eine R e p r ä s e n t a n z dieses Objekts i n n e r h a l b der psychischen Struktur, ein inneres Bild von der anderen Person. Insofern sind Beziehungen geprägt von unseren Verhältnissen zu einer inneren, hochgradig affektiv erlebten Bildwelt. Und dieses Verhältnis zu unserer eigenen inneren Bildwelt stellt eine ständige Korrespondenz mit lebensgeschichtlich früheren und allerfrühesten Repräsentanzen dar. – So gesehen ist Psychoanalyse auch eine Theorie menschlicher Beziehungen bzw. eine Theorie darüber, wie problematische oder geglückte Beziehungen in Form innerer Bilder Bestandteil der psychischen Realität werden und i m S u b j e k t konflikthaft und beglückend verarbeitet werden.

Wie schon oben angedeutet, geht die m o t i v i e r e n d e K r a f t dieser inneren Bilder n i c h t a u f in sozial vermittelten und internalisierten Normen und Orientierungen eigenen Verhaltens. Die überformende s o z i a l e Bedeutung kann das in den Bildern Enthaltene nicht ersetzen.

Wir müssen uns die innere Bildwelt als psychisch tief eingelagerte S z e n e n vorstellen, in denen nicht nur die Repräsentanzen der Objekte (anderer Personen) aufgehoben sind, sondern immer auch die mit ihnen verbundenen Repräsentanzen des S e l b s t. So ist beispielsweise die Mutterimago des allerfrühesten Erlebens verbunden mit entsprechend archaischen Selbstrepräsentanzen; die Szene hat nicht „Mutter" zum Inhalt, sondern „Verschmelzungssituation/Selbst" als eine ununterscheidbare Verquickung bildhaft geronnener Erlebnisspuren.

Das aber macht die narzißtische Problematik, insbesondere was Beziehungen angeht, so schwer durchschaubar: Nicht nur haben wir es mit einer ständigen Durchdringung der a k t u e l l e n inneren Bildwelt mit lebensgeschichtlich a r c h a i s c h e n Szenen zu tun, die Repräsentanzen der O b j e k t e und die

Repräsentanzen des S e l b s t vermischen sich auch noch in ununterscheidbarer Weise. Tendenziell wird jede Beziehung für den neuen Sozialisationstyp so zur Neudefinition, aber auch ggf. zur Infragestellung seines Selbst.

Diese frühe narzißtische Selbstvorstellung ist natürlich nicht von diskursiver Struktur, sondern vor-sprachlich, imago-bestimmt. Die Inhalte des Größen-Selbst (Kohut) bzw. des Ichideals (Grunberger) sind nicht etwa gleichzusetzen mit Wertvorstellungen, sondern vom Prozeß der Internalisierung gesellschaftlicher Normen gerade a b g e k o p p e l t.

Insofern erlangt das Erleben des Selbst eine unbewußte narzißtische Fundierung durch die archaischen Selbstrepräsentanzen: das Ich ist zwar konfrontiert mit normativen Über-Ich-Geboten ödipalen Ursprungs, die durchaus eine Reaktion auf gesellschaftlich-familiale Normen darstellen, aber darunter werden Größen- und Verschmelzungsansprüche wirksam, die bildhaft, nicht-sprachlich, dezidiert v o r-moralisch sind.

Narzißtische Objektwahrnehmung
als ein Unterlaufen personaler und familialer Beziehungen

Die Dominanz narzißtisch erlebter Imagines entfaltet sich also v o r der Ausbildung symbolischer Interaktionsformen, d.h. vor einer möglichen Unterscheidung von Objekt- und Selbstrepräsentanzen.

So gesehen ist die neuere Narzißmusdiskussion nicht „familienzentriert" im eigentlichen Sinne, sondern versucht gerade Vergesellschaftungstendenzen, ambivalente Eltern-Motivationen und narzißtische Traumatisierungen des Kindes in einen Zusammenhang zu bringen, der das i n n e r p s y c h i s c h e U n t e r- l a u f e n familialer Objektkonstellationen herausstellt.

Die Betonung liegt jetzt darauf, daß nicht erst der Vater Vermittler einer vom Kind innerpsychisch zu verarbeitenden gesellschaftlichen Widersprüchlichkeit ist, sondern die Mutter — a b e r als Mutter-Imago, als v o r p e r s o n a l e Objektrepräsentanz.

Die zentrale Stellung des ö d i p a l e n Konflikts beim „älteren Typus" (den ich hier idealtypisch dem neuen Sozialisationstyp gegenüberstelle) bedeutet für dessen psychische Realitätsverarbeitung: die Objekte bzw. deren Repräsentanzen werden bereits konturiert und personal erlebt, sie werden als g e t r e n n t vom Selbst wahrgenommen. Der Umgang mit den ödipalen Konflikten ist darüber hinaus beim Kind bereits gekoppelt an erlangte Sprachfähigkeit, insbesondere an konflikthafte Auseinandersetzung mit sprachlich vermittelten Normen sowie an eigene sprachlich äußerbare Bedürfnisse und Forderungen.

Je archaischer, je lebensgeschichtlich früher nun die strukturell bedeutsamen Repräsentanzen und die auf sie gerichteten libidinösen Strebungen sind, um so weniger vermag diskursive Sprache den tief eingelagerten Wünschen und Bedürfnissen Ausdruck zu verleihen. Die narzißtischen Verschmelzungs- und Omnipotenzwünsche liegen vor und unterhalb von Sprache, werden durch eigene, sich entwickelnde Sprachfähigkeit überformt, gehen aber niemals darin auf. Es bleibt immer ein Rest von „Unaussprechbarkeit", von nicht faßbarem, aber unersättlich wirksamem Verlangen, das als starker innerer Druck erlebt wird, sich aber weitgehend der sprachlichen Kommunikation, ja sogar der Selbstverständigung entzieht.

Die Skepsis, der Ansatz des neuen Sozialisationstyps sei zu „individuumszentriert" geht meines Erachtens an der Sache vorbei. Die Narzißmusdiskussion betont doch gerade das Phänomen der interaktionellen Bearbeitung von Subjektivität v o r der eigentlichen Individuation, ist nicht einem psychoanalytischen Familialismus verhaftet, sondern weit mehr ein Versuch, eine tiefenpsychische D e f a m i l i a l i s i e r u n g kategorial zu erfassen.

Wenn oben festgehalten wurde, daß psycho-strukturelle Disposition und spätere gesellschaftliche Aktualisierungen sich bedingen, so heißt das jetzt gerade: die archaische narzißtische Disposition, die v o r personale, v o r familiale Dimension der Fremd- und Selbst-Imagines trifft später auf industriell hergestellte Erlebnisfelder, die gerade in personalen, in familialen Sozialisationskategorien überhaupt nicht mehr zu fassen sind.

Hier scheinen mir theoretische Interessen des Ansatzes vom „Anti-Ödipus" durchaus vergleichbar: während die Vertreter einer Soziologisierung der Psychoanalyse ja ständig darauf verweisen, was alles nach „Mama/Papa" noch geschieht, beharrt ja der „Anti-Ödipus" darauf, was alles vor der Ödipalisierung, v o r „Mama/ Papa" in Verkoppelung mit den gesellschaftlichen Wunschmaschinen schon gelaufen ist. – Der Narzißmusdiskussion liegt es fern, die Wunschproduktion ontologisieren zu wollen. Wünsche sind allemal intersubjektiv produzierte. Aber daß Psychoanalyse real-historisch hinter Vergesellschaftungsprozessen hinterherhinkt, wenn sie meint, Interaktionsformen und ihre innerpsychischen Repräsentanzen seien noch zureichend in p e r s o n a l e n Kategorien zu fassen, ist sicherlich die gesellschaftstheoretisch provokante Pointe der Narzißmus-Diskussion.

Der Drang,
ein narzißtisch unterbesetztes Selbst über Beziehungen zu stabilisieren

Ich erwähnte bereits, daß es in der Diskussion um den neuen Sozialisationstyp unerläßlich ist, mit Beispielen aus dem Alltag zu operieren: Die starke Abhängigkeit von Beziehungen; die Schwierigkeit, allein, m i t s i c h allein zu sein; die vielfältigen Stimmungstrübungen, die eine Genußfähigkeit verhindern; die sensible psychische „Alarmbereitschaft" gegenüber allen Situationen, die das eigene Selbstwertgefühl beeinträchtigen könnten; die Neigung, sich passiv aus bedrohlich wahrgenommenen Situationen herauszuhalten. – Der Beispiele ließen sich noch viele nennen.

Problematisch scheint es mir dagegen, wenn auch auf einer nächsthöheren analytischen Ebene immer noch alltagssprachliche Bezeichnungen angewandt werden, deren Vagheit dann häufig mißverständlich, wenn nicht schlicht falsch ist.

So ist die narzißtische Problematik des neuen Sozialisationstyps nicht durch „Selbstliebe" bedingt, sondern gerade leidvolles Erleben einer narzißtischen U n t e r besetzung des Selbst, bei einer Ü b e r besetzung archaisch-narzißtischer Substrukturen, die aber nicht ins Selbst integriert werden können. Es geht also um den Wunsch, sich lieben zu wollen, ohne es zu können!

Die narzißtische Problematik äußert sich auch nicht durchgängig, wie manchmal zu hören, als „Bindungslosigkeit", sondern häufig gerade als ausgesprochene Zähigkeit von Objektbeziehungen, die – weil sie eine das Selbst abstützende Funktion haben – nicht aufgegeben werden können.

Der neue Sozialisationstyp ist auch kein narzißtischer C h a r a k t e r. Zwar äußert sich die psychische Problematik umfassender als im symptom-bildenden Konflikt der Neurose, der intra-strukturell zwischen Es, Über-Ich und Ich ausgetragen wird − sie ist also insoweit „ganzheitlicher" als die der Neurose. Gleichzeitig äußert sich aber diese narzißtische Problematik durchaus als Ich-Fremdheit, ist nicht in die psychische Struktur integriert, ist nicht Bestandteil eines kohärenten Charakters.

Die Dominanz narzißtischer Strebungen hat es bei einer begrenzten Zahl von Subjekten sicherlich schon weit eher gegeben als zuzeiten des neuen Sozialisationstyps. Neu ist nicht diese Dominanz selbst, sondern deren Abkoppelung von weiterer psychischer Reifung − also die konstitutive Verbindung von narzißtischen Strebungen mit der einschneidenden L a b i l i s i e r u n g des narzißtischen Gleichgewichts. Dadurch wird ja nicht etwa der Narzißmus „ausgelebt", sondern es werden immerwährende Versuche unternommen, erst einmal ein Gleichgewicht zwischen desintegrierten narzißtischen Substrukturen und dem unterbesetzten Selbst herzustellen.

Das gibt der narzißtischen Problematik auch ihre suchtförmige Kennzeichnung. Die Objekte werden überwiegend in ihren n a r z i ß t i s c h r e l e v a n t e n Aspekten besetzt, nicht so sehr objektlibidinös (das heißt triebhaft-libidinös). Die Objektrepräsentanz, das innere Bild vom Objekt, verschmilzt mit der Selbstrepräsentanz. Das Objekt wird nicht nur „geliebt", es wird dringend g e b r a u c h t, um ein Selbst abstützen zu helfen, das sich gegenüber den aufgeblasenen narzißtischen Größenphantasien als völlig unzureichend darstellt.

Insofern hat die Verschmelzungssehnsucht, die dem narzißtisch geliebten Objekt entgegengebracht wird, immer auch etwas Ent-Konkretisierendes: nicht die realen Merkmale des Objekts werden ja libidinös besetzt, sondern sozusagen die narzißtisch selektierten, also diejenigen Merkmale, die zur Komplettierung des sich defizient erlebenden Selbst genutzt werden können. − Die gegebenenfalls eintretende Entwicklung, daß sich dieses andere Objekt als different, als eigenständig, als sich verändernd herausstellt, wird so gesehen in der Regel als fundamentale Enttäuschung, wenn nicht gar als massive Entfremdung wahrgenommen. Vielleicht vermag dieser Hinweis auch deutlich zu machen, daß der neue Sozialisationstyp nicht in sozialpsychologischer Typisierung als „a u ß e n g e l e i t e t" (im Sinne Riesmans) bezeichnet werden kann. Die narzißtische Problematik ist die, daß das Subjekt von narzißtischer Zufuhr durch andere Objekte abhängig ist. Sie bedeutet aber nicht eigentlich ein Sich-Ausrichten nach den Merkmalen dieser Objekte, bedeutet nicht notwendig ein konformistisches Sich-Anpassen, sondern projektive Selektion in der Wahrnehmung der Objekte, die narzißtische Zufuhr versprechen, so daß imaginativ unterstellt werden kann, diese Objekte seien „immer so" wie das Selbst − nicht „Hereinnahme" von Äußerem, sondern eher „A u s w e i t u n g s t e n d e n z" d e s S e l b s t. Die „Vorbilder" sind nicht personifizierte Über-Ich-Repräsentanten, sondern E r s a t z für das nicht-integrierbare Größen-Selbst.

Fällt die Möglichkeit narzißtischer Zufuhr von seiten eines äußeren Objekts fort, durch Trennung, Enttäuschung, Entfremdung, so ist dies gleichbedeutend mit einem Verlust an libidinös-narzißtischer Besetzung des eigenen Ich: die Handlungsfähigkeit des Ich wird eingeschränkt, die Anfälligkeit für depressive Selbstverachtung steigt, das Körper-Ich reagiert kränklich.

Auch die narzißtische Komponente sexueller Phantasien und Handlungen wird geschwächt. Sexualität wird zwar weiterhin unter dem Aspekt der Triebbe-friedigung ausgelebt, mag auch als t r i e bbefriedigend erlebt werden: was die-sem Triebhaften jedoch bei narzißtischer Unterbesetzung fehlt, ist die erheben-de, euphorisierende Stimmungslage. Im krassen Fall kann die eigene Triebhaftig-keit als kalt, fremd, nichtssagend abgewertet werden und somit Quelle neuer Sexualkonflikte werden. Nicht asketische Sexualverbote sind hier dann konflikt-verursachend, sondern die narzißtische Entwertung eigener Triebhaftigkeit; die Fähigkeit zu unbeschwerter Regression geht verloren. Sich selbst verlieren zu können, macht dann Angst.

Oraler und analer Modus, narzißtischen Bedürfnissen nachzukommen

Um Differenzierungen im Umgang mit narzißtischer Problematik gerechter zu werden, halte ich es für bedenkenswert, Grunbergers Unterscheidung zwischen oralem und analem Narißmus aufzunehmen. – Es ist der Versuch, das Z i e l der angestrebten Wiederherstellung narzißtischer Integrität, des narzißtischen Gleichgewichts, nach zwei grundsätzlich verschiedenen, den psycho-sexuellen Entwicklungsphasen zuzuordnenden M o d i zu unterscheiden: dem oralen Mo-dus und dem analen Modus.
Der o r a l e Modus wird von Grunberger gekennzeichnet als Modus des ein-schließenden Umfassens des Objekts. Das Einssein mit dem Objekt, die Vermi-schung von Subjekt und Objekt, wird als narzißtisch erhebend erlebt. Das Objekt als solches wird tendenziell genauso verkannt wie die Grenzen des eigenen Selbst.
Der orale Modus ist desweiteren, aufgrund seiner lebensgeschichtlichen Primi-tivität, imago-bestimmt, was sich dadurch äußert, daß der halluzinativen Wunsch-erfüllung ein hohes Gewicht zukommt. Der Wunsch selbst wird narzißtisch be-setzt. Befriedigung erbringt die halluzinierte Möglichkeit; die Verwirklichung des Wunsches ist gar nicht zentral.
Der a n a l e Modus hingegen, also der entwicklungslogisch erst später mög-liche, ist konstituiert durch die sich ausbildende Beherrschung der eigenen Moto-rik, ist weit mehr gebunden an Fähigkeits-Erleben. Er ist symbolisch gekenn-zeichnet durch Geschlossenheit (im Gegensatz zur oralen Offenheit): Narzißtisch kränkende Abhängigkeit wird durch Realitätsbewältigung bearbeitet, die Quelle narzißtischer Enttäuschungen vom Inneren nach außen verlegt.
Fahigkeitserleben, Beherrschen-Können ist gebunden an die Erkenntnis (und Betonung dieser Erkenntnis) der Getrenntheit von Objekt und Subjekt. Zwischen dem Selbst und dem Objekt wird eine klare, narzißtisch wohltuende Grenze ge-zogen. Das narzißtische Gleichgewicht, die eigene Erhebung des Selbst, wird über die Beherrschung des Objekts erreicht, über dessen Veränderung oder über eine Vergrößerung des Fähigkeits-Abstands von diesem. Auf der anderen Seite erzeugt eine Einschränkung dieser Objektbeherrschung augenblicklich eine Angst-Krise.
Am anal-narzißtischen Modus der Subjekt-Objekt-Beziehung ist für das Sub-jekt das Entscheidende, was die Objekt b e h e r r s c h u n g an narzißtischer Er-hebung erbringt. – Zeichnet sich eine geglückte Lösung und Integration des ora-len Modus durch ein hedonistisches Sich-verwöhnen-lassen-Wollen aus, so zeich-net sich der anale Modus durch ein unabhängiges Sich-erheben-Können über die (als beschränkend erlebten) Objekte aus.
Es wäre zu untersuchen, inwieweit die narzißtische Analität ein Merkmal des

nazißtischen C h a r a k t e r s ist, der aktiv seine Umwelt gemäß den narzißtischen Größenvorstellungen verändert (vgl. Argelanders Flieger), und inwieweit sich der neue Sozialisationstyp durch eine eindeutige Dominanz der Oralität auszeichnet — oder kritisch ausgedrückt: ein spürbares Defizit an analen Möglichkeiten der Narzißmus-Bewältigung hat.

Neurose und Narzißmus: Schuldgefühl und Scham

Narzißtische Ängste sollten mit neurotischen nicht verwechselt werden. Die neurotische Angstproblematik ist genetisch später anzusetzen als die narzißtische, was ihr somit auch einen höheren Symbolisierungs-Grad gibt: N e u r o t i s c h e Ängste beziehen sich von der Genese her auf triebhafte Regungen gegenüber inzestuösen Objekten, welche grundsätzlich vom Selbst unterscheidbar sind. Die ödipale Rivalität des Kindes gegenüber einem Elternteil erzeugt hochaggressive Kastrationswünsche, die das Kind dem elterlichen Rivalen antun möchte. Diese aggressiven Wünsche drohen das Ich zu überschwemmen und machen von daher elementare Angst, da der aggressive Kastrationswunsch auch auf den Rivalen projiziert wird, diesem vom Kind also „zugetraut" wird, ihm eben das anzutun, was es selbst antun will.

Das kindlich-ödipale Ich reagiert also auf seine inzestuösen Regungen (und nachfolgende Kastrationswünsche gegenüber dem elterlichen Rivalen) mit Angst, mit Angst v o r Kastration. Angstmachend ist hier das Triebziel, das i n z e- s t u ö s e Objekt. Es besteht eine konkrete Phantasiebildung über die Gefahrenquelle, über die drohende Bestrafung.

Die Frage der Selbstachtung ist hier zweitrangig. Über-Ich-Angst, Schuldgefühle, sind nun zu sehen als sekundäre, schützende Maßnahmen des Über-Ichs vor Überschwemmungen des Ich mit aggressiven Impulsen und damit verbundener projektiver Kastrationsangst. Über-Ich-Angst bezieht sich auf die Dimension von Verbot, Moral, Schuld, sie versucht zu verhindern, daß man 'B ö s e s' t u t (oder will). Schuldgefühle warnen davor, das geliebte Objekt verlieren zu können und vom rivalisierenden Objekt bestraft werden zu können. Über-Ich-Ängste haben hinter sich die ödipale Dimension der Kastrationsängste, sind bereits symbolisiert, d.h. symbolisch konkretisierbar, an Normen gebunden, signalisieren Gefahr von außen.

N a r z i ß t i s c h e Ängste hingegen sind als Erleben von S c h a m aufzufassen, das heißt als elementare Angst davor, daß die eigene Selbstachtung sinken könnte. Schuldgefühl habe ich eben als Angst, Böses zu tun oder zu wollen, charakterisiert — Scham ist die Angst m i n d e r w e r t i g zu s e i n. Scham ist insofern elementarer als Schuld; sie ist nicht auf einzelne „böse" Akte konkretisierbar, sondern bezieht sich auf das S e l b s t als Ganzes. Scham richtet sich auf die mögliche Erniedrigung, auf andere angewiesen zu sein. Die Angst vor der Scham ist die Angst davor, daß das narzißtisch unterbesetzte Selbst von den Größenansprüchen des archaisch narzißtischen Größen-Selbst überschwemmt werden könnte. Von daher kann diese Angst nicht als eine äußere Gefahrenquelle symbolisiert werden (wie die Kastrationsangst), ist nicht Angst vor Bestrafung, sondern vor Selbst-Verlust.

Die Scham-Disposition des neuen Sozialisationstyps erscheint mir als weitaus gravierender als die Schuld-Problematik. Auch die Angst vor der Scham erscheint als Konkurrenzangst, als Autoritätsangst — aber es ist keine Angst vor Bestrafung (also auch keine, die durch demonstrative „Milde" entkräftet wird), sondern eine davor, Bewunderung, Annahme, Anerkennung verlieren zu können. Es ist kein Problem der Konformität oder des Verstoßes gegen moralische Regeln der Elternrepräsentanten, sondern ein Problem, Situationen als selbst-labilisierend zu erleben, als narzißtisch kränkelnd. Die Autorität repräsentiert nicht den ödipalen Rivalen oder das Über-Ich, sondern steht weit eher für Züge des Ideal-Selbst. Die Entlastung von Schuldgefühlen ergibt sich aus symbolischer Entmoralisierung, Autoritätsabbau. — Die Entlastung von Schamgefühlen stellt sich so noch längst nicht her: das Senken von Erwartungsansprüchen macht nicht schamfreier, sondern gerät schnell in Gefahr, seinerseits als Kränkung erlebt zu werden, weil es als eine Abwertung der eigenen Omnipotenzbedürfnisse erscheint.

Innerpsychische und soziale Größenansprüche in der Adoleszenz

Wie sich frühkindlich ausgebildete psychische Grundstrukturen in die späteren Lebensbedingungen des Adoleszenz- oder Erwachsenenlebens einzufädeln haben und wie sie ggf. gesellschaftlich verwertet werden, zu reflektieren, ist genauso dringend, wie die Strukturanalyse des Narzißmus selbst.

Die Aktualisierung und Verstärkung psychischer Konflikte in der Adoleszenz hat meines Erachtens eine andere Spezifik bekommen als in der früheren Adoleszenz unter eher neurotischen Vorzeichen.

Die in der Pubertät verstärkt erlebte eigene Triebhaftigkeit bezog sich hier zunächst auf die inzestuösen Objekte, als Wiederaufleben der Muster des ödipalen Konflikts. Die ausgelöste Angst wurde in der Regel durch Rückgriff auf anale Regressionsmechanismen symbolisch gebannt: Zwanghaftigkeit, Intellektualisierung, pubertäre Homosexualisierung galten der Abwehr einer drohenden Triebüberschwemmung.

Somit handelte es sich um gesellschaftlich-normative Einschränkungen und Selbstbeschränkungen verstärkter Triebregungen durch die Instanz des Über-Ich. Das heißt, ein Nachgeben gegenüber der inner-psychischen Über-Ich-Zensur versprach zumindest soziale Wertschätzung durch Eltern und Eltern-Repräsentanten. Ein Eingehen auf eigene Ängste versprach also so gesehen einen sekundären Gewinn; die psychisch erzwungene Zurücknahme eigener Triebbedürfnisse war sozial „eingebettet", wurde sozial honoriert. Wer sexuelle Ängste verspürte, konnte sich vor seiner inner-psychischen „Öffentlichkeit" als „normal", ja als positiv-„anständig" darstellen.

Unter den Vorzeichen einer n a r z i ß t i s c h e n Problematik — und unter gegenwärtigen gesellschaftlichen Adoleszenz-Bedingungen — erscheint mir die Konfliktproblematik anders gelagert zu sein.

Das Ich sieht sich nicht so sehr einer restringierenden, einengenden Beschränkung ausgesetzt, sondern — im Gegenteil — expansiven, weitergehenden, vorwärtstreibenden inneren Ansprüchen. Das Ich will nicht „zuviel", sondern es erreicht „zuwenig"!

Das gesellschaftlich-normative „Klima" geht keine Allianz mit einer restringierenden Instanz ein (dem Über-Ich), sondern eher mit einer Ansprüche stellenden (dem Ich-Ideal). Eigene inner-psychische Ansprüche werden durch a b s t r a k t e (weil materiell und psychisch durchaus nicht einlösbare) gesellschaftliche Erwartungen an Jugendlichkeit aktualisiert. Eigene Omnipotenz-Strebungen treffen auf kommerziell produzierte Omnipotenz-Symbolik. In dieser Konstellation r e a l (vom Handeln des Real-Ich her gesehen) sich einschränken, begrenzen, bescheiden zu müssen, zeitigt also ein anderes konfliktreiches Ergebnis: Der Nicht-Erfüllung narzißtisch-libidinöser Strebungen folgt keine – quasi kompensatorische – soziale Anerkennung, sondern der Nicht-Erfüllung dieser Strebungen folgt o b e n d r e i n die soziale Mißbilligung durch diejenigen Bezugsgruppen, die relevant für das Aufrechterhalten der Selbstachtung sind!

Die Auseinandersetzung mit den Eltern erscheint mir von daher weniger eine um die Bewältigung inzestuöser Triebansprüche, um Ablösung und Erringen der psychischen und materiellen Möglichkeiten sexueller Beziehungen zu Gleichaltrigen zu sein. Sie ist auch weit weniger als früher Bewältigung von Schuld-Problematik.

Die Auseinandersetzung mit den Eltern ist vermehrt die um eine Bewältigung der Scham-Problematik, d.h. die Eltern werden gesehen als eine Instanz, die daran hindert, psychisch und gesellschaftlich-subkulturell geforderte Größen-Ansprüche einlösen zu können. Die E l t e r n repräsentieren nur noch bedingt das soziale Erwartungsniveau an Jugendlichkeit – die Allianz von Popkultur, Jugendmedien und peer group ist schon eher ,,gesellschaftlich relevant''. Die Eltern bekommen zunehmend die Rolle antiquierter Relikte, sind nicht mehr Repräsentanten eigener inner-psychischer Beschränkungsforderungen. (Daß die Eltern weiterhin eine reale materielle Macht haben, steht auf einem anderen Blatt. Hier geht es um ihre psychische Bedeutung über Identifizierungsmöglichkeiten.) Ob eigene, i n n e r - p s y c h i s c h e Größenansprüche und abstrakt gewachsene g e s e l l s c h a f t l i c h e Größenansprüche an Jugendlichkeit korrespondieren können, hängt somit vermehrt von der Anerkennung durch die jeweilige peer group des Adoleszenten ab. Der symbolischen Darstellung eigener S e l b s t- A u s w e i t u n g in terms von ,,Größe'', ,,Beliebtheit'', ,,Freiheit'' kommt damit in der Adoleszenz ein eindeutiger Vorrang zu, während es in der früheren, hier als neurotizid skizzierten Adoleszenz um die symbolische Bewältigung der U n t e r d r ü c k u n g von Triebansprüchen ging.

Wer vor der heutigen Adoleszenz-Anforderung versagt, hat eine A l l i a n z innerpsychischer und subkultureller Abwertung vor sich.

Offene Fragen

Einige mich sehr beschäftigende Fragen will ich hier lediglich auflisten:

Die Forderungen, die Schichten- und Klassenspezifität des neuen Sozialisationstyps klarzustellen, ist so verständlich wie abstrakt zugleich.

Läßt man sich zunächst einmal auf die wesentlichen konstitutiven Strukturmerkmale der narzißtischen Problematik ein: die Desintegration der primär-narzißtischen Substrukturen, die Verschmelzung von Objekt- und Selbst-Repräsentanzen, die Nicht-Symbolisiertheit der archaisch fundierten Interaktionsform, das Unterlaufen personalen und familialen Objekterlebnis, so ist auf dieser theoretischen Ebene der Ausbildung psychischer Struktur vor der eigentlichen Individuation eine Schichten- und Klassenspezifität nicht ohne weiteres konstatierbar.

(Der Vorrang nicht-symbolisierter Prozesse verweist üblicherweise eher auf

Unterschicht-Sozialisation. Die häufig ausschließlich rezipierte Narzißmus-Dimension der Verhaltensformen wird üblicherweise dagegen eher für Kennzeichnung der Mittelschicht-Jugendsubkultur gehalten.) Selbstverständlich sind die gesellschaftlichen Aktualisierungen narzißtischer Dispositionen, die je sozial angebotenen Formen, narzißtischen Bedürfnissen nachzukommen bzw. die je aufgenötigten Bedingungen narzißtischer Verletzlichkeit schichten- und klassenspezifisch differenzierbar. Die Frage allerdings, ob bereits die Konstitution der narzißtischen Grundstruktur selbst klassenspezifisch sei, würde ich zum gegenwärtigen Erkenntnis-Zeitpunkt eher verneinen.

Was bedeutet die orale Dominanz des neuen Sozialisationstyps für dessen Verhältnis zur Arbeit? Wer die anal-narzißtischen Möglichkeiten biografisch ausbilden konnte, vermag zu einem späteren Zeitpunkt eventuell — je nach biografisch-gesellschaftlichen Aktualisierungen — durchaus auf orale Modi des Narzißmus zurückzugreifen (siehe das teilweise „Softer''-Werden der Älteren). Vermag aber auch derjenige, der die anal-narzißtischen „Erfolgserlebnisse'' biografisch nie gehabt hat, sie später in seine Möglichkeiten des Narzißmus-Umgangs neu mitaufzunehmen, oder bleibt er an den oralen Modus gebunden? — Bedeutet solche Bindung an die o r a l e Form, das narzißtische Gleichgewicht anzustreben, daß die Strukturen i n s t r u m e n t e l l e r A r b e i t, die ja ein gewisses Maß an Subjekt-Objekt-Trennung sowie an narzißtischer Freude in gegenständlicher Beherrschung voraussetzen, g r u n d s ä t z l i c h narzißtisch bedeutungsloser geworden sind, als oral-narzißtische B e z i e h u n g e n z u M e n s c h e n? Handelt es sich um eine historische Bedeutungsverschiebung von narzißtischer Befriedigungsmöglichkeit, die in Verobjektivierung, Vergegenständlichung liegen kann, zu allgegenwärtiger Vorrangigkeit des Aspekts von B e z i e h u n g e n (jedenfalls was die Dimension von Wünschen und narzißtischen Zielen, nicht reale Lebenszwänge angeht)?

Wenn wir die Ausbildung von Identität nicht als einen Rezeptionsmechanismus begreifen, sondern als eine biografisch- p r o d u k t i v e Leistung des Subjekts, so ist diese Identitäts-Bildung daran gebunden, Selbstbilder und gesellschaftlich zur Verfügung stehende Deutungsmittel zusammenzubringen. — Sind diese zur Verfügung stehenden Deutungsmittel gemäß gesellschaftlicher Konvention vorrangig sprachlich-diskursive, dürften sie mit der Imago-Bestimmtheit archaisch-narzißtischer Selbstbilder schwerlich in Einklang zu bringen sein. Hier scheint es wahrscheinlich, daß sich Bruchstellen auftun, die die junge Generation partiell auf neue, selbst herzustellende Deutungsmuster verweisen (Mollenhauer).

Was bedeutet die Gewichtigkeit vor- und subsprachlicher Strukturen im eigenen Selbst-Verhältnis im Sinne eines Anwachsens oder einer Abnahme gesellschaftlicher Erfahrungsfähigkeit? — Welche Bedeutung hat das Gewicht dieser inneren Bildwelt für Lernprozesse, welche Relevanz für unsere pädagogische Reflexion der Lernpotentiale des neuen Sozialisationstyps?

Gibt es kommerziell angebotene Erlebnissituationen, die mit primär-narzißtisch fundierten Szenen im Unbewußten korrespondieren, die eine imaginierte Ausweitung der Selbstrepräsentanz ins Unermeßliche, ins Elementar-Omnipotente erlauben? — Ist eine Konvergenz zwischen den vorsymbolischen Interaktionsformen narzißtischer Strukturiertheit und späteren zeichenhaft-reduzierten Verkehrsformen in technokratisierten Institutionen vorstellbar?

Ist der Gedankengang, aus der lebensgeschichtlichen Früherinnerung trage jeder Mensch ein Potential quasi vor- und außerkapitalistischer Verkehrsformen in sich (Negt/Kluge), zu überdenken, da nicht-symbolisierte Interaktionsformen weit eher an die Maschinisierung der Science Fiction gemahnen als an traditionale Residuen?

Welches politisches Potential bedeutet es, im Gegensatz zur neurotiziden Struktur, die Wünsche als innere Realität anerkennen zu können und sie nicht aufgrund des zensierenden Außendrucks von Bezugspersonen psychisch unterdrücken zu müssen? Kann diese narzißtische Wunsch-Orientiertheit die psychische Basis einer „Mikropolitik des Wunsches" (Guattari) sein?

Gibt es in einigen Submilieus der jungen Generation durchaus so etwas wie einen sekundären Krankheitsgewinn hinsichtlich narzißtischen Leidens, d.h. wird das Leiden an sich selbst teilweise in milieuspezifische Formen eingepaßt, die einen Gewinn an sozialer Anerkennung erlauben?

Kann die Selbstwert-Problematik, der Wunsch, ein verletztes Gleichgewicht zwischen archaischem Größen-Selbst und narzißtisch abgewertetem Selbst wiederherzustellen, politisch organisiert und funktionalisiert werden?

Anhang

Klaus Strzyz/ Christel Beier
Narzißmus – drei Theorien

Mythologie, die unzulässige Selbstliebe einzelner oder gesellschaftliche Pathologie als Pseudo-Normalität? Gewiß ist Narzißmus einer der vielfältigsten psychoanalytischen Begriffe, dessen klassischer Hintergrund in jener griechischen Überlieferung liegt, derzufolge der ausgesprochen schöne Narkissos die Liebe sowohl des Mannes Ameinios als auch der Nymphe Echo nicht erwidern wollte. Als Ameinios daraufhin Selbstmord beging und die Nymphe 'an gebrochenem Herzen' starb, wurde Narkissos von Artemis mit 'unerfüllbarer Selbstliebe' gestraft. Er verliebte sich in sein Spiegelbild im Wasser; die Erfüllung des Fluches bestand darin, daß er vor Selbstbewunderung in die Quelle fiel und ertrank. Einige ausgesuchte Aspekte von Narzißmus sollen im folgenden kurz umrissen werden.

1. Die Narzißmuskonzeption der klassischen Psychoanalyse: Selbstliebe versus Objektbeziehung

Im Freudschen Denken bezüglich der Bestimmung von Narzißmus gab es mehrere Entwicklungsstufen; beschränken wir uns hier weitgehend auf das endgültige Konzept und die darin enthaltene Trennung von primärem und sekundärem Narzißmus sowie auf die daran geleistete Kritik.

Sekundärer Narzißmus.

Anstatt die nach außen (das meint außerhalb der eigenen Person stehende Objekte bzw. deren Repräsentanzen als die Orte, an denen sich die Libido im Sinne einer Triebbesetzung aktualisiert) gerichtete Objektlibido dort zu belassen, nimmt sich das Individuum in einer Rückwendung selbst zum Liebesobjekt und besetzt sich mit dergestalt umgewandelter Ichlibido. „Der Narzißmus des Ichs ist so ein sekundärer, den Objekten entzogener" (Freud 1923, S. 275).

Primärer Narzißmus.

In seinen frühen Schriften bezeichnete Freud damit sowohl eine Triebform (Narzißmus als ursprüngliche Libidobesetzung des Ichs) als auch eine Entwicklungsphase des Kindes, die zwischen dem Autoerotismus und der Objektliebe liegt; in späteren Schriften hingegen ist mit prim. Narzißmus das uranfänglichste allererste Stadium menschlicher Existenz gemeint, ein affektiver Zustand, welcher in seiner Qualität dem intrauterinen Leben des Fötus im Mutterleib sehr ähnlich ist. Das Kind erlebt sich als Einheit mit der nährenden Mutterbrust, d.h. die Trennung zwischen innerer und äußerer Welt, die der objektiven Nichtunterscheidbarkeit des Ichs vom Es entspricht, hat noch nicht stattgefunden. Dieser ,,Zustand (des) absoluten primären Narzißmus (. . .) hält solange an, bis das Kind beginnt, die Vorstellungen von Objekten mit Libido zu besetzen, narzißtische Libido in Objektlibido umzusetzen" (1938, S. 72 f.). Der früher gemachte Unterschied zwischen dem Autoerotismus und dem Narzißmus ist damit aufgehoben.

Kritik

An dieser hier verkürzt so genannten biologistischen Auffassung, die für lange Zeit allgemein gültige Lehrmeinung werden sollte, ist dennoch von Anfang an vereinzelte Kritik geübt worden. Kleinianer, die sog. Kulturisten, aber auch Bernfeld und vor allem Alice und Michael Balint wehrten sich gegen die Vorstellung, das Kind würde sich aus einem monadenhaften objektlosen Zustand, also gleichsam aus sich selbst heraus, der Objektwelt nähern. Gestützt sowohl auf Erfahrungen aus der Therapie Erwachsener als auch auf Direktbeobachtungen bei Kindern kamen sie zu dem Ergebnis, daß es einen primären, d.h. angeborenen Narzißmus nicht gibt. Stattdessen sollte festgehalten werden, daß, wie Melanie Klein es später formulierte, ,,von Anbeginn des Lebens Objektbeziehungen bestehen, wobei das erste Objekt die Mutterbrust ist" (Klein 1952, S. 293).

Differenzierter noch entwickelte Balint sein Konzept der ,,primären Liebe". Vor der Geburt stellen Fötus und Umwelt (i.e. der Mutterbauch) eine harmonische, gleichzeitig jedoch von starken existenzbedrohenden Abhängigkeiten bestimmte Einheit dar, eine Verschränkung, in welcher die Umweltbesetzung des Fötus sehr intensiv sein muß. Mit der Geburt wird diese gegenseitige Durchdringung von Umwelt und Individuum abrupt unterbrochen. Der bislang so einwandfrei funktionierende Kreislauf der Libido: Es — Umwelt, der in Anlehnung an das Nirwana-Prinzip als Zustand gleichförmigen Wohlbehagens beschrieben werden kann, wird umgeleitet auf äußere Objekte und kann erst dann aufgrund der Versagungen und Frustrationen, welche von den in der Außenwelt befindlichen Objekten herrühren, zu seinem Ausgangspunkt zurückfließen. Auf dieser Grundlage einer ,,archaische(n) oder primäre(n) Objektbeziehung (Objektliebe)" (A. Balint 1939, S. 48) ist daher ,,jeder Narzißmus sekundär im Vergleich zur ursprünglichsten dieser Beziehungen, der harmonischen Verschränkung. Seine unmittelbare Auslösung ist immer eine Störung zwischen Person und Umwelt, eine Frustration. Als deren Folge differenziert nun die Person das, was bisher als harmonische Verschränkung empfunden wurde, in Umwelt und Selbst, zieht Besetzungsmengen von der Umwelt ab und führt sie einem sich entwickelnden Ich zu" (Balint 1968, S. 88). Als individuell-biographischer Ausgangspunkt einer narzißtischen Karriere wird in der Psychoanalyse gewöhnlich die an diesem Punkt der Entwicklung nur unzureichend geleistete Aufspaltung von Selbst und Objektwelt gesehen. Auf die gesellschaftliche Entfaltung und Verwertung der hier produzierten frühen Störung wird in Teil 3 noch genauer eingegangen.

2. Neue Narzißmustheorien: Argelander und Kohut

Daß der etwas leger so genannte narzißtische ,,neue Sozialisationstyp" immer mehr Alltagscharakter wird, beginnt sich allgemein herumzusprechen, und einzelne Erfahrungsberichte von Pädagogen über die Schwierigkeiten im Umgang mit diesem neuen Typus liegen inzwischen vor (vgl. in diesem Bd. die Beiträge von Gürge und Unbehaun). Die aus der psychoanalytischen therapeutischen Praxis entwickelten Theorien zur Entwicklung des Narzißmus von Argelander und Kohut lassen sich nun gewiß nicht unmittbar funktionalisieren für eine pädagogische Praxis im Sinne konkreter Handlungsanweisungen zur Überwindung der im erzieherischen Prozeß auftauchenden Probleme. Trotz aller zur Geltung kommenden kritischen Einwände (s.u.) können jedoch ihre Erklärungsmodelle durchaus Hinweise auf die individuelle Entwicklungsgeschichte jenes neuen Sozialisationstypus liefern und somit zu einem besseren Verständnis bei Pädagogen beitragen.

Argelander bezieht sich in seinem Konzept explizit auf den von Balint beschriebenen Zustand der harmonischen intrauterinen Verschränkung, zieht jedoch, bezogen auf dessen Unterbrechung durch die Geburt, einen anderen Schluß und sondert Narzißmus als eigenständige Triebkraft von der Libido ab. Sowohl für libidinöse als auch narzißtische Strebungen ist die Mutter primäres Objekt, die eigentlichen Zielrichtungen jedoch sind verschieden. Die Libido besetzt die Mutter bzw. deren Brust als lustspendendes Objekt, der Narzißmus hingegen entspricht dem Bild der verschmolzenen Einheit mit dem Objekt Mutter im Sinne der Sicherheit. Während nun in der infantilen Triebentwicklung das Objekt der Libido den Weg seiner Konstitution über die schrittweise Integration von Teilobjektstufen nimmt und so zu einer menschlichen Konfiguration als Ganzobjekt gelangt, bleibt der Entwicklungsgang des Narziß archaisch und stärker unter dem Einfluß jener affektiven Zustände, wie sie ehemals intrauterin vorherrschend gewesen sind. Dem Narziß geht es nicht ums realistische (fast ließe sich dazu sagen: kognitives) Erkennen des Objektes (= Mutter), sondern um dessen magische und überdimensionale Aufwertung, d.h. er versucht gleichsam „das ursprünglich menschlich konturierte Objekt durch Auflösung zu vergrößern, und zwar oft bis in kosmische oder elementare Dimensionen" (1972, S. 27). Von Bedeutung ist hier die Funktion eines Sicherheitsprinzips, mit dessen Hilfe narzißtische von objektlibidinösen Besetzungen unterschieden werden können. Während objektlibidinöse Besetzungen in konfliktuösen Szenen (i. S. Lorenzers) zum Tragen kommen, entspricht die narzißtische Besetzung einer völlig anderen Empfindung mit den beiden Polen: positives Selbstwertgefühl und Sicherheit sowie narzißtischem Schmerz bzw. Unwert. Im Rahmen dieser Beschreibung gelangt Argelander dann auch zu einer „Definition des primären Narzißmus. . . (Er) entspricht einem Besetzungsvorgang an einem diffusen elementaren Objekt mit dem Ziel, Sicherheit zu vermitteln und löst ein ozeanisches Gefühl aus" (a.a.O., S. 26). Nach gelungener Triebneutralisierung geht gleichzeitig mit dem Reifungsprozeß des Kindes der primäre Narzißmus (als dritter Trieb neben Libido und Todestrieb) in den sekundären über. Dies bedeutet, daß die unbewußten Phantasien (der primärnarzißtischen Repräsentanzenwelt) freigestellt werden und — nachdem sie durch Identifizierung ins Ich aufgenommen worden sind — somit zum Aufbau der Idealbildung (Ich-Ideal), die vorbildhafte Instanz, der das Subjekt im Handeln sich anzugleichen sucht) zur Verfügung stehen.

Wie Argelander geht auch Kohut vom Theorem des primären Narzißmus aus, wobei die Differenzierung dieser „unabhängige(n) Entwicklungslinie" (1971, S. 22) jedoch zweigleisig verläuft. Bedingt durch die „unvermeidlichen Begrenzungen mütterlicher Fürsorge" (a.a.O., S. 43) wird das narzißtische

Gleichgewicht gestört, woraufhin das Kind gleichsam auf unbewußter Ebene Strategien entwickelt, diesen Zustand zu bewahren: Es „ersetzt die bisherige Vollkommenheit (der symbiotischen Mutter-Kind-Beziehung, die Verf.) (a) durch den Aufbau eines grandiosen und exhibitionistischen Bildes des Selbst: das Größen-Selbst; und (b) indem es die vorherige Vollkommenheit einem bewunderten allmächtigen (Übergangs-) Selbst-Objekt zuweist: der idealisierten Elternimago" (a.a.O.). Diese fast als Vorläufer von Abwehrmechanismen zu interpretierenden Phantasiebildungen müssen im weiteren Entwicklungsverlauf vom Kind entsprechend verarbeitet werden. Die Anteile der idealisierten Elternimago werden dabei langsam (phasenspezifisch) abgebaut, d.h. narzißtisch idealisierende Libido wird parallel mit fortschreitender Ich-Integration von den Imagines abgezogen und nach gelungener Neutralisierung in gleichsam distanzierende Objektlibido umgewandelt und steht nunmehr der psychischen Strukturbildung zur Verfügung. Hier unterscheidet Kohut zwischen den narzißtischen ödipalen Strebungen bzw. deren Inhalten, die nach: Idealisierung-Neutralisierung-Introjektion/Internalisierung (Verinnerlichung) die spezifische inhaltliche Färbung des Ich-Ideals (und somit des Über-Ichs, s.o.) abgeben, und den (relativ geringen) Enttäuschungen an den narzißtisch präödipalen Objekten, welche mehr die graduelle Seite betreffen, also die Beimengung der Wertschätzung bezüglich der ödipalen Objekte vorbereiten.

Bei der Verarbeitung der auf das Größen-Selbst ausgerichteten Phantasien findet die Umwandlung von narzißtischer Libido in Objektlibido nicht statt; diese bleibt auf das Selbst bezogen. Auch hier muß entsprechende psychische Integrationsarbeit der narzißtisch exhibitionistischen Äußerung geleistet werden. „Unter günstigen Umständen", wie Kohut es idealtypisch formuliert, „lernt das Kind, seine realistischen Begrenzungen zu akzeptieren, seine Größenphantasien und seine groben exhibitionistischen Forderungen werden aufgegeben und in gleichem Maße durch ich-syntone (ich-gerechte, die Verf.) Ziele, durch Funktionslust bei seinen Tätigkeiten und durch realistisches Selbstwertgefühl ersetzt" (a.a.O., S. 131). Zusammenfassend läßt sich also sagen, daß der Schwerpunkt einer gelungenen Verarbeitung der idealisierten Eltern-Imago vor allem im Bereich der Ich-Ideal-Bildung bzw. der damit verbundenen Über-Ich-Entwicklung liegt, bei der Integration des Größen-Selbst hingegen in der Sphäre der Entwicklung des Selbst bzw. der Entwicklung eines gesunden Selbstwertgefühls.

Bei kritischer Betrachtung der beiden Narzißmuskonzepte von Argelander und Kohut muß festgehalten werden, daß sie (bezogen auf ihre sozialisationstheoretischen Aussagen, wobei die therapeutische Dimension hier unberücksichtigt bleibt) zwar wesentliche und bedeutsame Hinweise zur Analyse der psychosexuellen Entwicklung des Kindes geben, dabei jedoch den Rahmen der klassischen Psychoanalyse kaum zu überschreiten in der Lage sind. Die Ansprüche, die an eine materialistische Sozialisationstheorie gestellt werden müssen, nämlich Sozialisation zu begreifen als die dialektische Verschränkung von innerer und äußerer Natur (die gesellschaftliche Bearbeitung biologischen Potentials), können sie nicht einlösen; ihr Verständnis erinnert eher an eine unkritische, Gesellschaft nicht reflektierende Entwicklungspsychologie. In ihrem Bemühen, dem Narzißmus einen seiner Bedeutung angemessenen Platz innerhalb der psychoanalytischen Theorie zu geben, verfallen beide Autoren darauf, ihn als eigenständige Triebform bzw. als Entwicklungslinie im Sinne einer Naturkraft zu begreifen; von daher verstehen sie den erwachsenen narzißtisch gestörten Charakter vorwiegend als das bloße Resultat einer plötzlich stattfindenden (traumatischen) Unterbrechung dieses naturhaft vorgegebenen Reifungsablaufes. Ein derartiger Erklärungsansatz mag in einzelnen Fällen durchaus zutreffen, greift jedoch generell zu kurz, indem die gesellschaftliche Beeinflussung des primären Sozialisationsprozesses (Interaktion der Mutter-Kind-Dyade) vernachlässigt wird. Wir werden daher im dritten Teil gleichsam in Ergänzung zu Argelander und Kohuts 'individualpsychologischem' Ansatz und unter besonderer Berücksichtigung der Frage, wie eigentlich in der primären Sozialisation hergestellte narzißtische Strukturen gesellschaftlich in Betrieb genommen werden (Vermittlungsproblematik von primärer und sekundärer Sozialisation) versuchen, die sozialpsychologische Bedeutung des Narzißmus kurz zu entfalten.

3. Gesellschaftliche Produktion und Verwertung narzißtischer Strukturen

Nicht erst seit den Artikeln in päd.extra, die für die Veränderung des Seelenlebens der heranwachsenden Generation im heutigen Kapitalismus die Formel ,,Vom autoritären Scheißer zum oralen Flipper" prägten, ist davon die Rede, daß sich die gesellschaftlich produzierten Charakterstrukturen in Richtung auf narzißtische verschoben haben. Bereits Adorno hat anläßlich der Studien zur 'authoritarian personality' auf den 'manipulativen Typ' als dem ,,potentiell gefährlichsten Syndrom" von Autoritätsbindung hingewiesen (Adorno u.a. 1950, S. 76 ff.), einer Form von Subjektstruktur, in der libidinöse Objektbeziehungen zugunsten zweckrationaler, technisch-manipulativer nahezu vollständig zurückgedrängt werden. Mitscherlichs Antizipation einer 'vaterlosen Gesellschaft' und Riesmans Überlegungen zum 'außengeleiteten Typus' diagnostizierten den Zerfall klassischer Über-Ich-Strukturen: Gesellschaftliche Strukturveränderungen tangierten die Auseinandersetzung des Kindes mit den familialen resp. väterlichen Autoritätsmustern in einer Weise, welche stabile Identität verbürgende Identifikations- bzw. Internalisierungsprozesse der Tendenz nach verunmöglichten. Marcuses programmatischer Aufsatz über das 'Veralten der Psychoanalyse' (1965) schließlich rückte die neue gesellschaftliche Bedeutung entwicklungspsychologisch früherer (gegenüber dem ödipalen Konflikt) Störungen in den Mittelpunkt und leitete damit u.a. die neuere Diskussion über das Schicksal des sog. subjektiven Faktors im organisierten Kapitalismus ein. Motiviert durch das Auftauchen veränderter Krankheitsbilder in der psychoanalytischen Praxis, dem Überwiegen von 'Persönlichkeitsdefekten', tiefgreifenden narzißtischen Charakterstörungen und regressiven Abwehrmechanismen (vgl. Calogeras/Schupper 1972) gegenüber den klassischen nach dem Modell des ödipalen Konflikts 'funktionierenden' Neurosen mit ihren Mechanismen der Verdrängung, Verschiebung, Projektion etc. hat sich in den vergangenen zwanzig Jahren eine Reihe psychoanalytischer Arbeiten mit der frühen Mutter-Kind-Beziehung und den in dieser Phase auftauchenden Konflikten und Abwehrformen befaßt.

Es gibt bislang keinen differenzierten Erklärungsansatz für die behauptete Veränderung der vorherrschenden sozialen Charakterstruktur, der das dabei wirksame Vermittlungsverhältnis von in primärer Sozialisation hergestellter Subjektivität und ihrer gesellschaftlichen Verwendung bzw. Verwertung auseinanderzulegen gestattete. Gleichwohl lassen sich einige Indizien für die Plausibilität der Verschiebungsthese andeuten: Mit dem Übergang vom Konkurrenz- zum 'organisierten' Kapitalismus, dem Anwachsen zentraler staatlicher Steuerungsfunktionen ist ein Prozeß in Gang gesetzt worden, der im Interesse der profitablen Verwertung privaten Kapitals immer mehr Bereiche des gesellschaftlichen Lebens und keinesfalls mehr nur den der unmittelbaren Produktion in gezielte Regie nimmt, 'reell subsumiert'. Damit wird die Planung von Lebensperspektiven, die produktive Auseinandersetzung zwischen Wünschen und Realität – einst konstitutiv für das, was Identität (zumindest im idealtypischen bürgerlichen Sinn) ausmachte – den Individuen zunehmend entzogen; die fortschreitende Rationalisierung bringt eine Sinnentleerung der Arbeit mit sich, für den Bereich der Reproduktion ist die Konsumorientierung gesellschaftliches Erfordernis: 'Perspektive' ist die 'Befriedigung' hier und jetzt (vgl. Horn 1972). Diese Orientierung entspricht in etwa dem, was Marcuse 1964 im gesamtgesellschaftlichen Maßstab als 'repressive Entsublimierung' bezeichnet hat: Durch ihre scheinbare Entfesselung macht der fortgeschrittene Kapitalismus sich Sexualität bzw. Sinnlichkeit erst recht verfügbar.

Hinweise auf dieser allgemeinen Ebene sagen noch nichts über die Umsetzung jener Tendenzen ins Psychische aus. Wenn man davon ausgeht, daß das Selbstwertgefühl der Menschen, das auf der Erfahrung beruht, befriedigende Objektbeziehungen herstellen zu können, heute problematisch geworden ist, so müssen auch in der primären Sozialisation als dem eigentlichen Herstellungsprozeß subjektiver Struktur Veränderungen ausweisbar sein, die das Vorherrschen von Abwehrformen begünstigen, die im Dienste der Befriedigung spezifischer narzißtischer Bedürfnisse stehen. Stichworte für einen durch die sozioökonomischen Verhältnisse bedingten Strukturwandel der familialen Sozialisation sind die Vergesellschaftung der Kleinkindererziehung (Fernsehen, Kindergarten, Vorschule), das Ansteigen der Müttererwerbstätigkeit, die Sinnlichkeit reduzierenden Wohn- und Spielbedingungen insbesondere in den Städten, die Nivellierung der väterlichen Autorität als Internalisierungsinstanz, die veränderte Funktion der Kinder für die Eltern (z.B. zur Stabilisierung des psychischen Gleichgewichtes).

Wenn wir hier von der Annahme ausgehen, daß die Gesellschaft auf dem Weg über ihre institutionellen Vermittlungsmechanismen narzißtische Strukturen erzeugt und sie bei Bedarf abruft, dann bedeutet dies, den 'Charakterwandel' eben nicht allein an Defiziten der primären Sozialisation festzumachen. Der wesentliche Zusammenhang der Inbetriebnahme psychischer Strukturen, der Verwertung und auch Zerstörung sozialisatorischer Leistungen darf dabei nicht vergessen werden. Wie weit ein solches 'Bündnis' zwischen einer psychischen Struktur und gesellschaftlichen Verhaltensanforderungen gehen kann, hat Argelander (1972) eindringlich an seinem Flieger-Patienten dargetan. Bei gesellschaftlicher Funktionalität schwindet selbst der Leidensdruck narzißtischer Beziehungslosigkeit, er wird durch die Gratifikationen des sekundären Krankheitsgewinns gleichsam wettgemacht. Eingedenk der Macht gesellschaftlicher Anforderungen wäre zu fragen, ob die behauptete 'Verschiebung' vom klassisch-autoritären zum narzißtisch-oralen Sozialisationstypus wirklich eine ist, die auf große Defizite in den Individuen verweist, oder ob die immer schon dagewesene, sozusagen unter dem Schleier des Ödipus nur verborgene narzißtische Problematik nur darum so virulent erscheint, weil die sich wandelnden gesellschaftlichen Strukturen heute verstärkt an diese Substanz rühren (vgl. B. Volmerg

1976: zur Wiederbelebung narzißtischer Abwehrformen in den Monotonie-zuständen, die durch die repetitive Teilarbeit erzeugt werden).

Literatur

Adorno, Th. W. u.a. 1950: The Authoritarian Personality, New York.

Argelander, Hermann 1972: Der Flieger, Frankfurt/Main.

Balint, Alice 1939: Liebe zur Mutter und Mutterliebe, in: Int. Ztschr. f. Psychoanalyse und Imago Nr. 1/2, 1939.

Balint, Michael 1968: Therapeutische Aspekte der Regression, Stuttgart 1970.

Calogeras, Roy/Schuppe, Fabian 1972: ,,Verschiebung" der Abwehrformen und einige ihrer Konsequenzen für die analytische Arbeit, in Horn 1972.

Freud, Sigmund 1923: Das Ich und das Es, Bd. XIII der GW; 1938: Abriss der Psycho-analyse, Bd. XVII der GW.

Horn, Klaus 1972: (Hrsg.) Gruppendynamik und der ,,subjektive Faktor", Frankfurt/Main.

Klein, Melanie 1952: Notes on some Schizoid Mechanisms, in: Joan Riviere (Hrsg.) Develop-ments in Psycho-Analysis, London.

Kohut, Heinz 1971: Narzißmus, Frankfurt/Main 1973.

Marcuse, Herbert 1964: Der eindimensionale Mensch, Neuwied 1967; 1965: Das Veralten der Psychoanalyse, in: Kultur und Gesellschaft 2, Frankfurt/Main.

Volmerg, Birgit 1976: Die Vergesellschaftung psychopathologischer Strukturen im Produk-tionsprozeß: in Leithäuser/Heinz (Hrsg.), Produktion, Arbeit, Sozialisation, Frankfurt/Main.

Breyvogel/Helsper/Meyer/Schubert/Sörensen-Huda
Narzißmus und Schule
Methodologische Überlegungen zu einem Forschungsprojekt *

„Die Patientin war hervorragend gescheit, arbeitete aber nur, wenn sie einen Lehrer mochte, oder wenn man ihr drohte, sie von der Schule zu weisen. Ein Grund, weshalb sie nicht intensiv arbeitete, war ihre Furcht davor, eine nicht genügend gute Note zu bekommen und so zu riskieren, ihre Omnipotenzphantasien revidieren zu müssen. Die Patientin hatte extrem hohe moralische Ansprüche. Wenn sie aber etwas wollte, gelang es ihr leicht, ihr Abweichen davon zu rationalisieren. Sie verurteilte den Snobismus ihrer Eltern, deren soziales Konkurrenzstreben. Sie war jedoch gepeinigt von dem Konflikt, selbst innerlich gezwungen zu sein, diesen Forderungen zu genügen, während sie äußerlich dagegen rebellierte. Alle ihre Reaktionen waren extrem.
Sie hatte nie Freunde und wurde von anderen Kindern abgelehnt.” (G e l e e r d 1966)

Wir teilen mit vielen die Überzeugung, daß die Narzißmustheorie als der Angelpunkt der neueren Psychiatrie (K ö h l e r 1978) entscheidend zum Verständnis von schulischem 'Leid und Elend' beitragen kann. Andererseits postulieren wir doppelte Vorsicht: zum einen gegenüber vorschnellen Anwendungen auf schulische Alltagskonflikte, ohne daß der Weg einer methodologischen Grundlegung beschritten wird, zum anderen gegenüber vorschnellen Verknüpfungen von Gesellschafts- und Subjekttheorie in Form einer bloßen Analogisierung.

Zur Theorie des Narzißmus

Allgemein gilt, daß die psychische Störung umso schwerwiegender ist, je früher ihre Ursprünge in der kindlichen Entwicklung liegen. Als gravierendste Störung im Spektrum der „archaischen Ich-Krankheiten” (A m m o n) muß dabei die Psychose gelten, deren Zusammenhang mit massiven Beeinträchtigungen der Mutter-Kind-Beziehung in der allerfrühesten Lebenszeit spätestens seit den Forschungen von S p i t z und B o w l b y in reichlichem Maße klinisch belegt ist. Massive Frustrationserlebnisse in einem späteren Stadium der kindlichen Entwicklung – nach M a h l e r in den Subphasen der Übung und Wiederannäherung – zeitigen dagegen eher eine Borderline-Persönlichkeitsorganisation, d.h. eine Form psychischer Störung, die dem klassischen Schema zufolge zwischen Neurose und Psychose anzusiedeln ist.

Für das Verständnis dieser psychischen Funktionsstörung, die in der aktuellen

* Der Beitrag ist ein Auszug aus einem längeren Antrag auf Förderung eines Forschungsprojektes.
Weiter sind an der Arbeit der Projektgruppe „Narzißmus-Forschung” beteiligt:
GEHRKE/MEINECKE/PLAETSCHKE/SCHRADER/SOUREN

Narzißmus-Diskussion nur unzureichend berücksichtigt wird (Z i e h e 1975, D ö p p 1978, S t r z y z 1978), haben vor allem A m m o n (1973 u. 1976), G e l e e r d (1966), S c h n e i d e r (1973), B a t t e g a y (1977) und K e r n b e r g (1978) wesentliches geleistet. Charakteristisch für die Gruppe ist eine pathologische Dominanz von Spaltungsmechanismen in der Selbst- und Objektwahrnehmung, die einerseits Ausdruck einer nur unzureichend gelungenen Synthese und Integration der zunächst funktionell gespaltenen Selbst- und Objektrepräsentanzen bzw. ihrer 'guten' und 'bösen' Aspekte ist und zum anderen die manifeste Beziehungsqualität im Sinne einer permanent akuten Kontinuitätsproblematik prägt. Der Objektbezug der borderline-strukturierten Persönlichkeit wird maßgeblich unter dem Druck verschiedener Stabilisierungsstrategien gestaltet, die das aufgrund des tief gespaltenen Selbst geschädigte Ich zur Gewährleistung einer minimalen Kontinuität im Denken, Handeln und Fühlen vornimmt. Diese konstitutionelle Ich-Schwäche behindert nun nicht nur die Integration des Ichs und des Über-Ichs, dessen Inhalte auf einer archaischen Stufe fixiert bleiben und eine durchgängige Verzerrung der Realitätswahrnehmung verursachen, sondern die Ausbildung eines kohärenten Selbstkonzeptes und stabiler Ich-Fähigkeiten überhaupt (vgl. auch A m m o n 1976); ein Sachverhalt, der in ähnlicher Weise von E r i k s o n mit dem Begriff der Identitätsdiffusion beschrieben worden ist. Kennzeichnend ist das Nebeneinander widersprüchlicher Charakterzüge und ein sprunghafter Wechsel dissozierter Ich-Zustände. Insgesamt bedingen diese Dispositionen eine starke Abhängigkeit von äußeren Objekten, die jedoch weder realistisch wahrgenommen noch empathisch erfaßt werden können, so daß die Flüchtigkeit von Beziehungen und emotionale Flachheit zum hervorstechenden Zug dieser Personen wird.

Anders gelagert ist die Problematik narzißtisch strukturierter Persönlichkeiten. Kennzeichnend ist hier das Größen-Selbst (K e r n b e r g 1978, K o h u t 1977). Diese psychische Konfiguration kann, trotz divergierender Vorstellungen über Genese und Pathologiegrad (K e r n b e r g 1978, K o h u t 1977, K ö h - l e r 1978), als integrierte Selbststruktur mit omnipotentem Charakter gekennzeichnet werden. D.h. das Individuum hat – oftmals unbewußt – das Gefühl von Allmächtigkeit, Stärke, Unbesiegbarkeit Allwissenheit, Vollkommenheit usw.. Damit verbunden ist die Herausbildung eines „hochfliegenden" Ich-Ideals mit idealen Ansprüchen an das Ich, was entscheidend die Selbstwertproblematik konstituiert. Da diese psychische Struktur Ergebnis von Enttäuschung und Entwertung infantiler Objektbeziehungen ist, sind auch die aktuellen Objektbeziehungen dem Alternieren von Idealisierung und Entwertung unterworfen.

Hinsichtlich der Abwehrstruktur läßt sich, abgesehen vom Mechanismus des 'Splitting', wie auch bezüglich der Objektbeziehungen eine Ähnlichkeit von borderline-strukturierten und narzißtischen Persönlichkeiten feststellen. Dieser weitgehenden Übereinstimmung auf der Erscheinungsebene liegen allerdings zwei unterschiedliche Problemzusammenhänge zugrunde: Was sich auf der Ebene der Borderline-Persönlichkeitsorganisation als Ausdruck einer Kontinuitätsproblematik darstellt, läßt sich analog bei narzißtisch gestörten Persönlichkeiten auf ein Omnipotenzthema zurückführen, d.h. die zwischenmenschlichen Beziehungen gestalten sich hier vorrangig unter dem Zwang, das aufgeblähte Selbstkonzept mit narzißtischer Zufuhr zu versorgen.

Allerdings ist innerhalb der narzißtischen Grundfiguration eine Bandbreite der Ausprägung narzißtischer Problematik anzunehmen. Hinsichtlich der Qualität der narzißtischen Struktur geht K e r n b e r g von einem Spektrum aus, auf dessen einer Seite Formen 'neurotischer' Regression auf der Stufe des infantilen Narzißmus stehen, wobei Regression als Antwort auf starke Spannungen und Konflikte zu verstehen ist. Dadurch wird keine durchgängige und andauernde narzißtische Formung der Persönlichkeit und der Objektbeziehung erzeugt. Diese findet sich erst auf der anderen Seite des Spektrums in der Struktur des Größen-Selbst, die die Objektbeziehung durchgängig narzißtisch prägt.

Die vertikale Differenzierung (bei K e r n b e r g nach der Schwere narzißtischer Pathologie) wird ergänzt durch eine horizontale, die sich nach dem Grad der Intaktheit von Ich-Funktionen bzw. Ich-Stärke/Ich-Schwäche richtet. Idealtypisch könnte man von einem eher ich-starken „narzißtischen Charakter" und einer eher ich-schwachen „narzißtischen Borderline-Persönlichkeit" als Pole des Spektrums sprechen. Der „narzißtische Charakter" ist dadurch gekennzeichnet, daß es ihm gelungen ist, seine infantile narzißtische Struktur ich-synton zu wenden und sie konstitutiv in die Herausbildung seiner Ich-Funktionen einzubringen, wodurch diese mittels ihrer außerordentlichen Funktionsfähigkeit den Ansprüchen des Größen-Selbst genügen können (vgl. A r g e l a n d e r 1972, Z i e h e 1975, K e r n b e r g 1978). Überall dort, wo der „narzißtische Charakter" auf die äußere Realität so antwortet, daß seine Selbstwertproblematik nicht offensichtlich wird, ist der borderline-strukturierte narzißtische Typus aufgrund mangelnder Ich-Stärke mit seiner eigenen Entwertung konfrontiert, die über Formen aggressiven Ausagierens, narzißtischer Wut, halluzinativen Größenphantasien, Vermeidungsverhalten usf. abgewehrt werden muß (vgl. K o h u t 1975, Z i e h e 1975, K e r n b e r g 1978). Halten wir fest:

1. Die Borderline-Struktur steht als „Grenzfall" in der Mitte zwischen einerseits psychotischen und andererseits eher positiv narzißtischen Charakterstrukturen.

2. Es ist davon auszugehen, daß narzißtische Persönlichkeiten grundsätzlich oszillieren, daß eine in bestimmten Situationen scheinbar funktionale Charakterstruktur unter spezifischen Belastungen über das Niveau des Borderline-Typus bis hin zu psychotischen Durchbrüchen regredieren kann.

3. Vor diesem Hintergrund scheint es uns voreilig und falsch (vgl. B a m m e/ D e u t s c h m a n n/H o l l i n g 1976 und D e u t s c h m a n n 1977), den Borderline-Typus zum Dreh- und Angelpunkt einer kapitalistischen Charakterstruktur zu stilisieren. Zum einen wird auf eine breitere Rezeption psychiatrischer Fallschilderungen verzichtet, die den schwer pathologischen und nicht mehr funktionalen Charakter aufweisen. Stattdessen wird der Borderline-Typus als 'deus ex machina' zum gleichgültigen, mobilen und affektlosen Charakter ohne Widerspruchsmoment generalisiert und als Bindeglied zwischen Psychologie und Soziologie benutzt.

4. Stattdessen bedarf es des Versuchs einer konkret empirischen Vermittlung, die von uns mit Hilfe einer inhaltlichen Dimensionierung der vorliegenden Ansätze zum Narzißmus und Borderline-Syndrom angegangen wird. Nur indem hinsichtlich abgegrenzter Dimensionen, deren Beziehung zu anderen Dimensionen geklärt ist, Aussagen möglich sind, lassen sich Erkenntnisse über „narzißtische Strukturen" in Alltagssituationen gewinnen.

Folgende Dimensionen erscheinen uns als zentral:

Objektbeziehung, womit zum einen die „bestimmte Interaktionsform"

(L o r e n z e r), zum anderen deren aktualisierte Erscheinungsform gemeint sind;

Omnipotenz (Größen-Selbst), in Zusammenhang mit „hochfliegendem Ich-Ideal";

Ich-Stärke/Ich-Schwäche, als Grad der Entwicklung und Integration von Ich-Funktionen (vgl. A m m o n 1978);

Abwehrstruktur, insbesondere die folgenden Abwehrmechanismen:
- Omnopotenzphantasien, Introjektion und Projektion omnipotenter Objekte
- Formen der Regression, z.B. Vermeidungsverhalten, Rauschzustände usw.;
- Ausagieren, narzißtische Wut (vgl. K o h u t 1975);
- Primitive Idealisierung und Entwertung von Objekten, Situationen etc.;
- Spaltung

Narzißtische Emotionalität, (vgl. V o l k a n 1978);
Symbolisierung, z.B. Sprachlosigkeit, Sprachfassade, Protosymbolik; (Zur detaillierten Ausführung der Dimension 'Objektbeziehung', 'Narzißtische Wut' und 'Omnipotenz' vgl. B r e y v o g e l/H e l s p e r/S o u r e n 1978; zu 'Omnipotenz' vgl. auch Teil 4 unseres Beitrages.)

Theorie und Methode – oder: Schwierigkeiten einer konkreten Vermittlung „subjektiver" und „objektiver" Struktur

Zur Fundierung des Narzißmus-Konstrukts bedarf es des Versuchs einer sowohl horizontal wie vertikal ausgerichteten empirischen Durchdringung der Alltagsrealität und Interaktionsformen von Individuen. Dabei darf die „Narzißmus-Theorie" nicht blind als Interpretationsfolie unterlegt werden, gleichsam den Erscheinungsformen schon als vorab gültige wesentliche Erkenntnis aufgepfropft werden (vgl. *Kosik* 1976), sondern muß sich im „Durcharbeiten" durch die verschiedenen Stufen von Interaktionsprozessen und deren Bedeutung als gültig erweisen.

Damit ist vorab die Frage nach dem Charakter der „Narzißmus-Theorie" als psychoanalytischer Theorie gestellt, denn die „Narzißmus-Theorie" ist in ihren verschiedenen Spielarten Ergebnis der „Analytiker-Analysand-Dyade". Sie hat ihre empirische Basis, d.h. ihre Grundlage als Erfahrungswissenschaft, als einzige Erfahrungswissenschaft des konkreten Individuums (*Lorenzer* 1976a), in der analytischen Situation und dort im „kritisch-tiefenhermeneutischen" Verfahren, d.h. der Durcharbeitung, Deutung und Rekonstruktion von Sinnzusammenhängen der Lebensgeschichte am vom Analysanden in der Analysesituation produzierten Sprach- und Interaktionsmaterial.

Die „Narzißmus-Theorie" ist Strukturanalyse von Subjektivität, sie ist weder historiographische Erkundung der Lebensgeschichte, noch deckt sie kausalgenetische Zusammenhänge auf, denn sie durchbricht an keiner Stelle den Bereich „subjektiver Erlebnisfiguren", sie provoziert lediglich die Frage nach deren Verursachung (vgl. *Lorenzer* 1974, *Brück* 1978), dringt selbst also nicht zur „objektiven Strukturanalyse" vor. Pointiert formuliert: Psychoanalytische Erkenntnis besteht im Verstehen subjektiver Struktur, d.h. in der Analyse subjektiver Bedeutungszusammenhänge, wobei Bedeutung hier – und da liegt der Unterschied zum interpretativen Paradigma, das lediglich die Wichtigkeit subjektiver Bedeutung hervorhebt – in einer Freudschen Formulierung das „innere Ausland" beinhaltet oder als „verdorbener Text" (Habermas 1973) betrachtet wird. Bedeutung liegt also nicht offen zutage, sondern muß durch die Verstümmelungen, Verblendungen und Desymbolisierungen hindurch rekonstruiert werden. Theorie in diesem Sinne stellen die Ansätze *Freuds, Kohuts, Kernbergs, Argelanders* u.a. dar. Davon zu unterscheiden sind die Konzepte von *Ziehe, Horn, Strzyz und Döpp,* die zwar auf den genannten Theoriekonzepten aufbauen, gleichzeitig aber den Versuch einer Vermittlung subjektiver und objektiver Strukturanalyse intendieren.

Das Ziel unseres Projektes ist ein durch das Narzißmus-Konstrukt verbessertes Verständnis schulischer Wirklichkeit. Methodologischer Springpunkt ist daher die Frage, sind in schulischen Interaktionsprozessen narzißtische Prägungen (z.B. eine spezifisch getönte Objektbeziehung, Omnipotenzphantasien oder Formen narzißtischer Aggression) aufweisbar. Aufweisbar – allerdings nicht dadurch, daß die Theorie im naiven Hinsehen und Betrachten als Mittel neuer Stigmatisierung über den Schüler gestülpt wird (vgl. u.a. Gürge), sondern in dem Sinne, daß herangetragene Interpretation und subjektive Bedeutung auf methodisch gesicherter Ebene in Beziehung gesetzt werden. Es geht damit um zweierlei: Um die *Überprüfung des theoretischen Konstrukts,* das aufgrund seiner Herkunft aus der Analysand-Analytiker-Dyade keineswegs nur Theorie ist, und um die *Beurteilung seiner Auswirkungen im schulischen Interaktionsfeld* (Lehrerhandeln, Schülerkarriere).

Wird die Narzißmustheorie nicht einfach als gültig unterstellt, so erfordert das eine methodologische Grundlegung aller Interpretationsvorgänge. Der Ausweis von Gültigkeit kann, entsprechend dem Charakter der Theorie, nur die Analyse subjektiver Struktur im Sinne ,kritisch-tiefenhermeneutischen" Vorgehens sein. Damit stellt sich die Frage wie die Gültigkeit der jeweiligen Interpretation abgesichert wird, d.h. die Frage nach der „Wahrheit" der Interpretation. Diese kann nur im Sinne einer „Konsensus-Theorie der Wahrheit" (*Habermas*) beantwortet werden, im Rückgriff auf *Lorenzers* Konstruktion eines „hermeneutischen Feldes I" (bei ihm die Analyse selbst) und eines „hermeneutischen Feldes II (bei ihm die Analytikergruppe) (vgl. *Lorenzer* 1976). *Leithäuser/Volmerg* übertragen dies auf die Forschungssituation, wobei ihr Interesse der Erfassung des „Typischen" der Alltagssituation gilt (vgl. *Leithäuser/Volmerg* 1977).

„. . . das Kriterium der ‚Kontextabhängigkeit" (macht) die Konstruktion eines „hermeneutischen Feldes II" erforderlich, denn man kann den Interpretationen und Berichten der Forscher aus dem „hermeneutischen Feld I" nicht einfach Glauben schenken. Sie müssen nachvollziehbar, ihre Gültigkeit muß überprüfbar sein, kurz: die „interne Validität" muß sich ausweisen lassen – nicht als eines Forschungsinstrumentes, sondern im Sinne einer Kontrolle der gelungenen praktischen Teilhabe in sozialen Situationen." (Leithäuser/*Volmerg* 1977, S. 131)

Die Kriterien dieser Überprüfung werden von *Leithäuser/Volmerg* als Nachvollziehbarkeit, Feststellung der Strukturübereinstimmung und Konsensbildung gefaßt, d.h. die Hypothesen und die praktischen und interpretationsanleitenden Vorannahmen des Forschers im „Feld I", die in unserer Zielsetzung auf dem Fundament der Narzißmus-Theorie aufbauen (zugleich aber auch mehr umfassen), müssen im Wechselspiel von abstrakt und konkret nachvollzogen und überprüft werden. Für den Forscher in „Feld I" impliziert das zwei Perspektiven: in der „Innenperspektive" versucht er sich voll in den Zusammenhang der „Situation" zu integrieren und diese nachzuvollziehen (dies allerdings je nach

Situation unterschiedlich), in der „Außenperspektive" versucht er gleichzeitig die interpretationsanleitenden Regeln und Hypothesen (z.B. über den Charakter narzißtischer Objektbeziehung) anzuwenden (vgl. dazu Arbeitsgruppe Bielefelder Soziologen 1976). Genau dieser Zusammenhang ist in „Feld I" problematisch, d.h. der Forscher kann in der „Alltagssituation" an den Verblendungen und Abdichtungen des „Alltagsbewußtseins" (vgl. *Leithäuser* 1976, *Leithäuser/Volmerg* 1977, *Leithäuser* 1977) partizipieren, die seine Interpretationsfähigkeit beeinträchtigen. Bereits hier wird deutlich, daß dieses methodologische Vorgehen eben nicht die verordnete Beziehungslosigkeit der naturwissenschaftlich-empirischen Methodologie impliziert, sondern genau keine „Objektivität" verträgt; im Gegenteil, eine subjektive lebenspraktische Beziehung zum Schüler ist in doppelter Hinsicht Voraussetzung: Zum einen ermöglicht nur sie und damit gegebenes gegenseitiges Einverständnis und Vertrauen einen „tiefenhermeneutischen" Prozeß, zum anderen ist die Beziehung selbst Erkenntnisinstrument analog der Analysesituation (vgl. dazu *Loch/Pohlmann* 1977).

Wenn die letzten Gedankengänge den zentralen methodologischen Punkt des Aufweises der Gültigkeit der Narzißmus-Theorie als Interpretationsrahmen betrafen, so ist letztlich doch das ganze methodologische Vorgehen auf den Aufweis dieser Gültigkeit, bzw. dessen Scheitern orientiert. Dies drückt sich zum einen in der Ausdifferenzierung der Narzißmus-Theorie in „Dimensionen" als *inhaltlich entscheidenden Komplexen* aus, wobei diese nicht voneinander isoliert zu sehen sind, sondern in gegenseitigem Bedingungsverhältnis stehen. Dadurch werden Aussagen und Ergebnisse hinsichtlich ausgegrenzter, wenn auch im Zusammenhang betrachteter Bereiche möglich, d.h. *Hinweise in mehreren Dimensionen* auf das Vorliegen einer narzißtischen Struktur kommt höheres Gewicht zu als einem „vagen Verdacht" in einer Dimension.

Damit ist jedoch noch nichts über den Prozeß der Erkenntnisgewinnung in den einzelnen Dimensionen ausgesagt. Diese soll über eine Methodenkombination gewährleistet werden, die von der Erscheinungsebene von Interaktionsformen (teilnehmende Beobachtung als erster Schritt zur Aufdeckung bedeutsamer Strukturen und Situationen der „Lebenswelt", strukturierter Beobachtung und Interaktions- und Kommunikationsanalyse) ausgehend, über eine erste Stufe der Erfassung „subjektiver Bedeutung" (Interview, Gruppendiskussion, projektive Verfahren) bis hin zum zentralen methodologischen Punkt des „Tiefeninterviews" und der biographischen Rekonstruktion reicht. In der Übereinstimmung und Konsistenz der Interpretationen auf den verschiedenen methodologischen Stufen, bzw. in der Modifikation der Interpretation zeigt sich schließlich die Gültigkeit der Narzißmus-Theorie als Interpretationsrahmen.

Zur Dimension Omnipotenz – Symbole und Embleme

Omnipotenz wird von uns auf drei Ebenen definiert: Zum einen als Ausdruck des Größen-Selbst (*Kohut* 1976, *Kernberg* 1978) im Sinne von Unangreifbarkeit, Allmächtigkeit oder Allwissenheit. Zum anderen als omnipotente Anteile des Ich-Ideals, das oftmals mit dem Größen-Selbst verschmolzen sein kann und Ansprüche an die eigene Person im Sinne von Vollkommenheit repräsentiert. Letzteres betrifft das „Selbstwertgefühl", das als Grad der Übereinstimmung zwischen den Ansprüchen an die eigene Person und dem Selbstbild anzusehen

ist. Auf einer dritten Ebene stellt sich Omnipotenz in Form von Abwehrmechanismen dar, Omnipotenzphantasien und -tagträumen, Interprojektion und
Projektion omnipotenter Objekte. (Vgl. ausführlicher in *Breyvogel/Helsper/
Souren* 1978).
Das entwickelte Methodensetting ist konzentrisch auf die Integration subjektiver Bedeutungsgehalte zugeschnitten. Während unter qualitativem Aspekt die
biographische Rekonstruktion ein Maximum an subjektiver Bedeutung zu integrieren vermag, ist sie unter quantitativem Aspekt das Verfahren, das alle vor-
genannten Verfahren einschließt und die größte Datenbasis zur Verfügung
stellt.

qualitativer Aspekt

quantitativer Aspekt

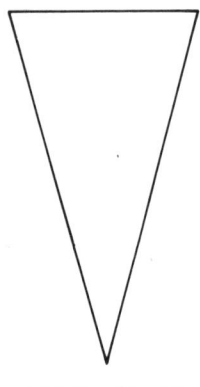

teilnehmende Beob-
achtung/Fragebogen

Einzelinterview

Gruppendiskussionen

projektive Verfahren

Tiefeninterview

biographische Rekon-
struktion

subjektive Struktur

subjektive Struktur

Als Ausdruck von „Omnipotenz" sind folgende Konstellationen zwischen
Schülern (S) und Lehrern (L) denkbar:
– S ignoriert L, behandelt ihn als wäre er Luft, reagiert nicht auf Ermah-
  nungen, Strafandrohungen usw.;
– S instrumentalisiert L für seine Bedürfnisse, geht auf seine Anforderungen
  ein, um Lob zu erhalten, um im Mittelpunkt zu stehen, die Aufmerksam-
  keit von L auf sich zu lenken, benutzt L, um sich im Konflikt mit anderen
  Schülern durchzusetzen;
– S reagiert auf harte, fordernde und drohende Haltungen des L's mit Rück-
  zug, verläßt den Klassenraum, zieht sich zurück, verweigert Antworten,
  fängt an vor sich hin zu träumen;
Werden im Verfahren der teilnehmenden Beobachtung massive Ausprägungen
vermuteter Verhaltensweisen deutlich, dann kann – in aller Vorsicht – mit
Hilfe einer Fragebogenerhebung zum Selbstwertgefühl oder Ich-Ideal eine nähere
Eingrenzung spezifischer Prägungen versucht werden. Gleichzeitig werden mit
Hilfe von Video-Aufzeichnungen die Verhaltensweisen der Schüler in ritualisierten Situationen (Unterrichtsbeginn, Testsituationen u.a.) erfaßt. In der Konfrontation der Klasse, bzw. entsprechender informeller Tischgruppen mit den
Video-Aufzeichnungen wäre die zweite methodologische Ebene, die erste Ebene
subjektiver Bedeutung erreicht. Die tieferliegenden Ebenen unseres Methoden-

settings (Interview, Gruppendiskussion und projektive Verfahren; vgl. zum Gruppendiskussionsverfahren: *Zinnecker* u.a. 1975, *Projektgruppe Jugendbüro* 1975 und 1977, *Volmerg* 1977) sollen anhand der Dokumentation von Emblemen, Symbolen und Zeichnungen insbesondere auf Kleidung und Gebrauchsgegenständen der Schüler, aber auch auf Papier, Wänden oder Schulmöbeln bearbeitet werden. Die Relevanz solcher Embleme und Symbole in der Lebenswelt der Schüler ist der alltäglichen Wahrnehmung augenscheinlich. Insbesondere auf Kleidung und Gebrauchsgegenständen scheinen sie Träger persönlicher Bedeutung zu sein, und ihr häufig auffälliger Allmachtscharakter stellt sie – so unsere Vermutung – in die Nähe halluzinatorischer Omnipotenzprojekte. Erste Erfahrungen bestätigen, daß sich die Gruppendiskussion nicht aus der Alltagsrealität der Schüler herausheben darf. Sie kann an Schüleräußerungen ansetzen oder daran, daß ein Emblem aufgemalt wird.

Daß aus der „teilnehmenden Beobachtung" Möglichkeiten erwachsen können, zeigte sich in ersten Schulhospitationen: Eine Schülergruppe gestaltete einen Freizeitraum innerhalb der Schule, wozu auch das Anmalen von Wänden und Fenstern gehörte. Aus der Auseinandersetzung um die Motive entwickelte sich eine nicht initiierte Gruppendiskussion, die optimal die von *Ute Volmerg* (Volmerg 1977) geforderten Bedingungen für gültige Aussagen erfüllen dürfte. Auf das Tiefeninterview zur Lebensgeschichte und die biographische Rekonstruktion kann hier nur kurz verwiesen werden, da sie nicht dimensionenspezifisch sind, sondern auf dem Hintergrund aller Dimensionen und darin ermittelter Ergebnisse und vorläufiger Interpretationen aufbauen. Abschließend drei selbstkritische, die Weiterarbeit betreffende Anmerkungen:

1. Die Qualität narzißtischer Beziehungsmuster (unterstellt man deren Relevanz) ist ein Hindernis für den Forscher und die Methoden. Das heißt, daß möglicherweise ein stark lebensweltbezogenes Vorgehen im Sinne des „interpretativen Paradigmas" und seiner kritischen Weiterentwicklung an die Barriere narzißtischer Objektbeziehungen stößt, und letztlich die notwe ge Beziehung zur Durchdringung der Alltagsrealität von Schülern überhaupt nicht zustande kommt.

2. Mit den neuen Abwehrformen, die sich von Verdrängung, Sublimierung, Symptombildung usw. zu regressiven Formen wie Omnipotenzphantasien, Spaltung und „wahnhaftem Ausagieren" verlagern, verschärft sich die unter 1. aufgeführte Schwierigkeit. Zum einen weil damit Formen von Sprachlosigkeit, Sprachausfall, bzw. Symbolisierungsschwäche einhergehen, was in starkem Maße die Orientierung an außersprachlichen methodologischen Vorgehensweisen nahelegen würde, zum anderen weil damit die Basis der Analyse subjektiver Struktur in Frage steht. Denn der Ansatzpunkt muß immer der am „Leiden", am Konflikt und Widerspruch sein, also am Bedürfnis des Individuums, Anstrengungen in Richtung der Veränderung unhaltbarer (subjektiver) Zustände zu unternehmen:

„Sind diese Annahmen (über die Veränderung der Subjektivität, d.Verf.) vorwiegend richtig, dann wäre in der Tat die therapeutische Kraft der Psychoanalyse gefährdet: Der Analytiker müßte mit dem (von ihm erst zu strukturierenden) kooperationswilligen Anteil des Ichs des Patienten ständig gegen gesellschaftlich organisiert angebotene Agiermöglichkeiten konkurrieren (auch in Gestalt alternativer Therapieformen) – in einem gesellschaftlichen Klima, dessen Wirklichkeit der Selbstreflexion und gar der Substantialität von (zwar konfliktbeschädigten, aber immerhin individuell organisierten) Lebensgeschichten wenig zuträglich ist." (*Horn* 1976, S. 47, vgl. auch *Ziehe* 1975)

3. Unser Vorgehen ist bisher weitgehend auf die Dimensionierung des Narziß-mus-Konzeptes bezogen. Dies ist allerdings nur die eine Seite, die Dimensionierung bleibt bei der Analyse subjektiver Struktur stehen. Zu leisten bleibt eine Dimensionierung der Schule als Sozialisationsagentur, d.h. die Analyse der Produktion und Modifikation von Subjektivität durch die Schule (vgl. *Lorenzer* 1976 u. 1976a). Es sind jene Stellen auszumachen, an denen sich die ,,typischen Situationen" (*Leithäuser* u.a. 1977) schulischer Sozialisation und Alltagsrealität mit den ,,typischen" subjektiven Strukturen treffen, d.h. die Vermittlungsstellen von biographisch bestimmter Subjektivität mit über die Schule vermittelter ,,objektiver" Realität als Vergesellschaftung des Subjekts.

Literaturverzeichnis

Arbeitsgruppe Bielefelder Soziologen (Hrsg.): Alltagswissen, Interaktion und gesellschaftliche Wirklichkeit, Reinbek 1973; Kommunikative Sozialforschung, München 1976
Argelander: Der Flieger, Frankfurt am Main 1972
Breyvogel/Helsper/Souren: Zur Theorie des Narzißmus. Ein Versuch zur Dimensionierung des Narzißmus-Konzepts, unveröffentlichtes Manuskript, Essen 1978;
Brück: Die Angst des Lehrers vor seinen Schülern, Reinbek 1978;
Habermas: Erkenntnis und Interesse, Frankfurt am Main 1973;
Horn: Einleitung, in: Horn (Hrsg.), Gruppendynamik und der ,,subjektive Faktor". Repressive Sublimierung oder politische Praxis, Frankfurt am Main 1972; Psychoanalyse und gesellschaftliche Widersprüche, in: Psyche 1/1976
Kernberg: Borderline-Störungen und pathologischer Narzißmus, Frankfurt am Main 1978
Kohut: Die Zukunft der Psychoanalyse, Frankfurt am Main 1975; Narzißmus, Frankfurt am Main 1977
Kosik. Dialektik des Konkreten, Frankfurt am Main 1976
Leithäuser: Formen des Alltagsbewußtseins, Frankfurt am Main/New York 1976; Vergesellschaftung und Sozialisation des Bewußtseins, in: Leithäuser u.a., Entwurf zu einer Theorie des Alltagsbewußtseins, Frankfurt am Main 1977
Leithäuser u.a.: Entwurf zu einer Theorie des Alltagsbewußtseins, Frankfurt am Main 1977;
Leithäuser/Volmerg: Die Entwicklung einer empirischen Forschungsperspektive aus der Theorie des Alltagsbewußtseins, in: Leithäuser u.a., Entwurf zu einer Empirie des Alltagsbewußtseins, Frankfurt am Main 1977,
Loch/Pohlmann: Psychoanalyse – Heilmittel oder Forschungsmethode?, in: Kutter (Hrsg.), Psychoanalyse im Wandel, Frankfurt am Main 1977,
Lorenzer: Die Wahrheit der psychoanalytischen Erkenntnis, Frankfurt am Main 1976; Zur Dialektik von Individuum und Gesellschaft, in: Leithäuser/Heinz (Hrsg.), Produktion, Arbeit, Sozialisation, Frankfurt am Main 1976;
Projektgruppe Jugendbüro: Die Lebenswelt von Hauptschülern, München 1975; Subkultur und Familie als Orientierungsmuster, München 1977;
Strzyz: Sozialisation und Narzißmus, Wiesbaden 1978;
Volmerg, U.: Kritik und Perspektiven des Gruppendiskussionsverfahrens in der Forschungspraxis, in: Leithäuser u.a., Entwurf zu einer Empirie des Alltagsbewußtseins, Frankfurt am Main 1977;
Ziehe: Pubertät und Narzißmus, Frankfurt am Main/Köln 1975;
Zinnecker u.a.: Die Praxis von Handlungsforschung. Bericht aus einem Schulprojekt, München 1975

Ausgewählte Literatur zur Narzißmus-Diskussion

Argelander, Der Flieger, Suhrkamp 1972.

Finger, Nazißmus und Gruppe, Fachbuchhandlung für Psychologie 1978.

Grunberger, Vom Narzißmus zum Objekt, Suhrkamp 1976.

Horn (Hrsg.), Gruppendynamik und der subjektiver Faktor (Einleitung), edition suhrkamp 1972.

Kernberg, Borderline-Störungen und pathologischer Narzißmus, Suhrkamp, 1978.

Köhler, „Theorie und Therapie narzißtischer Persönlichkeitsstörungen", in: Psyche 11/1978 (32. Jahrgang).

Kohut, Die Analyse des Selbst, Suhrkamp 1972.

Kohut, „Überlegungen zum Narzißmus und zur nazißtischen Wut", in: Ders., Die Zukunft der Psychoanalyse, Suhrkamp 1975.

Kohut, Die Heilung des Selbst, Suhrkamp 1978.

Orban, Subjektivität, Akademische Verlagsgesellschaft 1978.

Strzyz, Sozialisation und Narzißmus, Akademische Verlagsgesellschaft 1978.

Ziehe, Pubertät und Narzißmus, Europäische Verlagsanstalt 1975.

Die Autoren

Georg Auernheimer, Jg. 1939 ist Professor für Erziehungswissenschaft an der Universität Marburg/Lahn; Veröffentlichungen u. a.: „Mitbestimmung in der Schule", München 1972 und verschiedene Aufsätze zur Qualifikationsproblematik

Christel Beier, Jg. 46 ist wissenschaftliche Mitarbeiterin am Sigmund-Freud-Institut in Frankfurt; Veröffentlichungen u.a.: „Zur Verhältnis von gesellschaftlicher Theorie und Erkenntnistheorie. Untersuchungen zum Totalitätsbegriff in der kritischen Theorie Adornos, Frankfurt 1977

Gisela Dischner, Jg. 1939 ist Professorin für deutsche Literaturwissenschaft an der Technischen Universität Hannover; Veröffentlichungen u. a.: „Das Werk von Nelly Sachs — Zur Politik der Moderne" (Frankfurter Beiträge zur Germanistik 10, 1970), „Das Unvermögen der Realität" zusammen mit Peter Brückner u. a. (Wagenbach, Politik 55, 1974)

Hans Jürgen Döpp, Jg. 1940 studierte Soziologie und Pädagogik, 1965-1974 Lehrer an einer Hauptschule in Frankfurt, seit 1974 wissenschaftlicher Mitarbeiter an der Universität Frankfurt a. M. (Veranstaltungen zur politischen Bildung und Sexualerziehung); Veröffentlichungen in zahlreichen Zeitschriften insbesondere in päd. extra

Fritz Gürge, Jg. 1925 ist Hauptschullehrer in Wiesbaden; Mitarbeit an dem Handlungsforschungsprojekt: Lebenswelt von Hauptschülern

Klaus Horn, Jg. 34 ist Professor und wissenschaftliches Mitglied am Sigmund-Freud-Institut in Frankfurt; Veröffentlichung u. a.: „Kritik der Hochschuldidaktik" Hrsg., Frankfurt 1979

Klaus Strzyz, Jg. 49 ist wissenschaftlicher Mitarbeiter am Sigmund-Freud-Institut in Frankfurt; Veröffentlichungen u. a.: „Sozialisation und Narzißmus", Wiesbaden 1978

Hans-Georg Trescher, Jg. 1950 ist Dr. phil., Diplompädagoge, und arbeitet in freier Praxis mit verhaltensgestörten Jugendlichen und Problemfamilien; z. Z. Lehrbeauftragter am Institut für Sonder- und Heilpädagogik der Universität Frankfurt a. M.; Veröffentlichungen u. a. aus dem Bereich der psychoanalytisch orientierten Pädagogik und „Sozialisation und beschädigte Subjektivität" 1979

Jochen Unbehaun, Jg. 1941 ist Wissenschaftlicher Assistent, war 11 Jahre Lehrer, Veröffentlichte 2 Bücher, Erzählungen, Gedichte und vor allem Lieder.

Paul Walter Jg. 1950 ist Dipl. Psychologe und wissenschaftlicher Mitarbeiter an der Erziehungswissenschaftlichen Hochschule Rheinland-Pfalz, Fachbereich Sonderpädagogik; veröffentlichte verschiedene Beiträge in päd. extra

Gerd Wartenberg, Jg. 1941; z. Z. Universität Florida, Gainesville USA, arbeitet an einer Veröffentlichung über Schwierigkeiten beim Strukturieren alternativer Lebensformen. Veröffentlichungen u. a.: Rittelmeyer/Wartenberg: „Verständigung und Interaktion", München 1975.

päd. extra buchverlag

Lieferbare Titel

Pädagogik/Sozialwissenschaft/Politik

Projektgruppe Sportunterricht (Hrsg.): **Alternativer Sportunterricht**, 270 S., DM 18,80
Broich, Josef: **Arbeitsrecht, Rollenspiel für die Praxis in Schule, Sozialarbeit und Gewerkschaft**, 155 S., DM 14,80
Bamberg/Bosch (Hrsg.): **Politisches Lesebuch, Für Arbeiter, Schüler, Lehrlinge, Sozialarbeiter, Gewerkschafter und Lehrer**, 446 S., DM 19,80
Beutel/Greverus/Schanze/Speichert/Wahrlich, **Tourismus** – Ein kritisches Bilderbuch, 250 S., 200 Abb., DM 29,80
Bosch, Manfred (Hrsg.) mit Beiträgen von I. Drewitz, Dieter Süverkrüp u.a., **Kulturarbeit**, Versuche und Modelle demokratischer Kulturvermittlung, 312 S., DM 22,80
Briem, Jürgen: **Der SDS**, Geschichte des bedeutenden Studentenverbandes der BRD von 1945 bis 1961, 483 S., DM 49,–
Elschenbroich, Donata: **Kinder werden nicht geboren**, Studien zur Entstehung der Kindheit, 224 S., DM 19,80
Fehling, Reinhard: **Manipulation durch Musik**, 140 S., DM 14,80
Gürge/Held/Wollny, **Lehrertagebücher** – Grenzen und Möglichkeiten der Arbeit mit Hauptschülern, 164 S., DM 14,80
Häsing/Stubenrauch/Ziehe (Hrsg.): **Narziß** – Ein neuer Sozialisationstypus, 160 S., DM 12,80
Hensel, Horst: **Unterrichtseinheiten zur demokratischen Literatur**, Eine Publikation des „Werkkreis Literatur der Arbeitswelt", 277 S., DM 22,80
Holling/Bomme: **Lehrer zwischen Anspruch und Wirklichkeit**, 436 S., DM 18,80
Höchstetter, Werner, K.: **Die psychoanalytischen Grundlagen der Erziehung**, 165 S., DM 9,80
Knauf, Tassilo (Hrsg.): **Handbuch zur Unterrichtsvorbereitung in der Grundschule**, ca. 200 S., ca. DM 19,80
Knauf, Tassilo (Hrsg.): **Handlungsorientiertes Lernen in der Grundschule**, ca. 176 S., ca. DM 22,–
Kuballa/Roth: **Faschismus kommt nicht über Nacht**, 240 S., DM 16,80
Lessing, Liebel u.a.: **Offene Jugendarbeit im Arbeiterviertel**, Erfahrungen und Analysen, ca. 220 S., ca. DM 24,–
Nagel, Herbert und Seifert, Monika (Hrsg.): **Nicht für die Schule leben**, Freie Schule Frankfurt – Ein alternativer Schulversuch, 128 S., DM 9,80
Projektgruppe Jugendbüro (Hrsg.): Karin Q.: **„Wahnsinn, das ganze Leben ist Wahnsinn"** – Ein Schülertagebuch, 128 S., DM 14,80
Pacharzina/Albrecht-Desirat (Hrsg.): **Konfliktfeld Kindersexualität**, 192 S., DM 24,80
Rieß, Falk (Hrsg.): **Kritik des mathematischnaturwissenschaftlichen Unterrichts**, 458 S., DM 49,–
Speichert, Horst: **Anleitung zum Widerspruch in Sachen Pädagogik**, 40 Pamphlete zu zeitgemäßen Fragen der Erziehungswissenschaft, 160 S., DM 14,80
Tüllmann, Abisag: **Bilder der Entschulung**, „Ich weiß noch wie ich Catman geworden bin", 120 S., DM 24,80

reprint

Bernfeld, Siegfried: **Trieb und Tradition im Jugendalter**, Kulturpsychologische Studien an Tagebüchern, 192 S., DM 16,80
Lampel: **Verratene Jungen**, 200 S., DM 18,–
Muchow, Martha: **Der Lebensraum des Großstadtkindes**, 128 S., DM 14,80
Steiger, Willy: **S' blaue Nest**, Freie Schule 1920, 192 S., DM 19,80

päd. forschung

Bruder-Bezzel u.a.: **Politisches Lernen im Handlungskontext – Das Lernspiel „Wirtschaftsgesellschaft"**, 301 S., DM 35,–
Bongart, Horst: **Lehrer in der BRD**, 275 S., DM 34,80
Combe, Arno: **Krisen im Lehrerberuf**, ca. 140 S., ca. DM 20,–
Görlitz/Rodewald/Schmidt: **Mit Studenten, Kollegen und Widersprüchen umgehen** – Ein Erfahrungsbericht von Lehrenden über ihren Arbeitsplatz Hochschule, 90 S., DM 12,–
Karsten/Rabe-Kleberg: **Sozialisation im Kindergarten**, 200 S., DM 24,–
Händle, Christa: **Begründung und Realität von Demokratisierung in der Schule**, 540 S., DM 39,50
Knopf/Möller/Schmidt: **Alltagsorientierung in der Bildungsarbeit mit Erwachsenen** – Eine kritische Analyse von P. Freires, Konzept der „conscientization", 320 S., DM 38,–
Maas, Utz: **Potemkins Universitäten**, 180 S., DM 24,–
Meueler, Erhard: **Lernbereich 'Dritte Welt'**, Eine Curriculum-Entwicklung, 290 S., DM 39,80
Müller, Albrecht: **Erklären oder Verstehen?**, Zur dialektischen Begründung der Sozialwissenschaften, 160 S., DM 24,80
Tamoschus, Angelika u. Schriegel, Susanne: **Jugendtheater als Medium politisch-pädagogischer Praxis**, Zur Geschichte und aktuellen Situation bürgerlichen und proletarischen Jugendtheaters, 250 S., DM 36,–

Wahnsinn, das ganze Leben ist Wahnsinn

Karin Q. Ein Schülertagebuch.
6 Zeichnungen von Rudi Scholz. Hrsg.
Projektgruppe Jugendbüro.
128 Seiten, DM 14,80

Das Tagebuch einer Hauptschülerin kurz vor dem Schulabschluß und danach ist ein Dokument, das jeden erschrekken muß, der die Situation an den Hauptschulen nicht kennt. Es könnte ähnlich wie Konrad Wünsches „Wirklichkeit des Hauptschülers" einen für die Pädagogen heilsamen Schock auslösen. Der Verfall sozialer Bindungen kann kaum genauer beschrieben werden, die alten Orientierungsmuster, ein Mann, Kinder, sind zwar noch im Unterbewußtsein unangetastet (völlig jenseits der Emanzipationsdiskussion), aber sie geben keinen Halt mehr. Die schulische Welt wird völlig abgetrennt. Fragen, die uns alle angehen, nicht nur die Schulreformer, die Lehrer, die in der Frauenarbeit, die auf den Arbeitsämtern.
**Ingeborg Drewitz
im Tagesspiegel**

In diesem Buch wird die mehrjährige Praxis Offener Jugendarbeit in einem Berliner Arbeiterbezirk dargestellt und untersucht: Erfahrungen, Möglichkeiten, Projekte, Rückschläge, Alltag von Erziehern und Jugendlichen. Es wird eine Vorstellung von Offener Jugendarbeit entwickelt, die parteilich ist im Interesse der Arbeiterjugend und kritisch ist gegenüber der herrschenden Jugendpflege.
Die Verfasser arbeiten seit Jahren in den hier dargestellten Freizeitheimen und Projekten. **236 Seiten, DM 24,–**

päd. extra buchverlag:

in der pädex Verlags-GmbH
Bahnhofstraße 5, 6140 Bensheim